Ma vie en mer

étant un « fil » lâchement filé dans le but de
maintenir ensemble certaines réminiscences
de la période de transition de la voile à la
vapeur dans la marine marchande
britannique (1863-1894)

William Caius Crutchley

Writat

Cette édition parue en 2024

ISBN : **9789359944975**

Publié par
Writat
email : info@writat.com

Contenu

AVANT-PROPOS

Mon bon ami marin, le capitaine Crutchley , m'a demandé d'écrire un avant-propos de son autobiographie. C'est un plaisir de s'y conformer.

L'auteur a commencé sa vie en mer sur des voiliers, à l'époque des paquebots Black Ball, des clipper-ships Baltimore et de ces parfaits spécimens d'architecture navale construits à Aberdeen pour le commerce du thé en Chine.

Le capitaine Crutchley raconte les difficultés de la mer. Il donne des descriptions émouvantes des performances des navires sur lesquels il a navigué. Son récit pourra peut-être être brièvement complété. Sir George Holmes, dans son livre sur les navires anciens et modernes, cite de nombreux exemples de passages records. En 1851, le *Nightingale* , dans une course de Shanghai à Deal, a couru à une occasion à 336 nœuds en vingt-quatre heures. La même année, le *Flying Cloud* , lors d'un voyage de New York à San Francisco, a parcouru 427 nœuds en une journée. Le *Thermopylæ* , registre de 886 tonneaux, construit par MM. Steel, de Greenock, naviguait à 354 nœuds en vingt-quatre heures. Les tondeuses Aberdeen des années 60 faisaient un travail merveilleux . Sous voiles, l' *Ariel* , *le Taeping* et *le Serica* partirent ensemble de Foochow le 30 mai 1866. Ils se rencontrèrent au large du Lizard le 6 septembre ; et le même jour, le *Taeping* arrivait à l'East India Dock à 21 h 45 et l' *Ariel* à 22 h 15, soit une différence d'une demi-heure après plus de trois mois de course.

L'auteur de cet article se souvient d'une expérience personnelle similaire, plus récente. En 1905, une course fut organisée de Sandy Hook au Lizard pour une coupe offerte par l'empereur allemand. A cette occasion, le *Valhalla* , un navire tout gréé, *l'Hildegarde* et *l'Endymion* , des goélettes à deux mâts à l'avant et à l'arrière, et le *Sunbeam* , une goélette à trois mâts à hunier, mouillèrent au large de Cowes sur la même marée, à la distance de plus de 3 300 milles depuis Sandy Hook ayant été parcourus en quatorze jours.

Après des années de service en mer, le capitaine Crutchley passe de la voile à la vapeur. Il remplit des commandements importants avec un succès remarquable. Il commença par le voyage relativement facile jusqu'au Cap. Au cours des dernières années de sa carrière maritime, il effectua des voyages en Australasie, lorsque son expérience des voiliers lui permit, grâce à la puissance combinée de la voile et de la vapeur, de réaliser des voyages réussis.

À l'époque du capitaine Crutchley, les navires venant directement de la patrie étaient les liens de l'empire. Ils furent chaleureusement accueillis à leur arrivée dans les ports lointains de Nouvelle-Zélande et d'Australie. Le capitaine Crutchley a acquis une popularité méritée en tant que marin représentatif. Il a commencé son travail de bâtisseur d'empire alors qu'il servait en mer. Il a continué à terre pendant de nombreuses années en qualité de secrétaire de la Ligue navale.

Le livre regorge de précieux conseils sur la discipline en mer. Les navires commandés par le capitaine Crutchley étaient des navires heureux.

Il ne reste plus qu'à recommander ce volume comme une lecture intéressante pour tous ceux qui aiment la mer et admirent la race robuste des hommes qui font des affaires dans les grandes eaux.

BRASSEY.

7 mars 1912.

CHAPITRE I

« Chevauchez avec un fouet inutile, chevauchez avec un talon
inutilisé ,
Mais, une fois dans un sens, il viendra un jour
Où il faudra apprendre au poulain à sentir
Le fouet qui tombe, et le frein qui irrite,
Et la piqûre du rameur. talon. »- KIPLING.

Au début de l'année 1863, on amena dans le petit port de
Margate un navire appelé le *Figaro* de Narbonne, une petite
embarcation avec une cargaison de vin. Elle avait eu des ennuis
sur l'un des nombreux bancs de sable éloignés qui font de
l'entrée de la Tamise un problème considérable pour tout
navire pas complètement qualifié pour faire face à toute
urgence pouvant survenir en raison du vent ou des intempéries.
La cause précise de cet accident échappe à ma mémoire, mais
quelle que soit son origine, il a contribué à mon envoi en mer,
car il m'a mis en contact étroit avec un marchand londonien,
M. Trapp, qui était intéressé par sa cargaison et qui était venue
superviser ses réparations. Ce marchand était également
armateur et avait été en mer lors des guerres françaises au début
du siècle. Il a eu la bonté de me raconter de nombreuses
histoires sur la course et les coutumes de la mer, que j'écoutais
toutes avec avidité, car je suis né avec le bruit de la mer dans
mes oreilles et, dès mes premiers souvenirs, j'avais pris ma
décision. que la vie du marin était la seule qui valait la peine
d'être vécue. Malheureusement, ce point de vue n'était partagé
ni par mon père ni par ma mère, qui avaient tous deux décidé
de faire de moi un ingénieur civil. Mon directeur était du même
avis que moi sur mon avenir, mais nous sommes arrivés à la
même conclusion par des chemins quelque peu différents,
comme on le verra.

Je pense à peine que j'étais docile en tant qu'écolier. Je me
souviens très bien que depuis l'âge de dix ans jusqu'à quatorze
ans, j'ai toujours été le « terrible exemple », et j'ai l'impression
que la canne était administrée trois fois par jour avec une
grande régularité. À l'âge de quatorze ans, il y avait une sérieuse
divergence d'opinion entre le directeur et moi ; il suggéra que
ma conduite en classe dépassait son endurance, et moi,
estimant que la sienne était également répréhensible, j'exprimai
mon point de vue en lui lançant un livre à la tête. Quand je me
suis retourné pour m'enfuir, je n'avais aucune issue ; J'ai été

chassé et coincé par des maîtres plus bas dans la pièce. Et face contre terre, sur un bureau, j'ai à la fois entendu et ressenti les meilleurs arguments pouvant être utilisés dans de telles circonstances. De retour à la maison, ces disputes n'étaient que trop palpables, et mes parents indulgents mirent un terme sommaire à ma carrière dans cette école. Néanmoins, je ne portais aucune rancune envers le vieux garçon, car il était un bon juge de la nature d'un garçon humain. Lorsqu'il me demanda un jour ce que j'allais être, je répondis : « Ingénieur civil », ce à quoi il rétorqua : « Un soldat ou un marin, c'est tout ce qu'ils feront de toi », et il faut avouer que c'est C'était une prévision assez précise, même si la prophétie n'était évidemment pas destinée à être un compliment à l'égard de l'armée ou de la marine.

Après cet épisode, il me sembla qu'il était temps d'apprendre quelque chose, et je fus mis comme élève privé chez un homme dont je respecterai toujours la mémoire (plus tard Leetham de Thanet House), car il avait le grand don de suscitant l'enthousiasme de son élève pour la matière qu'il enseignait. Nous avions l'habitude de commencer assez tôt le matin, avant le petit-déjeuner, de prendre notre temps au milieu de la journée pour nous récréer et de reprendre le travail le soir. C'est au cours d'une des récréations de midi que, par hasard en descendant la jetée inférieure, j'ai rencontré mon vieil ami l' armateur . J'ai vite décidé que je devais prendre la mer et j'ai compris que c'était ici l'instrument par lequel mon désir pourrait être réalisé. Un siège régulier fut aussitôt commencé.

Mon cher vieux père n'a pas voulu écouter le projet un instant ; l'eau salée n'avait aucun charme pour lui. Pourtant, il m'avait lui-même appris à utiliser les instruments mathématiques et m'avait donné de bonnes bases en dessin de plans et dans des domaines similaires. Le sanctuaire où il vénérait était cependant celui de Brunel et des grands ingénieurs qui découvraient alors les merveilles des sciences appliquées. Ma mère, au contraire, voyant que j'étais décidé, ne fit plus d'opposition et, le moment venu, réussit à m'apporter l'aide nécessaire.

Le schéma finalement formulé était le suivant. Mon ami M. Trapp possédait à cette époque un navire au port dont il était en partie propriétaire, et comme il transportait des apprentis, je devais prendre ma place parmi eux lors de son prochain voyage, mais il était également stipulé qu'une prime devait être payée. . Combien de fois, je me demande, les garçons ont-ils été raillés par les vieux sels en les qualifiant de « fils de gentlemen vierges qui paient pour aller en mer », et quand on considère dans l'après-vie les difficultés d'un voilier, une telle coutume semble certainement humoristique. .

Eh bien, le jour fixé arriva et ma mère et moi partîmes pour Londres pour effectuer les préliminaires nécessaires. Mon père avait fourni des fonds de manière subreptice, car lorsque les dés étaient jetés, il acceptait la situation, même s'il ne l'acceptait jamais vraiment. Les garçons sont généralement des brutes sans cœur quand il s'agit de leurs inclinations, et ne font pas grand cas des désirs de ceux qui ont eu la peine de les élever. Mais après tout, on ne nous demande pas si nous aimerions venir au monde. Nous sommes poussés sur scène bon gré mal gré, sans aucune considération quant au rôle que nous devons jouer, et on s'attend à ce que nous obéissions sans réserve au souffleur. Cela me parut déraisonnable, et c'est ainsi que je me retrouvai enfin dans les Docks de Londres à bord de l' *Alwynton* , une barque à voile de 491 tonneaux. Au meilleur de ma connaissance, il faisait partie d'une série de navires extérieurs affrétés par la ligne d'Orient, et c'était un bateau robuste et fidèle, beau également à sa manière.

De l'autre côté du quai se trouvait le voilier *Orient* , premier du nom et clipper de renom. Les officiers et hommes de ce métier se considéraient comme des êtres très supérieurs à ceux qui n'avaient pas la chance de naviguer sous la croix bleue de Saint-André ; mais ils furent à leur tour méprisés par les hommes naviguant sur les navires de Green, Dunbar, Wigram & Smith. À cette époque, il aurait fallu un MC très prudent pour donner aux différents niveaux de services marchands l'ordre de préséance qui leur revient.

Nous avons été accueillis par un bel homme très sombre, dont on nous a dit qu'il était l'un des propriétaires du navire, et l'une des premières remarques qu'il m'a faites après la cérémonie de présentation concernait l'iniquité de mon enfant. gants. Inutile de dire que j'ai immédiatement démenti toute intention de le faire à l'avenir, craignant qu'une habitude aussi pernicieuse n'ait déjà compromis mes chances de former une unité de l'équipage du navire pour un vaisseau aussi particulièrement correct. Permettez-moi de dire ici que la dernière fois que j'ai rencontré ce monsieur, il était de stature courbée et tout blanc sur la figure de proue ; c'était à la Trinity House, et cette fois nous nous sommes réunis sur un pied d'égalité. Je lui ai rappelé cet incident particulier et il a été très amusé. Je regrette qu'il ait désormais rejoint la majorité, laissant derrière lui un nom dont on se souviendra longtemps pour son travail bon et philanthropique en faveur des marins. Je fais référence au capitaine David Mainland.

Mes premiers doutes ont été soulevés lorsque j'ai rencontré le second lieutenant, qui semblait être ce que je devrais maintenant décrire comme un personnage particulièrement « costaud ». Il ne portait pas d'uniforme élaboré, en fait il ne portait ni manteau ni gilet, et était très occupé à aider à rentrer les provisions et à les ranger dans une écoutille dans la partie arrière de la cabine, un réceptacle connu sous le nom de lazarette . Pendant de nombreux mois après, cet endroit m'a été inconfortable, car c'était aussi la salle des voiles , et pour quelqu'un qui n'était pas habitué à l'odeur des « sous-ponts », le travail d'arrimage et de réarrangement des toiles n'était pas agréable. C'était cependant particulièrement le genre d'opération vers laquelle une main brute et non habile pouvait être utilement engagée, et en conséquence, une grande partie de celle-ci m'échut.

Immédiatement derrière cette écoutille se trouvaient deux cabines, appelées cabines fines et aérées, dont l'une était la demeure du capitaine Hole, dont j'avais maintenant le sort de faire la connaissance. Laissez-moi essayer de le décrire. C'était un homme d'une taille plus que moyenne et d'un tour de poitrine énorme ; son visage n'était pas aussi abîmé qu'on aurait pu s'y attendre, mais c'était une masse de taches de rousseur, surmonté de cheveux blonds et bordé de moustaches de la même couleur . Ses mains étaient puissantes et possédaient un pouvoir énorme, comme je devais le découvrir plus tard. Il y avait aussi une *bonhomie bluffante* chez cet homme qui était attirant à sa manière, et pour lui rendre justice, je pense qu'il essayait de se comporter du mieux qu'il pouvait, mais il était le produit naturel d'une école dure.

En cette occasion particulière, il se voulut très aimable, et l'entretien se passa bien, se terminant par le transfert de ma prime de la poche de ma mère dans la sienne. En cela, il a pris le pas sur mon premier ami, le propriétaire, qui m'avait destiné à être *son* apprenti, à la place duquel j'ai été immédiatement engagé auprès du capitaine Hole.

Le reste de la journée n'était que pure joie. J'étais marin et j'ai été mesuré pour mes vêtements de marin ! Quelques jours plus tard, je rentrai chez moi pour montrer à mes connaissances laïques et au monde de Margate en général toute la gloire du tissu bleu et des boutons de laiton. Après mûre réflexion, je ne suis pas certain que le premier port d'une casquette à reliure en laiton ne soit pas l'expérience la plus satisfaisante d'une longue vie en mer ; le premier commandement n'est en aucun cas comparable à lui.

Enfin, le jour tant attendu arriva où je devais rejoindre mon navire, et je partis sans aucun doute dans mon esprit et avec une indifférence cruelle aux adieux en larmes de ma famille, ou plutôt à la partie féminine de celle-ci. . J'ai depuis remarqué que cette indifférence n'est pas inhabituelle chez le garçon humain, et peut-être est-il bon qu'il en soit ainsi, car il ressemble au jeune ours et n'a aucune idée des ennuis qui l'attendent. Pourtant, si mon époque devait être traversée à nouveau, même en partant de la sagesse accumulée au cours d'un demi-siècle d'expérience, je doute grandement que je doive agir très différemment.

Je n'étais cependant pas destiné à rejoindre mon navire ce jour-là. J'ai été emmené par mon vieil ami, M. Trapp, dans sa maison des Minories et remis aux soins d'un de ses fils. Il m'emmena à mon premier théâtre, et le lendemain matin, au petit-déjeuner, son père le réprimanda solennellement pour m'avoir fait enfreindre la clause de mon contrat qui interdisait aux apprentis de fréquenter les tavernes ou les théâtres.

Mais le moment était désormais venu où les réalités allaient commencer. Nous étions cinq apprentis en tout et, avec le charpentier et le maître d'équipage, nous vivions à tribord du gaillard d'avant. Le guindeau du navire faisant partie du mobilier, on peut imaginer que les quartiers étaient extrêmement rudes, mais ils étaient en accord avec la vie en général, qui commençait à se développer dès notre arrivée à quai , avant d'être remorqué. la rivière. Ici, nous avons commencé à faire connaissance avec cette personne très autoritaire, le second, qui, dans tous les navires bien ordonnés, est l'esprit dirigeant. M. Coleman était un bon spécimen du compagnon de son temps. Pas mal du tout, très soigné dans son apparence personnelle et douloureusement précis dans ses remarques à tout le monde. Le fait qu'il était un pugiliste accompli était également exprimé d'une manière particulièrement subtile et, en fait, peu d'entre eux pouvaient souligner leurs ordres avec plus de précision et de rapidité. Je me souviens de nombreux cas où les ennuis étaient terminés presque aussitôt qu'ils commençaient, et ce n'était pas une mince qualification pour un officier dans les jours difficiles des voiliers. Cette qualité de commandement se manifesta rapidement sur le chemin de Gravesend, lorsque le travail de gréement du foc-boom et de mise en état du navire commença sérieusement. Avant la fin de la première journée, nous avions découvert que le sort d'un apprenti risquait d'être extrêmement vivant.

Les jours qui suivirent furent un vide pour moi : le mal de mer m'emporta tout seul, et il ne me reste plus qu'un souvenir confus de vouloir mourir et d'être expressément empêché de faire quoi que ce soit de ce genre. Cet état de choses dura peut-être deux jours, jusqu'à ce qu'un matin, par beau vent et beau temps, l'épisode se dissipe comme un vilain rêve. Il y avait cependant une autre difficulté à surmonter : « monter en altitude ». Mais avec un maître d'équipage déterminé derrière vous, il est étonnant de voir avec quelle rapidité les difficultés disparaissent ; les terreurs de l'inconnu ont rapidement cédé la place à des arguments solides, souples et susceptibles d'application immédiate.

Il me devient évident que je dois réduire mes souvenirs de cette période, sinon mon travail prendra des proportions gigantesques, totalement injustifiées par l'importance du sujet, mais je souhaite, si je le peux, enregistrer une phase du passage de la voile à la vapeur. .

Nous étions à destination d'Adélaïde avec une cargaison générale et avons fait une assez bonne traversée. Le capitaine croyait fermement qu'il fallait donner beaucoup de travail à l'équipage pour garder le diable hors de leur esprit. Par conséquent, le navire était ce qu'on appelait un « navire à tout équipage », c'est-à-dire qu'aucun officier, ni homme, ni garçon n'avait jamais de quart l'après-midi à terre. « Regarder et surveiller » était une chose inconnue, mais comme le pouvoir du maître était absolu, il ne pouvait y avoir aucun appel, et pour les raisons que j'ai évoquées, personne n'aurait été prêt à encourir la colère des pouvoirs en place. On montrera tout à l'heure comment ces pouvoirs étaient parfois utilisés, mais c'était la routine du navire, et chaque après-midi, quel que soit le temps, tout le monde était sur le pont de midi et demi à cinq heures. Nous, les apprentis, apprenions à observer l'altitude du méridien, et parfois l'après-midi et le soir, le capitaine nous donnait quelques instructions de navigation, mais le second était plutôt mécontent de ce qu'il appelait flâner dans la cabine l'après-midi. Notre capitaine aimait aussi faire des signaux aux autres navires, et c'était bien entendu notre tâche particulière. À cette époque, il était presque certain que tous les navires aperçus étaient britanniques ; un drapeau étranger était une question d'intérêt. Mais la grande majorité des voiliers du monde d'aujourd'hui ne sont plus de notre nationalité, et la formation de nos futurs marins ne peut plus se faire dans les meilleures écoles possibles pour enseigner aux hommes l'autonomie, et la faculté de faire la bonne chose au bon moment. Le voyage s'est déroulé sans incident. Au moment où nous arrivâmes à notre port de destination, nous, les garçons, avions appris à diriger, à utiliser un balai, à enrouler la toile légère et à faire généralement ce qu'on nous disait.

À cette époque, Port Adélaïde était encore une ville en plein essor et les facilités qu'elle offrait à la navigation étaient considérables. Nous fûmes donc bientôt déchargés et chargés pour Auckland avec une cargaison de farine, de blé et de moutons sur le pont. A cette époque, la guerre des Maoris était en cours et nous avions l'espoir qu'une aventure pourrait éventuellement se produire, car jusqu'à cette époque nos visions de la vie marine étaient devenues très courantes et étaient loin de réaliser nos imaginations de jeunesse. Je puis dire que les expériences de la sortie avaient satisfait plusieurs hommes et un des apprentis, qui en conséquence désertèrent. Certaines difficultés furent rencontrées pour pourvoir leurs places, car les salaires coloniaux étaient élevés.

Nous avons traversé le détroit de Bass avec un bon vent. Il existe peu de parties de la mer plus pittoresques que ces grands détroits, parsemés d'îles rocheuses escarpées telles des forteresses imprenables. Sur ce passage, comme je l'ai dit, nous avions sur le pont une cargaison de moutons, et comme ces animaux insensés ne boivent pas d'eux-mêmes, il fallait administrer à chaque membre du troupeau une bouteille d'eau par jour, un litre d'eau par jour. opération qui, au début, a pris beaucoup de temps. Après quelques jours, cependant, ils se sont habitués au traitement et n'ont posé aucun problème.

Lorsque la côte de la Nouvelle-Zélande fut aperçue et que nous traversions la Baie des Îles, le capitaine jugea prudent de rénover l' armurerie du navire , et des mousquets, des pistolets et des coutelas furent tous mis sur le pont pour être nettoyés et mis en ordre. Ici, on découvrit que j'étais d'une certaine utilité, car les armes à feu étaient l'un de mes passe-temps, dans lequel j'avais été encouragé par l'officier responsable des garde-côtes à Margate, le cher vieux Bob Aldrich. Après de longues années, je me souviens de son visage joyeux et de la patience infinie avec laquelle il m'initia aux mystères de la poudre et de la grenaille. Il réussit au bout d'un certain temps à faire de moi un bon tireur d'élite.

Afin de tester la puissance de frappe de l'équipage, une bouteille fut suspendue à la vergue avant et nous tirâmes tous à tour de rôle. La bouteille a survécu jusqu'à mon tour, puis, probablement parce que j'avais correctement chargé le mousquet, je l'ai frappée, mais j'ai essuyé des reproches par la suite parce que je ne pouvais pas le faire avec un pistolet de navire. J'évoque cette question de chargement car, même avec un vieux fusil à canon lisse, si la balle était bien centrée grâce au papier de rechange de la cartouche, il était tout à fait possible à courte portée d'en tirer un tir correct , mais si, comme Cela arrivait souvent, la balle et la cartouche étaient enfoncées de toute façon, la balle allait n'importe où.

Il existe peu de ports au monde plus beaux qu'Auckland ; il est digne de la description de Kipling : « le dernier, le plus beau, le plus solitaire, le plus exquis, à part – sur nous, sur nous la saison inébranlable sourit ». J'ai connu la pomme de beauté souvent réclamée pour Sydney. De ce port, je ne peux pas parler personnellement, mais j'ai entendu une grande autorité de Sydney admettre que la pomme devrait, en fait, être donnée au port de Rio, et je suis enclin à être d'accord avec ce jugement.

L'objet le plus frappant en entrant à Auckland est la montagne Rangitoto . Il est douteux qu'il puisse être décrit comme un cône ou une pyramide ; de quelque côté qu'on l'observe, il présente la même forme, et il présente un intérêt considérable par la spéculation qu'il suscite sur la question de savoir s'il s'agit d'un volcan éteint. En fait, toute la région est volcanique, et une fois, bien des années après, lors d'une petite altercation avec un homme d'Auckland concernant un point en rapport avec le port , j'ai entendu dire qu'il n'avait pas besoin de trop prendre parti, "car De toute façon, il ne vivait qu'à l'extérieur d'une cendre de Bally. Curieusement, moins de dix jours après cette altercation, se produisit l'éruption du Tarawera et les célèbres terrasses furent détruites.

Au large de Rangitoto se trouvait un navire d'apparence splendide, le *Tyburnia* , aussi impeccable que pourrait l'être n'importe quel voilier londonien de première classe. Mon souvenir d'elle est encore vif, même maintenant. Je pense qu'elle y avait emmené des troupes. En remontant plus loin dans le port, nous avons rencontré le HMS *Miranda* , objet d'admiration et de respect, car les histoires sur les navires de guerre qui étaient alors racontées sur les navires marchands étaient nombreuses et merveilleuses, créant une atmosphère d'émerveillement. Il y avait aussi la vague idée qui existait encore qu'un navire de guerre pouvait envoyer à son bord et emmener tous les hommes qu'il voulait pour le service de l'État. Les vieilles traditions ont la vie dure, et à l'époque où j'écris, la grande majorité des chansons et des chansons chantées par les marins étaient des réminiscences en vers du Grand Napoléon, et les hommes de la marine et du service marchand étaient plus interchangeables qu'ils ne le sont. jour.

Le quai de la rue Queen n'était pas alors l'élément imposant qu'il est aujourd'hui; mais il était de très bonne taille et nous arrivâmes à une couchette confortable au fond, nous débarrassant rapidement de notre cargaison vivante. J'ai des raisons de penser que l'ensemble du navire était extrêmement bienvenu, car la ville était à cette époque plus qu'un peu inquiète quant à l'avenir de la guerre des Maoris. Cependant, nous n'avons vu aucun signe de combat.

Comme preuve des vastes changements apportés par quelques années, vingt et un ans plus tard, j'étais sur ce même quai, aux commandes d'un magnifique bateau à vapeur équipé pour transporter du mouton et des produits congelés vers mon pays d'origine.

L'une des grandes caractéristiques d'Auckland au début était le caractère singulièrement abrupt de certaines de ses rues. La nuit, elle n'était pas éclairée avec un quelconque degré d'éclat, et les brusques inégalités du revêtement de la route exigeaient une certaine pratique pour y faire face ; néanmoins, nous étions généralement satisfaits de l'endroit et de la scène d'agitation qu'il y avait à propos du transport maritime. Nous, étant le navire terminal du quai, recevions souvent la visite des membres d'autres équipages de navires, et en particulier il y avait un aspirant du *Tyburnia* dont nous entendions beaucoup parler. C'était un beau garçon et un gentleman, mais il semblait que son capitaine le vantait plutôt en raison de son habileté de marin ; on lui attribue le mérite de pouvoir partir du pont, de ranger l'artimon royal et de redescendre en quatre minutes. Notre navire n'était cependant pas vraiment populaire comme rendez-vous, car la coutume du bain à grog, répandue sur la plupart des navires dans le port , nous était totalement inconnue.

En temps utile, la cargaison a été déchargée. Le second, après avoir soigneusement compté, frappa sur les écoutilles lorsqu'il eut débarqué la quantité exacte dont il était responsable. Il y avait un excédent considérable, mais je ne sais pas comment l'affaire a finalement été réglée – probablement par compromis, je pense, car le second, étant un Écossais avisé, n'aurait probablement pas donné grand-chose. Notre capitaine était impatient de sécuriser une cargaison pour Londres, donc le navire a été ce qu'on appelle « mis en attente » pour ce port, et nous avons commencé à charger des tonneaux de gomme Kauri. Ceux-ci étaient arrimés, avec du lest pour remplir les espaces susceptibles de les contenir, car il était nécessaire de les rigidifier ; mais un après-midi, le capitaine me conduisit chez les agents et le renvoya avec un message au second de commencer, de sortir et de débarquer tout ce que nous avions pris, car on ne pouvait pas en obtenir assez pour remplir le navire. Nous pensions tous que ce n'était pas de chance, car nous devions maintenant lester le navire et retourner à Adélaïde dans l'espoir de le remplir de laine et de cuivre. Nous avons fait un assez long voyage de retour, car il y avait beaucoup de fort vent de face, le navire étant resté pendant quelques jours sous un grand hunier à ris serré. Cela ne changeait rien au travail de l'équipage, car jour après jour nous étions occupés à racler et à huiler les boiseries de la cale, c'est-à-dire la peau intérieure du navire. Personnellement, j'étais très heureux de reconnaître certains des points de repère dont je me souvenais dans le détroit de Bass et de savoir que nous étions d'autant plus près de chez nous. Nous sommes dûment arrivés à Adélaïde sans aventure et avons commencé les préparatifs pour le retour.

Avant d'aller plus loin dans la narration, permettez-moi de décrire une scène, peu inhabituelle à l'époque, qui s'est déroulée lors du passage d'Auckland. Il y avait certaines épithètes qui étaient considérées comme justes et licites à utiliser, et qui ne dérangeaient pas les hommes, d'un autre côté, il y avait un terme utilisé seulement si celui qui prononçait le discours était prêt à étayer son opinion par des arguments musclés. Notre navire était équipé de huniers à ris brevetés, mais comme la plupart des bonnes choses ont des inconvénients, ce hunier principal en particulier avait pris l'habitude d'emporter ses drisses , et leur remplacement causait généralement quelques petits ennuis. D'une part, il s'agissait d'un « travail de toutes les mains », et avec le peu de repos dont l'équipage avait droit, cela ne tendait pas à améliorer la fluidité des affaires courantes, ni pour les officiers ni pour les hommes. Ce soir-là, les drisses s'étaient écartées et la vergue s'était effondrée en courant. Lorsque la chaîne circulait dans le chantier, il était nécessaire de la maintenir à l'écart des virages pour assurer le bon fonctionnement du brevet, et c'était un travail assez difficile. Le second et un bon nombre d'hommes étaient en l'air et relevaient les chaînes lorsqu'un homme à l'avant s'est attiré la colère du second, qui surveillait les opérations depuis la dunette. Il a crié à son subordonné en l'air : « M. Roi, expulse ce fils de… du haut. King, de son côté, adressa quelques remarques drastiques au délinquant, mais ne parut pas juger nécessaire d'en faire davantage. Les travaux se poursuivirent donc jusqu'à ce que l'homme qui avait été « mentionné » descendit du gréement en disant à haute voix : « Je n'ai jamais été appelé fils de... avant et il ne le supportera pas. C'était suffisant pour le compagnon. Alors que l'homme montait sur le pont, il fut accueilli par un direct un, deux, au visage, puis commença une bagarre dont la fin ne pouvait faire aucun doute. Le capitaine est venu voir ce qui se passait, et le second a crié : « Mettez cet homme aux fers, monsieur. » Le capitaine s'exécuta, et le pauvre Canadien Bill, comme on l'appelait, fut dûment repassé et déposé pour des raisons de sécurité dans l' écoutille de la cambuse , où pendant quelques jours il endura le pain maigre et les eaux amères de l'affliction. Inutile de dire qu'il ne perdit pas de temps à déserter dès son arrivée au port, ce qui cadrait sans doute avec la politique supérieure du capitaine, qui ne souhaitait pas retenir les services d'hommes aux salaires coloniaux élevés pendant un long séjour au port lorsque le les travaux de routine absolument nécessaires pouvaient être effectués par des apprentis, la cargaison étant bien entendu arrimée par des débardeurs.

Il n'est peut-être pas déplacé de dire ici quelques mots sur le pouvoir du maître à cette époque. Cela peut se résumer à un despotisme absolu. Il y avait rarement des tentatives pour obtenir réparation pour les mauvais traitements en mer et, aussi étrange que cela puisse paraître, un navire pouvait avoir une terrible réputation par l'intermédiaire de son capitaine ou de ses officiers, et pourtant peu ou pas de difficultés étaient rencontrées pour transporter un équipage. Il faut se rappeler que peu de temps avant cela avait été la grande époque des clippers australiens qui effectuaient des passages étonnamment rapides, et pour cela il fallait tenir les hommes dans une main très serrée. Cela avait ses inconvénients, car lorsque des marins, habitués au règne de compagnons qui, dans de nombreux cas, auraient pu se qualifier comme combattants, naviguaient sur un navire où la force n'était pas si dominante, ils risquaient d'être très gênants, comme je l'ai dit. apparaîtra au cours de ces pages. Je donne ici un exemple du pouvoir despotique du maître. Un matin, peu après notre deuxième arrivée à Adélaïde, nous avons été très surpris, à l'heure du petit-déjeuner, de voir le second, M. King, entrer dans nos quartiers, s'asseoir et commencer à prendre le petit-déjeuner. Il vit nos regards étonnés et remarqua : « Aucun de vous n'a jamais vu un homme boire un pannikin de thé auparavant ? Puis il s'avéra que pour une offense, je n'ai jamais su quoi, le maître l'avait chassé de la cabane pour venir vivre avec les apprentis et les adjudants. Alors que nous ramenons quelques passagers à la maison au cours de ce voyage, je crois que le capitaine s'est disputé pour avoir plus de place et une cabine supplémentaire à l'arrière, mais King était une véritable acquisition pour notre groupe, car c'était un marin splendide, toujours brillant et joyeux. , sauf lorsqu'il jugeait nécessaire d'utiliser un bout de corde. C'était assez fréquent, mais le bout de la corde ne me faisait guère peur. J'avais été si bien habitué aux punitions à l'école qu'il fallait plus qu'un bout de corde pour bouleverser mon sérénité.

Je dois cependant avouer qu'il s'agissait d'un système qui, à long terme, devait se terminer par un désastre. Les apprentis étaient tenus responsables de bien trop de choses, et si un objet ne pouvait pas être trouvé à sa place, ou disons que le navire s'inclinait et qu'un seau descendait sous le vent et frappait le second aux jambes, son premier l'instruction serait : « M. King, léchez ces barrages ! » et nous l'avons eu. A cette époque, l'idée d'une éventuelle rébellion n'avait pas encore pris racine ; elle devait venir plus tard. Je continue de penser que le bout de la corde avec modération est une bonne chose pour un garçon, et je regrette profondément qu'une sentimentalité maladive semble saper l'idée saine selon laquelle le châtiment corporel est bon pour les jeunes. Je crois que c'est encore un de ces luxes offerts à Eton et dans les écoles similaires aux fils des classes les plus riches, et cela constitue sans aucun doute un réel avantage que le fils de l'homme riche a sur l'écolier du conseil.

Notre vie à Adélaïde en rentrant chez nous était agréable. Il y avait de nombreux navires au port qui rentraient également chez eux, et il y avait une certaine *camaraderie* entre les différents apprentis marins, mais il me semblait qu'il y en avait toujours un certain nombre qui se promenaient pour remercier leur Créateur de ne pas être comme les autres. les hommes l'étaient. En d'autres termes, ils aspiraient à prendre rang à partir du navire sur lequel ils servaient, et lorsqu'il s'agissait d'une chose proche entre deux navires de mérite à peu près égal, une voile aérienne, sur un foc volant équipé, ou une pompe brevetée, ou un tel élément était tout à fait suffisant pour établir une supériorité sur laquelle on insisterait avec toute la vigueur nécessaire . Ce que cela peut être aujourd'hui, je l'ignore, mais le culte des navires était un sentiment très fort parmi les jeunes marins à l'époque dont j'écris, et il était très présent dans les équipages de navires tels que l' *Orient* , *le Murray* , *le Connatto* , *le Goolwa.* , et d'autres, y compris même ce vieux navire très respectable connu sous le nom d' *Irène* .

Comme on peut l'imaginer dans un petit port comme l'était alors Adélaïde, les plus jeunes membres des équipages des navires étaient en quelque sorte une terreur pour les habitants, car si l'un ne pouvait inventer de nouveaux méfaits, un autre le pouvait ; et quand un groupe d'entre nous descendait à terre pour la soirée, les débats étaient rarement caractérisés par l'ennui . L'un des grands passe-temps de notre navire en particulier était la natation. Nous nous sommes couchés dans ce qui était alors le bassin de la rivière, et c'était à proximité d'une crique où se trouvait un beau lieu de baignade. Au fil du temps, nous sommes tous devenus de bons nageurs et nous étions particulièrement fiers de la plongée. Cela a été encouragé par le capitaine, qui nous a exhorté à monter de plus en plus haut depuis le gréement du navire, jusqu'à ce qu'enfin certains d'entre nous puissent plonger depuis la grand-voile . Comme c'était la période de l'année l' été australien, c'était une façon très agréable de passer la soirée.

L'esprit d'indépendance manifesté par les débardeurs et autres ouvriers qui s'occupaient du navire était plutôt une révélation. Il y avait chez ces hommes une assurance tranquille qui était remarquable ; ils savaient quelle était leur importance dans un endroit où la main-d'œuvre était rare, et, satisfaits du salaire qu'ils recevaient, ils accomplissaient leur travail avec une indépendance virile qui ne nécessitait pas de conduite. Je dois mentionner que les débardeurs qui arrimaient la laine étaient payés à la pièce, et cela peut avoir eu quelque chose à voir avec leurs performances satisfaisantes. Ils avaient tous été marins à une certaine époque de leur vie, et lorsqu'ils hissaient leurs agrès dans la cale, vissant de la laine, ils pouvaient élever un chant qui mériterait l'approbation non feinte d'un critique nautique. Le vissage de la laine était là un art. Il n'y avait pas la précipitation d'aujourd'hui, et je suppose qu'il a fallu deux mois pour charger ce petit navire de laine et de cuivre. Lorsque cela fut fait, nous expédiâmes les matelots compétents qui nous manquaient à cause des désertions et partîmes pour notre voyage de retour.

J'aurais aimé écrire noir sur blanc les différents incidents de ce voyage, mais je dois m'abstenir. Nous avions trois passagers, un vieux Cornishman et sa femme, considéré comme une seconde classe, qui vivaient dans un espace embarqué dans la dunette, et une assez jeune dame qui s'en prenait au capitaine et au second. L'avant de la poupe était aménagé comme une immense cage à oiseaux pour un grand nombre de petits perroquets verts qui, à une époque du voyage, mouraient quotidiennement par dizaines. Je crois cependant qu'il en a survécu suffisamment pour que l'entreprise soit rentable pour le capitaine. Nous avions embarqué comme intendant un homme colonial, le plus noir que j'aie jamais vu, avec une immense idée de sa propre importance. Comme le steward d'un voilier est considéré exclusivement comme le serviteur du capitaine, le second se montre fréquemment antagoniste à son égard, et le cas présent ne fait pas exception à la règle.

Maintenant, permettez-moi de dire qu'à ma connaissance, tous les garçons en mer sont des voleurs en ce qui concerne la nourriture. Il n'est pas considéré comme déshonorant de voler n'importe quelle nourriture disponible, mais le grand crime consiste à le découvrir. Mon copain particulier, Fred Wilkes, cependant, non content d'annexer des pommes de terre, a eu l'audace d'allumer le feu de cuisine au milieu de la montre dans le but de les faire cuire. C'était demander des ennuis, qui ne tardèrent pas à arriver, car, pris en flagrant délit, il fut condamné à être privé de son quart de matinée en bas pour une durée indéterminée, et cette sentence de brutalité fut effectivement exécutée. Pour les non-initiés, on peut expliquer que, après avoir passé huit heures sur le pont avant 8 heures du matin, il avait le temps de prendre son petit-déjeuner, puis il était appelé sur le pont pour commencer une journée complète de travail.

Le retour à la maison devait se faire autour du cap de Bonne-Espérance (peu de navires d'Adélaïde préféraient la route du cap Horn), et nous avons été particulièrement chanceux de contourner le cap Leeuwin et de remonter dans les alizés du sud-est avec un bon vent. Il y a peu de passages plus agréables que celui qui traverse l'océan Indien à la limite sud du commerce du sud-est, qui, à cette occasion, soufflait très fort. En fait, c'était parfois bien plus que ce que nous pouvions transporter avec toutes les voiles à crampons. Je me souviens que pendant notre quart du milieu, la voile d'étourdissement inférieure avait été relevée à cause du vent, et le capitaine, arrivant sur le pont pendant une période d'accalmie, a violemment injurié le second, sous le quart duquel j'étais, pour avoir maintenu le navire « en attente ». ", et cela avec tout réglé, sauf une voile inférieure qui était déjà prête à être hissée à nouveau. King n'avait pas les faveurs des puissances en place, même si, pour lui rendre justice, il était un très bon marin. À une occasion, lors du passage d'Auckland à Adélaïde, il devint nécessaire d'appeler tout le monde pour raccourcir la voile, et il arriva que King était aux commandes, ni le second ni le capitaine n'étant sur le pont. Il était nécessaire de rentrer la grand-voile, et il l'a fait avec succès en prenant d'abord le côté sous le vent, contrairement au dicton énoncé dans *L'Épave du Falconer.* que-

« Celui qui cherche la tempête pour désarmer
n'emballera jamais d' abord la vergue sous le vent. »

À l'époque, cependant, il y avait une divergence d'opinions sur le sujet, et je pense qu'il y a beaucoup à dire sur les deux affirmations. La vérité est probablement qu'avec un équipage solide et une bonne gestion, un cap lourd, s'il était d'abord pris sous l'écoute sous le vent, était plus facile à enrouler, car la toile

n'était pas tellement soufflée sous le vent, mais d'un autre côté, si l'on faisait très attention. non prise, la toile explosait très souvent en morceaux.

Pour rendre justice aux officiers de ce navire, ils étaient tous d'excellents marins et insistaient de toutes parts sur un niveau élevé de connaissances d'un marin. Un « travail » mal fait, ou fait de manière négligente, appelait une réprimande et une punition immédiates – ce qui impliquait généralement de le refaire dans une montre en dessous. Dans les temps modernes, cela peut paraître étrange de parler de voiles étourdissantes à ris , mais nous les transportions, et de jour comme de nuit, pas un instant n'était perdu pour fabriquer ou régler les voiles comme cela était nécessaire.

C'est alors que nous approchions du cap de Bonne-Espérance que le second qui le levait, un après-midi, découvrit que le grand mât était suspendu et le rapporta au capitaine en ces termes : « Le grand mât est un mât suspendu, monsieur, juste en dessous des futtocks. » En fait, comme on l'a découvert par la suite, le mât était plutôt pourri. Toutes les mains furent immédiatement déployées pour assembler un gros mât sur le côté arrière du mât, et cela fut si bien fait par des attaches de corde et de chaîne, serrées par des cales en bois, que cela dura le reste du voyage sans donner aucun problème. Lorsque le mât fut démonté à Londres, tout le monde s'étonna qu'il ait duré ainsi.

Lorsque nous avons aperçu les terres autour du Cap, la première vue de la Montagne de la Table a été des plus impressionnantes, et c'est l'un de ces grands éléments naturels qui ne perdent jamais de leur grandeur ni ne deviennent fades par une fréquentation constante. Je ne pensais pas qu'à cette époque il y avait là une petite fille de deux ans qui trottinait dans un vieux jardin et qui, des années plus tard, serait ma femme. Il en fut cependant ainsi, et en effet, j'en suis finalement venu à considérer le Cap comme un pays d'origine.

Le reste du voyage de retour s'est déroulé sans incident. La prochaine chose dont je me souviens, c'est d'avoir été au volant par un matin glacial de juin, lorsque nous avons atterri en Angleterre, et le sentiment d'exaltation que cela a procuré à tout le monde était une chose inoubliable. Puis la remontée de la Manche en compagnie de nombreux autres navires fut un pur bonheur. Le vieil homme marchait sur la merde en claquant des doigts ; dès que nous avons quitté Dungeness et un remorqueur, nous avons commencé à enrouler la toile et à mettre la touche finale aux toilettes du port du navire . Une fois dans les Docks de Londres, le navire fut bientôt abandonné par l'équipage et laissé aux soins des apprentis, qui n'étaient pas censés avoir envie de s'enfuir. Il est cependant arrivé à cette occasion que le capitaine Hole ait été soumis à un raid de la part de mes sœurs, chaperonnées par cette gentille, gracieuse et belle dame, feu Mme G. E. Dering, dont le mari riche et excentrique a récemment acquis une renommée posthume sous le nom de « L'Ermite ». de Welwyn . Comme ils voulaient m'emmener immédiatement pour au moins six semaines, le vieil homme s'est rendu en toute discrétion, et dans toute la gloire des boutons dorés, j'ai été emporté.

Cela met fin à mon voyage inaugural, mais une chose qui m'a frappé en rentrant chez moi était le plaisir avec lequel on se souvenait de détails familiers, même de choses aussi insignifiantes que de vieilles fissures dans des pavés. C'était presque merveilleux d'avoir été si loin et pourtant de revenir pour retrouver tout pareil, même pour les mêmes vieux bateliers se prélassant sur la jetée, apparemment dans la même position qu'ils avaient occupée depuis nos premiers souvenirs.

CHAPITRE II

« Tout au long de Poll, comme je peux le dire ,
cela a encrassé mon câble alors que je devais
glisser. » - HOOD.

Il est peu probable que, s'il était laissé à lui-même, un garçon entreprenne un deuxième voyage sans beaucoup d'hésitations. En effet, un voyage jusqu'aux Downs satisfaisait tout à fait les aspirations nautiques d'un certain de mes amis, qui prit la mer au *château de Roxburgh* et partit le plus tôt possible. Il s'agissait du pauvre Will Terriss , dont la fin tragique est encore fraîche dans la mémoire de ses nombreux amis et innombrables admirateurs. Mon propre frère avait aussi des aspirations nautiques. Il part de Londres pour Newcastle pour rejoindre un navire en tant qu'apprenti. Malheureusement il prit la mer, et ce voyage fut largement suffisant pour le guérir, car il prit le train et revint aussitôt chez lui, sans même avoir vu son navire. Je dois dire que cela n'a rien d'extraordinaire, car le mal de mer est une telle horreur que les gens deviennent indifférents à tout ce qui les entoure et sont souvent si démoralisés qu'ils résisteraient difficilement à être jetés par-dessus bord. J'ai connu un cas où, touchant à un port quelques jours après, il a fallu débarquer un garçon pour lui sauver la vie, tant la mer l'affectait terriblement.

Terriss et mon frère ont donc eu ma sympathie en décidant de ne pas s'en tenir à la mer, mais dans mon cas, il n'y avait pas d'alternative. J'avais insisté pour prendre la mer, j'ai donc dû m'y tenir et, après six semaines de vacances, j'ai rejoint mon navire dans les Docks de Londres. Ils avaient remplacé le grand mât à ressorts et le navire était de nouveau en train de charger pour Adélaïde.

Il ne fait aucun doute que c'est une erreur de faire vivre des garçons à bord d'un navire à quai sans aucun contrôle efficace. Nous étions toujours trois et parfois quatre à bord, et les veilleurs de nuit qui veillaient à l'éclairage se laissaient facilement tromper. Nous avons organisé des fêtes somptueuses et clandestines, et les sceaux des douaniers sur les produits soumis à accises étaient assez facilement falsifiés. Je me souviens à plus d'une occasion des regards mystifiés d'officiers qui trouvèrent des sceaux intacts et un contenu considérablement raccourci par rapport à ce qu'ils auraient dû être ; et, d'une manière générale, il n'y a pratiquement aucun problème d'approvisionnement en nourriture que les garçons à bord du navire ne trouvent pas le moyen de résoudre. Très faux, diront beaucoup de gens ; qu'est devenu votre principe moral ? Je réponds avec les mots de la dame d'Eton qui, interrogée sur les qualités morales des garçons : a répondu : « Il n'y a jamais eu de morale parmi eux », et, après tout, ce n'était pas bien pire que de voler un verger ! C'est une digression, mais il est un peu difficile de s'asseoir tard dans la vie pour raconter ses méchancetés juvéniles sans au moins une tentative timide de les pallier - en sachant aussi à ce moment-là que même alors, vous ne pensez pas à votre confession. être complet.

En temps voulu, le navire fut chargé et l'équipage s'embarqua. Nous avons eu un nouveau second, dont nous avons rapidement découvert qu'il était d'une marque différente du précédent. En fait, je pense qu'on lui a laissé entendre que le régime du bout du fil ne nous plaisait pas et que nous commencions à découvrir que l'unité faisait la force, mais c'était peut-être seulement parce qu'il nous dérangeait. Car le « vieil homme », qui avait commencé par chasser King de la cabine, a jugé bon de poursuivre l'innovation, et le bon Geordie Roshwell n'était pas le genre d'homme à s'affirmer. C'était un bon marin, mais plus voilier que second. Le lieutenant et le capitaine l'ont intimidé sans pitié et ont détruit le peu d'autorité qu'il était capable d'exercer.

Nous avons été retenus dans les Downs pendant plusieurs jours, un navire d'une grande flotte, car le vent soufflait trop fort de l'ouest pour que nous puissions tenter de descendre la Manche. Lorsque nous avons finalement fait cette tentative, nous sommes arrivés jusqu'à Dungeness et avons passé une nuit sous une toile courte, portant presque constamment le navire sur des planches courtes et finalement ancré à nouveau ; mais nous avons finalement trouvé un vent favorable et avons commencé le voyage. Je me souviendrai seulement d'un incident qui illustre le genre de traitement qui était alors réservé aux marins comme c'était la coutume ordinaire. C'était l'un des désirs du capitaine Hole que ses apprentis soient des timoniers de première classe et, pour une raison inexpliquée, qu'ils barrent mieux que les matelots habiles. Un jour, le navire poursuivait sa route avec un vent très fort, juste assez libre pour transporter une voile étourdissante en plus de toutes les voiles simples. Elle dirigeait mal quand j'ai relevé un AB à midi

; en fait, elle était un peu difficile et le vieil homme s'intéressait beaucoup à ce qui se passait. Cet intérêt, il me le transféra maintenant, et comme je ne pouvais pas faire mieux que mon prédécesseur, je fus condamné à rester au volant jusqu'à huit heures du soir. Heureusement pour mes bras, le vent s'est calmé à mesure que l'après-midi avançait et, vers six heures, mon copain m'a apporté clandestinement un biscuit. Cependant, avec sa malchance habituelle, il fut détecté, et lorsque huit cloches sonnèrent, il reçut l'ordre de me relever et passa les quatre heures de son quart en bas au volant. C'était une école difficile, mais l'injustice ne semblait jamais être remise en question ni y réfléchir sérieusement ; le maître était absolu et despotique, et il n'y avait plus rien à dire.

Il y a peu d'intérêt à rapporter de ce passage. Adélaïde fut atteinte en temps voulu ; la cargaison fut déchargée, l'équipage déserta, le navire fut affrété pour Londres et mis à l'eau pour être chargé, car l'opération risquait d'être longue. La laine ne descendait que lentement et les apprentis avaient leur part de travail à accomplir. La routine était à peu près la même : appeler à 5 h 30 du matin et se mettre au travail à 6 heures du matin, laver les ponts ou faire des travaux sur les bateaux ; une demi-heure pour le petit-déjeuner à 8 heures du matin ; puis de nouveau à 1 heure, quand il y avait une heure pour le dîner ; 17h30, débarrassage des ponts. Même après le dîner, le travail n'était pas terminé, car deux d'entre nous devaient tirer le patron à terre et rester dans le bateau à l'attendre, généralement jusqu'à minuit. Tandis que nous prenions l'eau du navire, nous passions souvent nos soirées à remorquer une petite barque qui transportait des réservoirs d'eau. Eh bien, tout allait bien ; c'était un travail dur, mais nous y étions habitués et ne nous plaignions pas ; mais je pense que la cause des ennuis ultérieurs était l'interférence avec notre permission à terre, et je crains aussi que l'éternel féminin n'y soit pour quelque chose.

C'était ainsi. Lors du voyage précédent, le patron avait invité à déjeuner à bord quelques jeunes dames dont l'une lui paraissait quelque peu séduite. Or, il se trouve que moi aussi je connaissais la famille et, en tant que garçons et filles, nous étions en bons termes. Le capitaine n'en savait rien jusqu'à ce qu'un gentil ami lui révèle le spectacle. Cela lui suffisait amplement, et j'ai été dûment informé, lorsque j'ai demandé la permission d'aller à terre, que cela n'était plus permis.

Ce soir-là, nous, les garçons, avons tenu un grand pow-wow, au cours duquel j'ai déclaré mon intention de ne plus travailler, et deux autres ont également décidé de suivre mon exemple. Le sentiment d'injustice était très fort ; nous avons été travaillés sans ménagement et ensuite privés des privilèges les plus ordinaires auxquels nous avions droit ; et le ver proverbial se tourna enfin.

Le lendemain matin vint l'appel habituel à sortir, et en me réveillant, je me rappelai que j'étais engagé à défier par la résolution que j'avais prise la veille au soir. Ainsi, lorsque mes confrères conspirateurs se sont tournés vers moi pour obtenir des conseils, ils ont obtenu tout ce qu'ils voulaient.

Maintenant que j'approche de la fin de ma carrière, je peux regarder en arrière et constater qu'il y a, et il y a eu, un trait très curieux dans mon caractère. C'est le plus grand de mes désirs de vivre en paix avec mes semblables et de payer le plus grand respect et l'obéissance à l'autorité correctement constituée, mais une fois cette idée dépassée, rien ne m'empêchera d'exécuter ma propre volonté à aucun moment. coût, ou face à tout obstacle. Cette caractéristique m'a plongé dans beaucoup d'eau chaude, et je ne suis pas du tout sûr qu'elle m'ait quitté, même maintenant.

"Maintenant, les garçons, venez", dit la voix du "vieux Geordie", comme nous surnommions le second. A cela nous avons répondu que nous n'allions plus faire de travaux. Je peux voir le sourire d'incrédulité compatissante qui s'est répandu sur ses traits alors qu'il écoutait notre détermination et soulignait les conséquences inévitables. Cependant, nous avions décidé d'y faire face, alors, nous quittant, il alla informer le second, qui, à notre grande surprise, essaya également de nous raisonner et nous fit remarquer, avec une énergie sarcastique considérable, ce qui risquait de se produire. cela arriverait si nous persistions dans notre attitude et le forcions à en parler au capitaine. Nous avons dit que nous avions calculé le coût et que nous étions fermes dans notre refus, mais nous sommes arrivés jusqu'au grand mât à sa demande et avons attendu les développements.

Ils arrivèrent bientôt. Je peux voir la scène maintenant aussi clairement que lorsqu'elle s'est produite : une belle matinée ensoleillée. Nous trois garçons en chemise et en pantalon, pieds nus, et le vieil homme tout juste sorti de son sommeil ressemblant à un ours en colère, et pas du tout habillé, se précipitant hors de la cabane, les yeux flamboyants de colère face à un acte de rébellion tel comme il n'avait pas imaginé que cela serait possible. Il a commencé par moi. Ramassant l'extrémité de la prébrace , qui était proche de l'endroit où nous nous trouvions, il m'a donné l'ordre « Allez au travail », auquel j'ai répondu : « Je ne le ferai pas, monsieur. Puis, balançant ses épaules, il m'a donné trois coups avec le bout de la prébrace . Cela me fit mal, mais cela ne perturba en rien ma résolution, et le second intervint pour nous conseiller de ne pas nous frapper mais de nous mettre aux fers dans la cabine arrière. Cela a été fait, nos mains ont été repassées dans le dos et nous avons été livrés à nous-mêmes. Autant que je sache, les autres gars ont échappé au bout de la corde qui m'avait si joliment marqué le dos.

La cabine arrière dans laquelle nous étions placés était équipée de coffres pour conserver les conserves, les vins, etc., et elle avait des sabords arrière qui s'ouvraient vers l'extérieur. L'accès au pont pourrait également être obtenu par une lucarne ouverte. Notre condamnation n'impliquait ni nourriture ni eau, et il me semble qu'après ce laps de temps, on aurait pu faire plus attention à notre lieu de détention, car nous connaissions assez bien ces casiers et savions exactement ce qu'ils contenaient, d'ailleurs, étant minces et actifs comme de jeunes anguilles, il était tout à fait facile de mettre la main devant soi, et les fers ordinaires n'empêchent pas les gens de faire des choses utiles en cas d'urgence. Pendant la journée, nous n'avions pas absolument faim, car nous pouvions nous en prémunir, mais la soif était une autre affaire à laquelle nous ne pouvions pas remédier. Le lendemain, à sept heures du matin, nous en avons eu assez et nous nous sommes rendus en échange de l'eau dont nous ne pouvions plus nous passer. Nos fers furent enlevés et nous avançâmes.

Je dois ici ajouter qu'à l'époque où j'écris, la coutume de « bizuter » un homme était encore répandue. En d'autres termes, si un homme était odieux envers son compagnon ou son maître, il serait tenu au travail le plus difficile, le plus odieux et peut-être même le plus dangereux jusqu'à ce qu'il déserte, car en règle générale, il n'y a pas de punition pour une infraction, et la désertion est la seule. remède. A l'époque dont je parle, il y avait dans le port un homme à bord d'un navire qui était assis au fond d'une cour royale depuis quelques jours. Ce qu'il faisait, personne ne le savait, sauf le compagnon qui le bizutait, et lorsque ce traitement commença, c'était vraiment la vie d'un chien pour l'individu sur lequel il était essayé. Je mentionne cela pour montrer que nous savions parfaitement quel serait notre sort futur, mais jusque-là nous n'avions peut-être pas péché au-delà du pardon, même si cela semblait un peu improbable.

Mais voici que je me trouvais en face d'une autre difficulté, car ma poitrine avait disparu, et je descendis m'enquérir auprès du capitaine.

"Comme je n'ai ni l'intention de vous accorder de l'argent ni la liberté", répondit-il, "j'ai pris en charge votre garde-robe." Je me souviens de ces paroles aussi bien que si elles avaient été prononcées hier, et je lui ai dit qu'il pouvait me mettre aux fers à nouveau, mais que je ne le ferais pas pour le travail. C'était probablement une vaillance de ma part, mais j'avais bu un bon verre d'eau. De plus, je connaissais les lettres que contenait cette boîte, et je devinais aussi que leur destination serait... le père de la jeune fille qui les avait écrites, alors je retournai *seul* à mes fers dans la cabine arrière. Les autres en avaient assez du traitement pour assouvir leurs aspirations au martyre, si ardentes fussent-elles.

Mais avec moi, c'était complètement différent. J'avais été blessé de plus d'une manière, et bien que je détestais l'idée de déserter, j'ai décidé qu'aucune puissance ne devrait me faire risquer le retour à la maison sur ce navire si je pouvais faire autrement. Pendant que je méditais, j'aperçus par l'arrière du port le steward faisant ramer le canot à terre, et cela me donna une idée.

Le navire était dans le courant, peut-être à une centaine de mètres du rivage. J'ai mis les fers devant moi, je me suis glissé sur le pont à travers la lucarne sans que personne à bord ne soit vu, j'ai jeté le hale- bas par-dessus le côté, j'ai glissé dessus et je me suis dirigé vers le rivage. Même si, menotté comme je l'étais, je ne pouvais pas nager de la manière habituelle, je pouvais pagayer et parfois me retourner sur le dos pour me reposer. Personne ne m'a prêté main ou n'est intervenu jusqu'à ce que j'arrive à l'embarcadère, où j'ai été immédiatement arrêté par un agent de police et j'ai marché jusqu'au commissariat de police.

Le commissaire de police, en l'occurrence, était imprégné d'une idée de fair-play. Il m'a libéré des fers et m'a dit ce que je devais faire. À ce moment-là, mes vêtements étaient devenus assez secs, j'étais assis tranquillement, me demandant ce qui se passerait ensuite lorsque le capitaine Hole entrerait .

« Emmenez cet individu en détention, dit-il dès qu'il m'a aperçu, pour s'être absenté de son navire sans autorisation. »

J'ai appris par la suite qu'il avait appelé ses avocats en chemin et qu'ils lui avaient proposé ce cours à titre d'essai. Cela n'a cependant pas fonctionné. Le surintendant a refusé, disant que j'étais venu lui demander protection et qu'il veillerait à ce que je l'obtienne, et sur ce, le vieil homme s'est retiré très découragé. Le résultat fut que je fus convoqué pour voies de fait et que le capitaine dut comparaître devant les magistrats le lendemain. Au moment où j'écris, je ne trouve pas le procès-verbal de la procédure devant le tribunal de police, mais de toute façon, le patron a été condamné à une amende pour l'agression, comme on l'appelait, contre nous trois, et a reçu l'ordre de céder mes biens. Nous, de notre côté, avons dû reprendre nos fonctions. Le nom de l'avocat qui nous représentait était Edmunds, et je me souviens très bien de la façon dont il a décrit la terreur dans laquelle nous devons nous trouver (ce qui nous a fait un large sourire) quand on peut risquer sa vie en s'aventurant dans l'eau avec des fers aux pieds.

Après cet épisode, la vie reprit son cours pendant un certain temps, à peu près comme avant, sauf qu'il nous fut montré une considération suspecte qui n'augure rien de bon pour notre confort sur le chemin du retour. En effet, j'ai reçu un indice général de la part du second. "Bill", dit-il un jour, "si j'étais à ta place, je devrais filer et me procurer une moke ", son idée pour mon avenir étant une sorte d'entreprise de marchand de produits, alors très populaire parmi les Jacks en fuite. Ce projet, cependant, ne me fascinait pas ; J'étais parti en mer pour devenir skipper, et rien n'allait gâcher cette idée même s'il y avait de nombreux obstacles. Cependant, nous avons finalement décidé de nous enfuir et de nous rendre à l'intérieur du pays, notre objectif étant un endroit sur la rivière Murray appelé Port Mannum . Nous élaborâmes nos plans avec soin, car si nous partions trop tôt, nous aurions plus de temps pour nous rattraper, et il était également nécessaire que nous ayons le plus d'heures de départ possible pour éviter une reprise immédiate. Ce que nous avons fait avec les vêtements que nous avions sur la poitrine, je n'en ai pas un souvenir très précis. Je crois que nous les avons vendus, car nous devions voyager très légers ; mais certainement à partir de ce moment-là, je ne fus plus surchargé de vêtements jusqu'à mon retour en Angleterre.

Lors de la nuit fatidique, Fred Wilkes et Bob Walters ont été les deux à ramener le capitaine à terre et, après cela, ils sont revenus à bord avec pour instructions de le récupérer à 23 heures. Il était clair qu'ils devraient attendre jusqu'à ce moment-là ou la teinte et le cri serait poussé trop tôt, il fut donc décidé que je devrais y aller en premier et prendre des dispositions pour qu'ils récupèrent leurs paquets. Ceux-ci furent placés dans une cuve à laver ronde avec mes propres vêtements et descendus sur le côté, suivis de moi. J'ai nagé sur le rivage jusqu'au côté péninsule de la rivière, poussant la baignoire devant moi et j'ai donné un café . Ensuite, je me suis habillé et, prenant les paquets, j'ai quitté la baignoire pour l'illumination des personnes à bord le matin, et je suis parti vers la maison d'un petit ami de la ville qui, avec sa mère, nous aidait et nous encourageait. Ce fut une soirée pleine de nombreux incidents, certains agréables, tous inoubliables, et je me demande si ces mots retiendront l'attention de l'un des acteurs. S'ils le font, ils sauront que les eaux du Léthé n'ont pas effacé pour moi le souvenir de leur gentillesse et de leur aide.

Vers minuit, Fred et Bob arrivèrent dûment. Ils m'ont dit que lorsqu'ils avaient enlevé le patron, ils avaient intentionnellement laissé les rames dans le bateau. Il s'en aperçut et les fit embarquer comme d'habitude. Lorsqu'il se fut rendu, ils les remplacèrent tranquillement et arrivèrent à terre. Comme il n'y avait aucun autre bateau dans l'eau, nous présumions que nous étions à l'abri d'une poursuite jusqu'au matin, mais si le capitaine avait eu un tant soit peu développé sa faculté d'imagination, la première omission d'enlever les rames aurait pu lui fournir l'imagination. l'occasion d'une surprise dramatique. Je regrette toujours de n'avoir jamais rencontré personne par la suite qui ait vu ce qui s'est passé le lendemain matin lorsqu'on a découvert que les oiseaux s'étaient envolés. Le visage du capitaine a dû être étonnant lorsqu'on lui a dit que l'on voyait le bateau du navire amarré aux marches et les trois apprentis disparus. Il y en avait un quatrième, qui restait en arrière, mais comme il était délicat et plus ou moins utilisé comme garçon de cabine, nos actions n'avaient été pour lui d'aucun guide. Ces mots ne visent en aucun cas à vous adresser un reproche, Jim Powell, de Pimlico , d'être un sportif, même si vous ne parveniez pas à suivre le rythme de vos camarades plus athlétiques.

Eh bien, nous sommes partis, marchant d'un pas lourd dans les heures d'obscurité, et quand le soleil s'est levé, nous nous sommes abrités sous une botte de foin et avons dormi jusqu'à ce que nous soyons réveillés par les affres de la faim. Nous étions arrivés à un endroit appelé Golden Grove et, connaissant l'hospitalité qui était offerte aux voyageurs , nous n'hésitâmes pas à nous rendre à la maison et à demander de la nourriture, qui nous était donnée gratuitement. Je ne me souviens plus du nom du propriétaire de la maison, mais il a vu l'opportunité de s'assurer une main utile sur le domaine et a persuadé Bob de rester avec lui. Bob se retire donc de cette histoire. Fred et moi, une fois nos appétits satisfaits, avons continué notre route, et je crois bien que nous avons passé un bon moment. La nuit suivante, nous avons passé dans un endroit appelé Gumeracha et avons bénéficié de l'hospitalité d'un propriétaire foncier nommé Randall. J'imagine que ce que nous étions était assez clairement visible, mais il y avait toujours beaucoup de sympathie pour les marins en fuite, et nous l'avons certainement rencontré dans ce cas. Le lendemain, nous avons commencé ce que nous voulions être la dernière étape du voyage. C'était le cas, mais je me souviens bien des interminables collines blanches de cette route. Du haut de chacun d'entre eux, nous espérions voir l'eau de la rivière Murray, et cela nous maintenait. D'autres caractéristiques de la route étaient des arbres et des champs de pastèques. Je me souviens également avoir été frappé par l'apparition de gros rochers usés perchés au sommet des collines, et le sol présentait des champs de coquilles blanches ressemblant quelque peu à la nature des huîtres. Enfin, cependant, nous escaladâmes la dernière colline et arrivâmes en vue de notre destination, un petit groupe de huttes au bord d'une large rivière blanche, bordée de grands arbres et donnant à l'esprit une idée d'immensité et de grandeur.

Nous étions ici parvenus à un point où l'on pouvait exister par ses propres efforts et où, si l'on n'aimait pas le travail qu'on occupait, on pouvait le quitter et en trouver un autre plus à son goût.

En fait, Mannum était le quartier général d'un certain capitaine Randall, qui commandait l'un des bateaux à vapeur qui naviguaient sur le Murray. Ils transportaient toutes sortes de marchandises pour les villes riveraines du fleuve et remorquaient des barges chargées de laine. Je n'ai pas fait un de ces voyages, mais on m'a dit qu'ils étaient parfois assez excitants, car entre les eaux peu profondes à un moment et les branches d'arbres en surplomb à un autre, il y avait généralement de nombreux incidents. Il y avait cinq charpentiers qui construisaient une nouvelle barge pour le capitaine Randall. Ces hommes étaient hébergés dans une grande tente et, en très peu de temps, on m'a expliqué que je pourrais avoir une livre par semaine et mon repas si je pouvais faire la cuisine à leur place. L'offre fut acceptée avec gratitude, d'autant plus qu'il s'avéra que j'avais un fusil de chasse à ma disposition et que je devais reconstituer mes réserves grâce aux sources de sauvagine que l'on trouvait dans les lagons de l'autre côté de la rivière. . Je ne me souviens pas très bien du métier que Fred a trouvé au début, mais il a fini par devenir matelot sur un bateau à vapeur fluvial et a donc également disparu de mon histoire. J'ai appris par la suite qu'il avait pris ses quartiers dans une ville située plus en amont du fleuve. Bonne chance à lui, où qu'il soit, car c'était un bon garçon, même si nous avons eu de nombreuses disputes ensemble à des moments étranges.

Resté seul, j'ai attendu le moment où je pourrais retourner à Adélaïde en toute sécurité, mais ma vie entre-temps n'était en aucun cas mauvaise. Le Murray est une rivière extrêmement belle, qui coule, presque d'une couleur blanc laiteux , entre des rives densément boisées de splendides gommiers. Bien sûr, son volume dépendait de la saison sèche ou humide, mais je n'ai vu aucun signe de sécheresse pendant mon séjour. À une occasion, deux hommes et moi-même avons été remorqués à quelques centaines de kilomètres dans une barge, puis jetés à la dérive pour descendre le cours d'eau, avec pour instructions de nous arrêter à intervalles réguliers et de couper des branches d'arbres qui pourraient servir de genoux à la nouvelle barge. . Je regrette de devoir dire que notre succès dans cette affaire n'a pas été à la hauteur de nos attentes. La vie, cependant, était idéale, le temps tout ce qu'on pouvait désirer, chaud et beau, avec une lune brillante la nuit. La vie près du feu de camp, avec beaucoup de thé, de mouillettes et de bœuf, était un excellent stimulant pour la bonne humeur, et une nuit passée à Swan Reach était particulièrement remarquable à cet égard.

Si nous n'avions pas eu autant de succès que nous aurions pu l'être dans notre coupe de bois, nous avons certainement passé un moment des plus agréables, et quand nous sommes enfin rentrés au quartier général, j'ai trouvé un journal qui m'a donné l'information que l'*Alwynton* avait dûment est rentré chez lui.

Eh bien, dans le plus bref délai possible, j'ai abandonné mon emploi, j'ai reçu un chèque de salaire, je l'ai dûment encaissé et j'ai repris mon voyage dans une sorte de carrosse. Je n'ai aucun souvenir très précis d'incidents survenus lors de ce voyage, mais je suis bien arrivé à Adélaïde et j'ai appris qu'un mandat d'arrêt avait été lancé contre moi en tant que déserteur. Ce n'était pas plus que ce à quoi je m'attendais, car c'était une chose ordinaire. La police, cependant, n'était pas trop zélée pour inquiéter les marins en fuite, car eux -mêmes avaient pour la plupart été dans la même catégorie. Il s'agissait de trouver un navire et, pour cela, on m'a conseillé de consulter un certain capitaine de pension, Jack Hanly, je crois, et il ne s'agissait pas d'un mauvais type, mais c'était plutôt une révélation pour moi. être équipé d'une décharge qui avait appartenu à un autre marin d'à peu près mon âge, et cela impliquait en outre un changement de nom qui, je le voyais, pourrait entraîner des complications lorsqu'il s'agirait de produire des papiers pour le Board of Trade. Le premier essai m'a montré que cela ne suffirait pas. Il y avait dans le port un gros navire américain appelé le *Borodino* , et lorsque Jack et moi sommes allés voir le capitaine, la conversation suivante a eu lieu. Jack a déclaré: "Capitaine, je vous ai apporté un coup de main, je veux apprendre à devenir capitaine."

"Non, merci", a déclaré le capitaine, "les branchies ont l'air trop blanches pour moi, pas d'accord."

C'était la fin de cet épisode, et je me suis retourné pour voir ce qui pouvait être fait. Il y avait aussi au port un autre navire appelé le *Troas* , dont je me souviens avoir parlé en mer lors du voyage précédent. Fort de cette connaissance, j'allai voir son patron, qui, manquant cruellement de bras, accepta de me accompagner au tribunal de police et de m'embarquer comme matelot. Lorsque j'ai été condamné à une amende de 5 £ ou un mois pour désertion, mon nouveau capitaine a payé l'amende et j'ai immédiatement pris ma place sur mon nouveau navire. C'était un navire tout gréé d'environ 800 tonnes et il se dirigeait vers Foo Chow pour charger du thé pour la maison. En ce qui concerne les officiers, le ton du navire était assez élevé. Le second n'était pas une grande personnalité, mais le second, George Davies, était un très bon marin et un excellent officier.

C'était aussi un splendide athlète. Je l'ai vu sortir sur une bôme de hune nue pour relever un amure qui n'était plus en place, afin d'économiser le temps qu'il aurait fallu pour gréer la bôme. Je crois qu'il a ensuite été aux commandes d'un voilier qui était perdu dans un typhon en mer de Chine – en tout cas, son navire a été porté disparu. Il y avait aussi un troisième lieutenant, que j'ai rencontré plus tard alors qu'il servait dans le service P. & O.

L'équipage était très curieux. Il y avait surtout un vieux marin typique, plein de traditions et de traditions anciennes. Commentant le fait que le capitaine avait sa femme à bord, il prédit dès le début le mal. « Notez bien mes paroles, » dit-il, « ce sont de mauvais animaux avec lesquels naviguer. » Ce n'était cependant pas l'opinion générale, car la dame en question était agréable à regarder, et tous ceux à qui elle parlait étaient satisfaits de ses manières charmantes.

La cause de notre malheur était tout autre et aurait pu être prévue. Après avoir récupéré une centaine de tonnes de lest de pierre pour le voyage à Foo Chow, nous avons récupéré pour le reste une grande quantité de boue semi-liquide qui avait été draguée du fond de la rivière. Je ne saurais dire si les responsables avaient réfléchi à cette question, mais il n'en demeure pas moins que dès que nous avons pris la mer, le navire a montré un grand manque de stabilité ou de raideur et, alors qu'il s'inclinait sur la boue humide, atteint son niveau le plus bas possible. Il était évident que cet état de choses ne suffirait pas, c'est pourquoi, comme le navire avait des quilles sœurs, nous avons essayé de construire un barrage au milieu du navire en enfonçant des pieux à l'intérieur, puis en remplissant l'espace interne avec du lest de pierre. L'effet général de cette procédure fut, je pense, d'aggraver les choses, et comme nous ne pouvions pas retourner à Adélaïde, le vent étant fort et défavorable, nous essayâmes d'arriver à Port Lincoln. Ici encore, notre chance n'a pas été bonne, car le vent soufflait fort de l'ouest et nous coupait la route.

L'idée suivante était de se présenter à Melbourne. Nous, qui étions au gaillard d'avant, étions tributaires, pour nos nouvelles de ce qui se faisait, des rares informations qui pouvaient nous être fournies par l'un des officiers, mais nous reconnaissions surtout que nous étions dans une situation plutôt difficile et que nous aurions de la chance de nous en sortir. il. En raison de l'incapacité du navire à résister à sa toile, nous avons été conduits au sud de l'île Kangourou et avons eu du mal à affronter le cap Jaffa. À partir de ce point, cependant, la terre s'orienta un peu vers le nord-est, mais il fut bientôt reconnu que seul un changement de vent pourrait nous sauver, et qu'il n'y en avait aucun signe. Nous avions franchi le cap Jaffa vers minuit, après avoir transporté avec la plus grande difficulté les huniers et la misaine à ris serrés. Le navire, bien sûr, s'est énormément incliné, mais il a quand même parcouru une certaine distance. Dès que nous eûmes dépassé le cap, le grand hunier s'envola et, le hunier et la misaine étant enroulés, nous nous plaçâmes sous le hunier d'artimon. Le lendemain matin, nous nous sommes mis au travail pour lever les étai et les palans de vergue du long canot et pour dégager les espars qui étaient arrimés dessus. Cela a été fait et les palans ont été accrochés et tirés fermement, mais pendant cette opération, je suis tombé sur mon épaule gauche et je l'ai tellement blessé qu'il était difficile et douloureux de bouger mon bras. Peu après midi, le temps s'est un peu éclairci et quelqu'un a crié « atterrissez sous le vent ». Là, c'était bien sûr, et environ deux miles de déferlantes, je pense. Il n'y avait aucune issue possible, car le navire dérivait simplement sous le vent. Davies, qui monta en altitude pour avoir une meilleure vue, héla la dunette : « Tout va bien, monsieur, une plage de sable ; » puis il s'est précipité pour aider et conseiller la seule chose possible, c'est-à-dire courir vers la plage. Comme nous l'avons découvert par la suite, c'était le sommet des hautes eaux et la fortune nous avait dirigés vers la seule parcelle de sable de la localité.

Le second était désormais l'homme du moment, le second n'était pas d'une grande utilité et le capitaine, jamais un homme bruyant, était apparemment très content de voir Davies diriger le spectacle. La misaine et le hunier furent lâchés et mis à l'eau, le hunier d'artimon fut relevé, le gouvernail mis en place par mauvais temps, et gardant sa hanche vers la mer, nous courîmes vers la plage. Davies commandait le navire. Un grand Allemand, un très brave garçon, était à la barre météo, j'étais du côté sous le vent. Inutile de dire que nous étions tous un peu curieux de savoir ce que pourraient apporter les prochaines minutes, même si, honnêtement, je ne pense pas que les jeunes se soucient beaucoup de ce qui les attend. Je me souviens parfaitement avoir pensé que je pourrais bientôt être appelé à rendre compte de tout ce que j'avais fait ou laissé de côté, mais j'ai décidé que je n'avais pas le temps de m'attarder sur de telles pensées. À peu près à ce moment-là, le premier vrai comber arriva à bord, balayant le pont principal de tout. Il a cependant laissé l'étrave et l'arrière du long bateau se balancer dans les palans. À ce moment-là, le navire était presque aux extrémités de sa poutre et touchait probablement le sol, car l'eau brisait très fortement sur lui et, d'après mes souvenirs, la avant-cour touchait le sable. Nous avons coupé le gréement météorologique autant que nous le pouvions et, au cours de longues poussées et de tentatives pour remonter les mâts et les espars, nous avons progressivement laissé un point d'appui précaire à l'extérieur des quartiers météorologiques du navire. Je me souviens bien de cet épisode, car l'eau était extrêmement froide et semblait poussée par le vent jusqu'à nos os.

Au bout d'une heure environ, il devint évident que l'eau se retirait et il était possible de voir ce qu'on pouvait faire. Le navire se disloquait rapidement et, trois heures plus tard, il y avait un trou au milieu du navire. Mais les fins se sont tenues ensemble et certaines des drôleries de la vie ont commencé à apparaître. Le second marchait du mieux qu'il pouvait dans la cabine, une bouée de sauvetage autour de lui et un mousquet sur l'épaule, et comme il ne restait plus aucun semblant d'ordre, c'était aux esprits les plus forts de faire de leur mieux. Ici, John, le grand Allemand, et le second sont arrivés au front, et ils ont bien fait. Au moment où les eaux étaient basses, une corde avait été ramenée à terre, je ne sais comment, et certains étaient allés à terre par là, mais je sais qu'avant de quitter le navire, nous avons mangé du lièvre en cruche dans la cabine de Davies. Cela ressort clairement, mais je ne me souviens d'aucune ivresse de la part d'aucun membre de l'équipage.

Le débarquement de la petite dame du capitaine s'est déroulé sans peine, car elle était une âme courageuse et a traversé une période difficile avec un courage qui était grandement admirable, mais elle n'aurait pas pu éviter de tirer des conclusions qui auraient été odieuses. ils ont été particularisés . La scène suivante de ce drame se déroulait autour d'un grand feu sous le vent d'une colline de sable, où la plupart de l'équipage était rassemblé. Une partie de la foule avait obtenu de la nourriture et il y avait un sentiment général de satisfaction de savoir que nous n'avions pas perdu le numéro de notre mess. Nous avons également appris qu'un sac de farine constituait une bouée de sauvetage de premier ordre pour un homme qui voulait accoster à terre avec une corde. L'un des grands tonneaux d'eau du pont avait été rejeté sur le rivage ;

nous avons enfoncé la tête et l'avons placée avec son extrémité saine au vent et son ouverture vers le feu pour faire un abri pour la dame de la fête, puis, chaud d'un côté et froid de l'autre, nous avons attendu le jour. Certains esprits audacieux avaient déjà tenté l'exploration et n'avaient trouvé aucun signe d'habitation.

Peu après le jour, nous vîmes deux hommes à cheval qui regardaient le navire, et ils exprimèrent leur émerveillement et leur surprise devant la bonne fortune qui nous permit de les saluer. Il semblait que le caractère général de la côte était rocheux et que les autres naufrages survenus dans les environs avaient tous entraîné des décès.

Comme nous étions des exceptions, nous ne pouvions qu'être reconnaissants que la Providence ait été si bonne envers nous. Ensuite, nous nous sommes mis au travail pour réfléchir à la prochaine étape. Quant à moi, j'étais arrivé à terre avec à peine plus qu'un paquet de lettres attachées avec un fil de corde et un exemplaire des poèmes de Byron. Je les ai tous les deux maintenant, mais ils n'avaient ni l'un ni l'autre une valeur considérable lorsque le monde devait être affronté uniquement en chemise et en pantalon.

Nos amis à cheval venaient d'une station proche du lac Albert. C'était à quelques kilomètres de là, mais nous y sommes allés et avons été reçus avec hospitalité pendant des jours. Nous avons fait des visites occasionnelles à ce qui restait du navire et avons eu la chance de trouver des bottes et des vêtements. Celles-ci étaient utiles, car nos hôtes avaient commencé à laisser entendre que ce serait bien si nous allions voir à quoi ressemblaient les amortisseurs et les moutons d'une autre station. Davies et moi avions marché jusqu'à Rivoli Bay, une ancienne station en ébullition, pour voir s'il y avait un navire, mais n'en trouvant pas, nous sommes revenus, et peu de temps après, nous sommes tous partis pour Port Macdonnel .

Il y a eu de nombreux incidents amusants au cours de ce voyage. La nouvelle s'était répandue qu'un groupe de marins était en route et, à une station, le cuisinier était extrêmement en colère parce que son maître ne l'avait pas prévenu que nous serions là pour le souper. Il a observé que le patron l'avait fait par méchanceté, pour le prendre par surprise. "C'est juste", dit-il, "comme si vingt-cinq hommes de Bally pouvaient m'assommer à tout moment !" Je pense que sa confiance n'était pas de l'égoïsme, car nous avions bien fait, et les gens de la grande maison sont descendus au hangar pour nous regarder tous.

Les mots me manquent pour exprimer les surprises du vagabondage du lendemain sur les sentiers de brousse. Nous avons croisé l'émeu en masse ; les wallabys ne se donnaient guère la peine de s'écarter du sentier ; et voir les kangourous couvrir le sol était une source constante d'émerveillement. Je ne sais pas ce qu'est le record de saut en hauteur d'un kangourou, mais ce que nous les avons vu faire avec une apparente facilité nous a semblé absolument merveilleux .

Il ne faut pas croire qu'il ne s'est écoulé que quelques jours entre le naufrage et notre arrivée à Port Macdonnel . Je devrais penser que c'était environ un mois. Il y avait certaines questions concernant les salaires que le capitaine devait régler avec une grande partie de son équipage, et il dut se rendre à Mount Gambier pour trouver quelqu'un pour le financer, puis nous retrouver à Port Macdonnel . Mon salaire ne me causait aucun ennui, car il avait payé mon amende et j'étais par conséquent redevable envers le navire, mais avec les autres c'était différent. Le patron a été l'objet de beaucoup de colère lorsqu'il a été révélé qu'il n'était pas favorable à ce que nous puissions faire le tour de Melbourne par le caboteur, mais qu'il préférait faire le jeu d'un constructeur de route soucieux de s'assurer nos services. L'un des propriétaires du paquebot était présent au moment de l'altercation et résolut la question en donnant le passage à ceux qui voulaient y aller. Je garderai toujours un bon souvenir de cette action de la part du gentleman en question, dont je pense que le nom était Ormerod . Cette série d'événements m'a conduit à l'un des moments les plus agréables de ma vie. Nous sommes arrivés à Melbourne, car le bateau à vapeur remontait le Yarra , et autant d'entre nous que nous le souhaitions furent engagés pour aider au chargement et au déchargement des marchandises. Pour cela, nous étions payés un shilling par heure pour huit heures de travail et nous vivions chez les marins. Aussi étrange que cela puisse paraître, nous étions satisfaits de notre sort et le salaire suffisait à tous les besoins raisonnables. Cependant, lorsque ce navire en particulier en eut terminé, Davies, Dowling, troisième officier du *Troas* , et moi-même avons pensé qu'il était temps de penser à rentrer chez nous, et ainsi, avec notre réserve supplémentaire

de connaissances sur diverses formes de vie, nous sommes
descendus. à Sandridge Pier pour chercher un navire.

**NAVIRE CLIPPER «ESSEX», 1042 TONNES. J. S.
ATWOOD, COMMANDANT**

Sandridge Pier était un spectacle magnifique pour tout amateur
d'eau salée. Il appartenait à une époque qui ne se reproduira
plus, l'époque où les navires étaient beaux et où aucun effort
n'était épargné pour les rendre ainsi. Steam n'avait pas alors
obtenu tout le trafic de passagers, et les navires de Green,
Wigram, Smith et Dunbar étaient les descendants en ligne
directe des anciens Indiens de l'Est. Ils transportaient de grands
équipages et étaient pour la plupart commandés et dirigés par
des hommes qui étaient de splendides marins ainsi que des
gentlemen. Le commandement d'un de ces vaisseaux, pour un
voyage de neuf mois, pouvait valoir mille livres sterling ; c'était
avant que le monde ne se réveille dans une période de
concurrence extrême. Mais si beaux que fussent ces navires, ils
ne plaisaient à l'œil que parce qu'ils étaient, à notre avis,
l'incarnation de tout ce qu'il y avait de plus beau à trouver à
flot. Beaucoup des meilleurs spécimens d'entre eux peuvent
être trouvés aujourd'hui dans divers ports du monde servant
de carcasses de charbon. Lorsque j'ai fait un voyage sur les
quais il y a quelques années pour voir l' *Essex* , il était difficile
de croire qu'il était le navire que l'on avait connu, plein de vie,

d'éclat et d'intelligence. Il mesurait, je suppose, environ 240 pieds de long, ce qui était alors considéré comme une longueur très convenable pour n'importe quel voilier.

Ce qu'on appelle « prendre le temps » était l'un des événements de la journée. Un aspirant appartenant à chaque navire serait perché dans une partie saillante de la poupe de chaque navire, et à proximité immédiate se trouveraient le maître d'équipage et ses compagnons, prêts à dîner et à grogner à l'instant où le signal serait donné que la balle était terminée. abandonné. Le chœur des cornemuses était une chose à entendre et à retenir, car il était repris par les navires assemblés ; il y a toujours eu une ambition louable d'être le premier navire à démarrer.

Les noms des navires échappent à ma mémoire, mais il y en avait plus d'un appartenant à Money, Wigram & Co., et il y avait aussi un splendide vieux navire construit en frégate appelé le *Holmesdale* . Je ne sais pas vraiment si le célèbre paquebot le *White Star* était là à ce moment-là, ou si je l'ai croisé lors du voyage suivant, mais lui et le *Champion of the Seas* étaient tous deux des navires d'apparence magnifique, et le capitaine de ce dernier navire , Outridge , je pense, était son nom, et en apparence tout à fait conforme au nom de son commandement.

Le point que je veux souligner est que ces deux derniers navires mentionnés, bien qu'ils fussent des voiliers rapides et des « paquebots », ne faisaient pas partie de l'aristocratie de la mer, telle qu'on considérait alors les navires Blackwell proprement dits. Ils étaient considérés de la même manière que, dix ans plus tard, un homme de l'Union Steamship considérerait un navire de Donald Currie. Il jetait un regard condescendant sur un navire de Donald Currie au point de dire : « Très digne, sans aucun doute, mais vous n'êtes pas *nous* , même si vous faites de votre mieux pour obtenir l'ensemble de nos housses de voile et pour maintenir décemment vos vergues. carré." Mais nous en reparlerons plus tard.

Il s'est avéré que l' *Essex* avait besoin de deux marins qualifiés et d'un marin ordinaire, et comme Dowling et moi voulions tous deux expédier comme d'habitude, Davies, qui était l'homme sage du groupe, m'a conseillé d'expédier sous le nom d'AB. Comme il l'a dit : « Vous voulez rentrer chez vous, et ils ne peuvent réduire votre salaire qu'en proportion de votre incompétence. En conséquence, après avoir conclu un entretien satisfaisant avec le « premier officier », comme on l'appelait, j'ai suivi ce conseil. Le nom de ce premier officier était Gibbs. Il s'est avéré être le grand favori de tous, et je peux dire avec vérité que les hommes du gaillard d'avant faisaient de leur mieux pour lui plaire, toujours par simple goût personnel. Nous parlions de lui sous le nom de « Lady Jane ». Il était accompagné de son valet de chambre et, un jour, il chanta « L'Enfant perdu » en costume et fut très applaudi. Je l'ai rencontré des années plus tard, dans des conditions plus égales, et j'espère qu'il gardera de moi un souvenir aussi aimable que moi de lui.

Peu de temps après avoir pris nos quartiers à bord, nous avons eu notre première leçon de « mode Blackwall ». Davies et moi étions sur une scène à bord du navire, occupés à peindre quand l'un des Jack a levé la tête : « Ici, les gars, vous faites trop de travail, ce n'est pas grave. Blackwall fashion », et je dois avouer que nous avons immédiatement respecté la réglementation.

Ce navire, de 1,042 tonneaux environ, transportait un capitaine, quatre seconds, aspirants et apprentis, vingt-quatre matelots qualifiés, un maître d'équipage et deux seconds. C'était un équipage formidable et capable de faire fonctionner le navire à merveille. On considérait alors qu'il fallait quatre AB pour ranger une voile de perroquet, mais je me souviens qu'à une occasion, Davies se débrouillait seul à l'avant, où il était posté comme homme de proue. J'étais un homme de main et, étant sous l'œil immédiat de l'officier de quart, je n'avais pas la même liberté d'action dont ils jouissaient vers l'avant, et pourtant il me semble me souvenir d'une certaine association entre le jeu d'euchre et le maintop les beaux après-midi. .

La première nuit du voyage de retour, nous avions trois huniers sur le ris en même temps. Cela a été bien fait et rapide, et, à la façon curieuse dont les nouvelles arrivent, nous avons appris que le vieil homme était très satisfait de la manière dont cela a été fait et a déclaré qu'il n'avait jamais eu un équipage plus raffiné. Et permettez-moi ici, en tant que membre de cet équipage, de rendre un hommage respectueux au capitaine J. S. Attwood, qui en commandait.

Cet équipage en faisait partie et je suis heureux de dire que je n'ai jamais eu à gérer en tant que skipper. Presque sans exception, il s'agissait d'hommes titulaires d'un certificat de compétence du Board of Trade, ayant été en fuite ou quelque chose du genre. Il y avait un homme que j'avais vu commander un voilier à Adélaïde, le *Jessie Heyns* , il travaillait son passage pour acheter un navire à Londres. Il l'a fait et a ensuite voulu que je l'accompagne comme second. Aussi bons marins qu'ils fussent, les hommes en savaient trop pour être dociles. Leur *bête noire* était le troisième compagnon. Il existe désormais diverses manières d'ennuyer les agents. Une punition qui peut être infligée par un équipage est de ne pas chanter lorsqu'il tire sur les cordes pendant la nuit. Par le ton de la voix des hommes, on peut généralement savoir dans l'obscurité ce qu'ils font, mais raccourcir la voile avec des hommes silencieux était une épreuve qui m'a été épargnée en tant qu'officier, je suis reconnaissant de le dire. Cependant, j'ai beaucoup appris lors de ce voyage. D'une part, j'ai cultivé l'art de chiquer du tabac, afin de pouvoir démontrer indéniablement à mon peuple à la maison que j'étais un AB et que je pouvais donc cracher du marron en toute bonne conscience.

Il est curieux de constater à quel point des incidents insignifiants reviennent à la mémoire lorsqu'on traite d'événements passés. Une nuit, le troisième officier avait déjà causé plus de problèmes que nous pensions qu'il aurait dû en faire, lorsqu'il a mis la touche finale en donnant l'ordre de mettre une voile à clous plus basse. La nuit était complètement noire et nous étions aussi maladroits et aussi lents que nous pouvions l'être. Le capitaine était sur le pont et ordonna au troisième d'avancer et de voir d'où venait le retard. Il l'a fait promptement, et une main inconnue lui a lancé une pelote de fil à la tête, sur laquelle il s'est retiré vers l'arrière et a informé le capitaine. Or, le capitaine Attwood était un homme qui ne craignait rien ni personne, et il vint aussitôt demander qui avait « jeté une pelote de laine filée à la tête de son troisième lieutenant ? L'humeur des hommes était telle que les paris étaient très équilibrés quant à ce qu'il était susceptible d'obtenir ; mais après quelques discussions plus ou moins sinistres, Davies résolut la difficulté en disant : « Écoutez, capitaine Attwood, si vous voulez que le travail soit fait, nous pouvons le faire, mais nous n'allons pas nous laisser tromper par ce troisième lieutenant de l'équipage. le vôtre; maintenant, nous allons vous montrer comment installer une voile étourdissante . Et nous l'avons fait. Mais comme je l'ai déjà dit, je suis heureux de n'avoir jamais eu affaire à une telle foule. Ce petit incident expliquera l'humeur des équipages sur les mers du sud dans les années soixante.

Nous avons contourné le Cap Horn sans incident marquant. C'était l'hiver et, à part les vêtements que je portais, je n'avais pas grand-chose de précieux. Il y avait cependant une sorte de vente à bord, car je sais que j'ai reçu une veste chaude de singe. Nous avons couru de la Corne à la ligne en moins de seize jours — un bon passage — et au large des îles occidentales nous sommes restés encalminés pendant quelques jours avec un certain nombre d'autres navires, des navires de thé pour la plupart, et des navires réputés en plus. Mais quand le vent commença à souffler de l'ouest, comme ce fut le cas, quelle glorieuse vrille ce fut pour rentrer chez soi ! L' *Essex* n'était pas chargé profondément, il avait des ridules et il fallait quelque chose pour le dépasser. Dans ce cas, je pense qu'il était le deuxième navire à accoster, le vainqueur de la course étant un navire appelé *Florence Henderson* .

Enfin, le quai de Blackwall , et ma mère à ma rencontre ! Je peux voir son air horrifié alors que j'ai sauté à terre depuis l'un des ports du pont principal , pieds nus, vêtu d'une chemise et d'un pantalon, avec une chique de tabac dans la joue qui était censée être évidente même pour l'observateur occasionnel !

Il est assez remarquable de voir à quel point le point de vue d'une personne sur les conventions change en fonction de son environnement.

CHAPITRE III

«J'ai fait tout le chemin jusqu'à Calcutty et je n'ai semé qu'un seul bananier . Quoi qu'il en soit , c'était très bon, alors je vais y retourner pour en avoir un autre. »- *Old Sailor Story*.

De retour à la maison de Trapp & Sons dans les Minories , où j'ai dû affronter le capitaine Hole, et "dree my bizarre".

Il était essentiel, pendant mon temps en mer pour obtenir mon certificat, d'avoir quatre années de bonne conduite à démontrer, et cela ne pouvait être obtenu qu'en annulant mon contrat ou en purgeant le reste de mon temps. Maintenant, le capitaine Hole s'était retiré de la mer, après avoir mis le défunt second, M. Coleman, aux commandes de l' *Alwynton* , et était, en outre, vivement déterminé à récupérer un peu de sa propre monnaie, aussi a-t-il catégoriquement refusé d'annuler mes contrats et a terminé la discussion en disant : « Je sais que vous aimez les gros navires ; vous venez de rentrer à la maison à temps pour sortir en petit. Le *Lord Nelson* est à Swansea et vous le rejoindrez immédiatement. Si vous étiez resté à bord de l' *Alwynton,* vous seriez parti en second pour ce voyage. Et c'est pour m'avoir dit « je ne le ferai pas ».

Eh bien, il n'y avait aucune aide pour cela, mais il y avait une touche de « Je vous l'avais bien dit » dans la remarque privée de M. Trapp : « Si vous m'aviez payé votre prime, j'aurais pu modifier les choses. Il y avait aussi de la nature humaine là-dedans, mais ce que le capitaine Hole avait obtenu, il l'a gardé, car il en était copropriétaire, et je me suis rendu à Swansea pour rejoindre mon nouveau vaisseau en tant que second.

Petite barque de 247 tonnes, construite par White de Cowes pour un baleinier, elle avait fait de nombreux voyages autour du Cap Horn et venait de rentrer avec une cargaison de minerai de cuivre. Elle n'était pas en bon état et devait être réaménagée et gréée avec un nouveau gréement métallique. Je ne suis pas du tout sûr que ce ne soit pas pour moi une chance, car, comme l'opération a duré quelques mois, elle m'a donné l'occasion d'apprendre quelques ficelles du métier.

Il y avait un capitaine qui vivait à bord avec sa fille ; il s'appelait Boisse , et il était très gentil avec moi, car j'habitais dans la couchette du second et je faisais du désordre dans la cabine. Parallèlement, j'ai eu la chance de faire la connaissance de la famille d'un capitaine Outerbridge , capitaine d'un navire minéralier de cuivre, le *Glamorganshire* . Ils m'ont traité comme l'un des leurs, et Tom Outerbridge et moi étions inséparables. Nous avions tous deux un grand goût pour le théâtre, que nous nous offrions jusqu'à l'extrême limite de nos moyens. Wybert Reeve était alors le directeur du théâtre de Swansea ; Je l'ai rencontré plus de vingt ans plus tard en Nouvelle-Zélande et nous avons discuté et rappelé les acteurs et actrices d'autrefois, mais l'admiration pour Kate Saville persistait même alors.

Le capitaine Hole se rendait fréquemment à Swansea pour voir comment les travaux progressaient, et il était également payeur. Au bout de quelque temps, Boisse partit en permission, ce qui me laissa beaucoup plus de responsabilités, mais j'appris combien le calfeutrage devait être surveillé lorsqu'il était fait par contrat, et aussi les mystères liés au recuirage et au gréement d'un navire. C'était un bon travail utile. Pour autant que je me souvienne, il y avait trois gréeurs et moi-même, et je suppose qu'à ce moment-là, je considérais que je pouvais faire le travail d'un homme, car ma capacité à le faire n'avait pas été mise en doute sur le dernier navire, et de plus, j'avais montré que je pourrais passer une journée à porter des sacs de blé, ce qui est une épreuve difficile .

Je ne peux pas dire s'il y a aujourd'hui le même zèle concernant les détails de leur métier parmi les jeunes marins qu'à mon époque, mais nous, les apprentis de l' *Alwynton,* nous étions toujours efforcés d'apprendre tout ce que nous pouvions sur notre métier. Nous étions sans doute meilleurs en pratique qu'en théorie, mais nous avions certains manuels sur lesquels nous martelions jusqu'à maîtriser les diverses difficultés qui se présentaient. En conséquence, je me croyais capable d'envoyer en l'air tout ce qui pourrait être nécessaire, et je pris naturellement la tête des gréeurs. Un matin, j'en ai appris un peu plus.

Nous envoyions la vergue en l'air, et l'âge et l'expérience disaient que deux poulies doubles et une chute étaient le matériel approprié à utiliser - non, dit Youth, accrochez-vous à une poulie supérieure, passez l'extrémité d'une petite aussière à travers elle, penchez-vous sur la vergue, et nous l'emmènerons au guindeau et le hisserons.

Nous l'avons fait et avons placé la vergue assez haut, deux hommes montant ensuite pour enchaîner les élingues. C'était une matinée froide, et Jeune, s'étant accroché à l'aussière pendant qu'elle flottait, trouva ses doigts froids, et ne se doutant pas du mal, car il y avait de nombreux tours autour du baril du guindeau, le posa sur le pont et se leva. dessus pendant qu'il se réchauffait les mains. Or, cela montre comment une belle idée peut échouer si un détail absurde est négligé ; en mettant mes pieds sur l'aussière, je suppose que je l'avais légèrement relâchée et la prochaine chose que je savais, c'était d'être sur le dos, une vision d'une corde volante, de terribles jurons en l'air et de la vergue descendant à travers les rails. Je ris en me rappelant la scène , mais elle aurait pu être bien plus grave. La leçon a cependant été apprise : un achat vaut mieux qu'une corde à simple, même si une puissance suffisante peut être appliquée. Dans ce cas particulier, aucun mal n'a été fait, car comme les piliers s'étaient dressés sous ses yeux, ils avaient adouci la vergue au fur et à mesure de sa descente. Cela avait été une affaire étroite pour les hommes d'en haut, mais ils étaient de bons gars et ne parlaient pas beaucoup après le premier éclat naturel.

Puis vint un inventeur de Whitstable et équipa la barque de huniers brevetés de sa propre invention. J'espère que le Ciel lui aura peut-être pardonné à ce moment-là, mais j'avoue librement que rien ne m'incitera jamais à le faire. Un bon hunier breveté, s'il existe (ce dont je doute), peut être une aubaine et une bénédiction. Je peux dire un mot ou deux en faveur du brevet de Cunningham, ce qui n'est pas si mauvais, mais ce brevet particulier en question doit avoir été inspiré par l'esprit du mal, qui, à un moment donné, doutait de son pouvoir sur le destin des âmes des marins, ont rendu une assurance doublement sûre en ce qui concerne les futurs équipages du *Lord Nelson* . Ces chantiers étaient des choses horribles à travailler et avaient plus de points faibles que même la nature humaine errante.

Au moment où le navire était presque prêt à prendre la mer, nous avons reçu le nouveau compagnon à bord. C'était un grand Écossais à l'os brut nommé McKinnon, un bon marin et pas mal à vivre. Sa première introduction à son nouveau navire ne semble pas l'impressionner très favorablement .

Nous avons chargé une cargaison de charbon à transporter à Plymouth, où nous devions charger pour l'Australie, et avec un équipage de dix personnes, nous avons tous été remorqués vers la mer. Le skipper Boisse , qui l'avait rejoint pour faire le tour de la côte, a observé : « Peu importe le lavage pour enlever la poussière de charbon du pont, il le fera lui-même lorsqu'il sortira. Il montrait une solide connaissance de ses habitudes, car aussi profondes qu'elles soient, c'était comme être sur un rocher à mi-marée.

En temps voulu, nous sommes arrivés à Plymouth, avons déchargé une grande partie du charbon et avons commencé à charger de gros tuyaux en fer et des machines pour Wallaroo . Il s'agissait d'une sorte d'engin minier, mais, ne se contentant pas d'un chargement raisonnable, le capitaine fit remplir certains tuyaux de charbon pour libérer plus d'espace, le résultat étant que le navire était chargé excessivement profondément.

À peu près à cette époque, pour une raison inexpliquée, il y a eu un changement de capitaine et notre nouveau capitaine était R. K. Jeffery. C'était un personnage très important, avec beaucoup de méthodisme autour de lui. Il y avait deux ou trois apprentis et un Bob McCarthy, un simple matelot, ami des propriétaires. Il était censé souffrir de phtisie et était venu en mer pour être soigné ou tué. Il fut guéri, en l'occurrence, et nous étions amis pendant le voyage, car il vivait dans le rouf avec le charpentier et moi. La dernière fois que j'ai entendu parler de lui, il y a quelques années, c'est qu'il commandait un bateau à vapeur et qu'il se portait bien. Les apprentis ont disparu du navire avant que nous prenions la mer.

C'était au début de l'année 1866 et la saison hivernale dans l'Atlantique avait été mauvaise. C'était peu de temps après le naufrage *du London dans la baie, et nos attentes concernant le voyage n'étaient pas pleines d'espoir.* On se souviendra que c'était avant que M. Plimsoll ne commence sa célèbre croisade et, en fait, c'était là une illustration aussi belle de la surcharge qu'on pourrait souhaiter voir. Pour autant que je sache, il n'y avait à cette époque aucun contrôle sur la quantité de cargaison qu'un capitaine ou un propriétaire pourrait juger bon de placer à bord, et je suis sûr que personne n'a jamais eu plus droit à la gratitude des marins que Samuel. Tennis . Sa méthode de procédure était peut-être rudimentaire, mais il n'en demeure pas moins que son livre était un compte rendu juste et juste des usages de la mer au moment où il a été écrit. Quelques années plus tard, quand je l'ai reçu, j'ai constaté à quel point mes expériences coïncidaient avec ses remarques.

Cette question de la surcharge des navires était une question très controversée, et « aussi profond qu'un charbonnier » est un proverbe qui n'est pas tout à fait oublié, même aujourd'hui. Le mal se corrige maintenant dans une certaine mesure, car un paquebot profondément chargé s'allège toujours par sa consommation de charbon, mais je suis sûr que je pourrais aller aujourd'hui sur les quais et signaler des paquebots de première classe qui seraient surchargés si jusqu'à leur marque de Plimsoll , et qui, s'ils prenaient la mer malgré une mauvaise brise, donnerait une inquiétude considérable aux responsables de leur navigation. Cependant, je pourrai en dire davantage prochainement.

Nous avons pris la mer chargés le plus profondément possible, et n'avons pas eu beaucoup de chance, car après avoir contourné Ouessant, le vent est passé au sud de l'ouest et a commencé à souffler fort . La barque a travaillé dur, commençant à produire beaucoup d'eau. Les pompes ont fini par être obstruées par du petit charbon et nous avons dû évacuer l'eau avec des seaux. Cela n'a été possible que parce que, en raison de la nature de la cargaison, la cale n'était pas pleine et que nous avons pu nous frayer un chemin assez profondément dans le charbon et ainsi maintenir l'eau en dessous. Ensuite, le grand hunier (brevet) a été emporté, et cela nous a donné encore plus de joie, et finalement les hommes sont venus vers l'arrière vers le capitaine et ont exigé qu'il retourne à Plymouth ou au port le plus proche.

Continuer le voyage dans notre état d'alors eût été impossible, mais le vieil homme ne céda pas de bonne grâce. L'équipage, cependant, était épuisé par le travail constant et le manque de sommeil, et il n'y avait rien d'autre à faire que de déplacer la barre et d'espérer que nous pourrions avoir la chance d'arriver au port. La décision de le faire a agi comme un tonique pour tout le monde, et nous sommes finalement retournés à Plymouth Dock pour décharger et remettre en état. Au meilleur de mes souvenirs, le navire était à ce moment-là tellement enfoncé par la tête que les écubiers étaient presque au niveau de l'eau, et c'était une grâce que chacun d'entre nous remette un jour le pied à terre. Cependant, c'est une des dispositions de la Providence qu'un danger, une fois échappé, ne laisse derrière lui aucune précaution durable et constante, et peut-être dans l'intérêt de l'aventure, il est bon qu'il en soit ainsi.

Lorsque la cargaison fut déchargée et qu'il fallut libérer la cale du navire, nous constatâmes que les espaces entre les poutres du navire, aussi hauts que les entre-ponts, étaient remplis étroitement et solidement de petit charbon, très difficile à extraire. En fait, une grande partie du bordé intérieur du navire a dû être enlevée pour y accéder, mais finalement cela a été fait, la cargaison a été rechargée, le charbon a été omis, et nous sommes repartis pour le voyage.

Il n'y avait rien de particulièrement frappant lors de la sortie. Le navire était trop profond pour bien naviguer, et le capitaine, après avoir contourné le cap, n'alla pas plus au sud qu'il n'était nécessaire pour obtenir un vent d'ouest. Il était cependant très affligé par la route erratique que suivait le navire lorsqu'il avait un vent favorable. Bien sûr, le second a déclaré qu'il était correctement dirigé pendant son quart, et je n'en doute pas, mais j'ai été appelé dans la cabine et informé par déduction que des iniquités se produisaient toujours pendant mon quart, en outre, que c'était *toujours* sous le quart du second. que les choses ont mal tourné. Aucun de mes mentors ne semblait se rendre compte qu'ils avaient tous deux été eux-mêmes dans la même situation et que, par conséquent, ils avaient dû souffrir à leur époque de ce péché originel particulier dont ils se plaignaient maintenant.

Tant que dura mes relations avec les voiliers, je trouvai que cette idée concernant le second était très fermement enracinée (elle ne s'appliquerait bien sûr pas aux paquebots sur lesquels je servis par la suite), et en fait ce n'était pas grand-chose à dire. me demandais-je. Il était en général le moins expérimenté de la garde arrière. Il était nécessairement placé parmi l'équipage, car il devait servir et être responsable de tous les magasins, autres que la nourriture, utilisés par les hommes. Et il lui fallait un fort caractère en plus de son développement musculaire s'il espérait obtenir le même respect et la même attention accordés à ses supérieurs.

Nous arrivâmes à Wallaroo après un long passage et fûmes amarrés le long de la jetée. Ce n'était pas un poste d'amarrage confortable, car le port était soumis à des vents soudains et forts connus sous le nom de « vents du sud ». Ceux-ci butaient contre le côté de la jetée et, par conséquent, les amarres arrière étaient des cordages coulissants, qui permettaient au navire de larguer les amarres et de passer par les amarres de tête, pour se terminer face au vent. La jetée est probablement renforcée à cette époque, mais à cette époque, elle était très fragile.

Notre capitaine était un homme qui utilisait sa tête et, selon ses instructions, le second avait gréé un derrick pivotant qui déchargeait notre cargaison avec facilité et sécurité. Nous avons ensuite lesté et mis le cap sur Port Victor, où nous avons chargé une cargaison de laine pour Melbourne.

avant de quitter Wallaroo , mon ancien camarade de bord, Hill of the *Essex,* s'est efforcé d'obtenir la permission de me transférer sur un brigantin qu'il possédait et dont il commandait à Adélaïde. Nous l'avions inspectée ensemble à Londres, puis il l'avait achetée, déclarant que je serais son second. Il comptait cependant sans mon patron, qui était têtu. Hill prit ensuite le *Belle* pour faire du commerce dans la mer de Chine, où il mourut subitement, laissant à bord une jeune épouse.

Port Victor était un curieux petit endroit à cette époque. Il s'agissait à l'origine d'une station de mise en ébullition. Ce n'était guère plus qu'une rade ouverte, mais elle était abritée par une île qui offrait une certaine protection à l'embouchure de la baie. Nous avons eu beaucoup de chance là-bas et, chargeant facilement notre laine, nous sommes arrivés à Melbourne, où nous avons déchargé à Williamstown et lesté. Il y avait de nombreux navires splendides dans le port – curieusement encore le *White Star* et *le Champion of the Seas* , ainsi qu'un célèbre paquebot Aberdeen White Star, *le Star of Peace* . Ces navires étaient dans une classe à part ; ils ont fait de très bons passages, parfois des records, et ont été conservés dans un style de premier ordre. Je garde le souvenir vif d'avoir été croisé par l'un d'eux lors de leur liaison vers la Manche - mais j'y ferai référence dans l'ordre approprié.

Nous avons attaqué le port de Melbourne sous la direction de l'un des pilotes les plus intelligents que j'aie jamais vu. Je suis désolé d'avoir oublié son nom, mais la façon dont il a dirigé ce navire au vent était un véritable chef-d'œuvre de maniement. Il avait en outre une langue assez mordante et un vocabulaire pratiquement inépuisable au moindre incident en virant de bord. Nous en avons beaucoup entendu parler, mais nous avons pris un bon départ vers la pointe de Galle, et rien d'important ne s'est produit pendant le passage.

Il ne m'est pas donné de décrire adéquatement les premières odeurs de l'Orient. Cela fait des années que je n'en ai pas fait l'expérience, et l'on se demande si la vapeur et la modernité ont pu faire de sérieuses incursions dans les caractéristiques du Jardin du Monde ? Il ne sert cependant à rien de spéculer sur ce point. Ici, nous étions ancrés au large de la pointe de Galle, l'odeur du vent de terre donnant presque un sentiment d'ivresse, chargée d'épices, les catamarans indigènes s'élançant à une vitesse étonnante, et ce qui nous intéressait encore plus, chacun bateau avec un régime de grosses bananes jaunes et succulentes que nous n'avons pas perdu de temps pour faire connaissance. Là encore, c'est une nouvelle expérience : le premier goût d'une banane des Indes orientales ne s'oublie pas facilement. Que personne n'imagine que les choses forcées et importées que nous recevons aujourd'hui à Londres puissent être comparées aux fruits dans leur état natal ; autant comparer la craie avec le fromage !

Nous avons jeté l'ancre ici quelques jours et je me souviens bien avoir vu le plus gros requin de mon expérience. Il était bleu avec des taches noires et une tête carrée, et mesurait probablement entre dix-huit et vingt pieds de long ; dans l'eau claire et bleue, il ressemblait à une énorme brute.

Finalement, le skipper s'est détaché et nous sommes partis pour Colombo, où nous devions charger du café pour New York ou le continent, en appelant Bahia pour les commandes. C'était en effet une bonne nouvelle, et le travail du navire se déroulait avec un claquement et un balancement qui en faisaient un jeu d'enfant jusqu'à ce que la nouveauté du retour vers la maison se dissipe un peu.

C'était la mode, lorsqu'un navire partait, d'envoyer à son bord un équipage de tous les autres navires du port pour l'aider à sortir du mouillage. Le patron se chargeait généralement de ce travail, et c'était une aide aimable et utile qui tendait à une bonne camaraderie entre tous. Parfois, une intelligence merveilleuse se développait, étant donné qu'aucune station appropriée n'avait été fixée à l'avance, mais aider à faire route vers le port d'un navire était toujours une expérience agréable.

Or, il faut savoir que le seul grand jour dans un long voyage est celui où l'on gagne de l'argent et part pour vingt-quatre heures. C'était un sujet très attendu et qui servit ensuite de sujet de conversation longtemps après. Ce congé particulier n'a pas dérogé à la règle, et comme je n'ai pas visité Colombo depuis, je m'en souviendrai toujours pour son intense beauté. Il n'y a qu'un seul endroit avec lequel je peux comparer sa beauté, c'est Rio. La végétation luxuriante le faisait apparaître comme une sorte de paradis aux hommes enfermés dans une petite embarcation depuis des mois. Je suppose que nous nous sommes amusés à peu près comme le font habituellement les marins à terre. Nous avons affrété un véhicule et sommes allés à la campagne, nous nous sommes baignés dans un lac d'eau douce et nous nous sommes généralement comportés comme des écoliers trop grands, mais de retour en ville, d'une manière ou d'une autre, nous avons fait la connaissance de certains musiciens du 25e Régiment et les trouva de très bons gars. Ils ont fait de leur mieux pour faire les honneurs du lieu et ont réussi à notre grande satisfaction. Un dîner le soir dans un couloir en plein air attenant à un grand hôtel complétait mon enchantement, et je voulais y rester et m'engager dans les « Borderers ». Mon ami particulier (à cette époque), un musicien nommé Hibbert , en vue de donner effet à cela, m'a suggéré de le rencontrer après le mess des officiers, lorsqu'il serait libre et me permettrait de le faire. Je me suis assis devant le mess des officiers, de l'autre côté de la rue, et je les enviais. Finalement, j'ai été emmené chez un sergent Sinclair, qui m'a invité dans ses quartiers et m'a hébergé pour la nuit. J'aime à noter cette action comme typique de la gentillesse dont font preuve les hommes des services envers les jeunes lorsqu'ils sont un peu à la dérive. Avant que je m'endorme, dans un lit impeccablement propre, ce qui changeait vraiment de mon logement habituel, il découvrit qu'il avait servi dans le 92e sous la direction d'un de mes cousins pour lequel il avait le plus grand respect et la plus grande estime. Le lendemain matin, il m'a dit : « Si je vous enrôle, j'obtiendrai une telle prime (j'oublie combien), mais pour votre propre bien, je pense que vous feriez mieux de retourner à votre navire. Vous gagneriez très probablement une commission, mais rentrez chez vous et voyez vos amis avant de modifier l'idée de votre vie. Que ce soit un bon conseil ou non, je ne peux pas le dire. Quoi qu'il en soit, je l'ai pris et j'ai gardé un souvenir reconnaissant de la gentillesse du sergent.

C'était donc de nouveau le retour au moulin, et la fin de toutes les choses agréables qui avaient été si tentantes en vue, le retour au quotidien, à la nourriture misérable et à l'inconfort des quartiers pauvres par temps chaud sans aucune chance de le faire. plus de congés à terre.

Notre cargaison était arrimée par une bande d'indigènes qui vivaient à bord, à l'avant du navire. Nous avons récupéré les sacs, ils les ont rangés, ainsi qu'un lot de café particulièrement beau qui était en fait un envoi rare. Tous les soins possibles ont été apportés à son arrimage, et aucune précaution n'a été négligée pour assurer son transport en toute sécurité jusqu'à sa destination.

Notre stock de pain ou de biscuits de bord était alors épuisé. C'était du type brun dur qui nécessitait beaucoup de craquelage, et nous étions plutôt heureux de prendre une provision de biscuits cuits au four indigène qui, au moment où nous les goûtâmes pour la première fois, constituaient une grande amélioration par rapport à l'ancienne provision. Mais avant que nous ayons passé un mois en mer, ils grouillaient simplement de charançons noirs, de petits insectes ressemblant à des fourmis.

Le jour de la navigation est arrivé, et avec lui la foule habituelle de bateaux des différents navires pour nous aider à sortir du port. En ces occasions, il était d'usage d'offrir aux visiteurs un verre de grog, mais je ne me souviens pas que l'équipage du *Lord Nelson* en ait jamais goûté, car aucun n'était mis à bord. Les partisans de la soi-disant tempérance peuvent dire ce qu'ils veulent, mais l'administration judicieuse du grog à bord des navires (surtout des voiliers) aura toujours mon soutien. Dans un monde de labeur humide et fatigué, il est souvent utile de donner un visage plus joyeux à une vision très terne.

Le début du voyage de retour est toujours une occasion où la bonne humeur (animale, non spirituelle) prévaut. Les vergues étaient hissées au rythme de chants artistiques, car là où une collection de voiliers était rassemblée, l'équipage de chaque navire se piquait de chanter telle chanson particulière mieux que quiconque . Ceci était réservé aux occasions spéciales. Les derniers traits furent donnés, les mains furent serrées avec de joyeux vœux, les étrangers se jetèrent par-dessus bord dans leurs bateaux et nous partîmes sous les auspices les plus favorables pour un voyage que nous attendions tous avec impatience.

Alors que j'écris maintenant sur des événements qui se sont produits il y a quarante-cinq ans, et qu'il n'y a aucune note à consulter, je ne peux pas prétendre me souvenir de plus d'une bonne part de détails, mais ce fait ne constituera pas un prétexte pour faire appel à l'imagination. . Nous avons franchi la ligne et atteint la latitude de Maurice sans qu'aucun événement notable ne se produise, mais nous étions conscients que le pompage du navire prenait plus de temps qu'auparavant. Rien d'extraordinaire, peut-être, mais comme nous avions une cargaison précieuse, nous avons naturellement pris soin d'éliminer tout risque inutile de dommage.

Un soir, nous avions un beau vent de travers à bâbord et le vieux avait plutôt envie d'en profiter. Au fur et à mesure qu'il craquait sur de plus en plus de toile, le navire s'immobilisait beaucoup. C'était mon premier quart et je le passais principalement à la pompe, mais lorsque le second m'a relevé à minuit, j'ai pu signaler que le navire avait « aspiré », ce qui équivalait à dire qu'il était pompé à sec. En dessous, il était peut-être certainement sec, mais comme son bastingage tribord était le plus souvent sous l'eau, sur le pont, il était certainement plus qu'un peu humide. Je m'étais accroché aux huniers pour mon quart, et le second entreprit de les installer. Ce fut, je suppose, le début des ennuis, car nous tous, depuis le capitaine jusqu'au capitaine, aurions dû savoir qu'un petit vieux le navire ne supporterait pas d'être conduit injustement. Mais il avait la réputation d'être solide et solide, et comme il avait été construit par White de Cowes, l'idée obtenue était qu'il y avait parfois un virage à grande vitesse à lui faire perdre.

La montre de tribord descendait maintenant en dessous. La grand-voile était arrimée et nous savions que le second pouvait manipuler les huniers s'il devenait nécessaire de prendre des ris. En effet, cela fut très vite fait, comme nous avons pu le constater aux différents bruits. On sentait aussi qu'il s'y vautrait et qu'une grande quantité d'eau était emportée sur le pont. Avant l'expiration de notre montre ci-dessous, « toutes les aiguilles » furent appelées pour prendre la voile d'avant.

Il soufflait assez fort, il y avait une bonne quantité de mer et le navire avait un mouvement très sourd et lourd qui ne semblait pas tout à fait correct, mais nous avons rentré la voile d'avant et sommes allés en haut pour l'arrimer. J'avais appris à ce moment-là qu'il était bon de s'assurer du bon fonctionnement de telles choses, donc comme les joints du côté sous le vent étaient plutôt insuffisants, j'ai envoyé un homme pour lâcher la ligne de lixiviation sous le vent afin de pouvoir l'utiliser comme supplément. joint.

Pendant que j'étais occupé à cela, le jour se levait et j'ai vu le second avec la ligne de sondage faire quelque chose aux pompes et me faire signe de descendre. En même temps, je me rendis compte que le navire s'élevait très lentement vers la mer. Même à ce moment-là, la vérité ne s'est pas produite, mais alors que je montais sur le pont, le second m'a crié à l'oreille : « Il y a sept pieds d'eau à l'intérieur. »

Il y a des moments où tous les hommes pensent de la même manière, pas souvent, je l'admets, mais c'était l'un de ces rares cas où personne n'a proposé de discuter de ce point, et une ruée vers l'arrière a été faite pour les bras principaux . Le capitaine était alors sur le pont, et il semblait également acquiescer, car il n'avait pas été spécialement appelé et ignorait que quelque chose d'anormal se passait. Il y eut un autre événement étrange ; Il y avait un homme noir au volant – du moins c'était un nègre noir lorsqu'il s'y rendait – mais lorsqu'il releva le gouvernail, son visage pâlit d'une couleur quelconque qui n'était certainement pas noire. Je n'ai jamais vu un cas similaire.

Alors que nous équerrions la grand-voile et que le navire avançait vers la mer, la prochaine préoccupation était de faire fonctionner les pompes, et nous avons procédé à cela avec volonté, découvrant ce faisant que la plupart des chandeliers du côté tribord étaient jaillit et que l'eau se déversait rapidement dans la cale. Je crains que notre impertinent vaisseau n'était pas bien équipé pour faire face à une urgence ; il y avait un frein de pompe en bois pour faire fonctionner une pompe, mais le double frein pour faire fonctionner les deux avait été utilisé depuis un certain temps en altitude comme écarteur pour les stabilisateurs en tête de mât principal. Cependant, je me suis vite levé et je l'ai descendu, puis nous nous sommes mis au travail sérieusement pour voir ce que le destin nous réservait.

Nous courions sous des huniers aux ris serrés et la mer n'était plus grande, maintenant que nous courions devant elle, mais notre sillage dans le bleu sombre de l'océan était maintenant d'un vert olive maladif. Je doute qu'une infusion de café aussi importante ait déjà été préparée avant ou depuis. L'eau sortait des pompes, verte et sentait bon, et il n'était pas nécessaire de faire preuve de beaucoup de prévoyance pour prévoir que la plus grande partie de la cargaison était irrémédiablement avariée.

Combien de temps il a fallu pour vider le navire de l'eau, je ne me souviens pas ; Heureusement, le temps est devenu beau et nous a permis de reprendre notre cap, mais il n'en restait pas moins que lors de ce quart mouvementé du milieu, une grande partie des pavois tribord avait été emportée par les eaux et, à la première occasion, autant d'hommes qu'ils pouvaient enfoncer un clou et J'ai trouvé un marteau pour le faire, j'ai tapé et cloué quelques planches aux chandeliers en guise de fortune, tandis que le charpentier faisait de son mieux pour calfeutrer les ouvertures de la planche de couverture par lesquelles l'eau était entrée en dessous. Mais oh, quel gâchis tout cela était !

Naturellement, dès qu'il était temps de parler de quelque chose, la discussion s'engageait pour savoir qui était responsable de tout cela, et il était également certain qu'il fallait blâmer le second, si possible. Je ne dis rien contre la coutume séculaire de maudire « ce second lieutenant », qui a été tenu pour responsable de tout ce qui n'a pas fonctionné depuis l'époque de l'Arche, mais en cette occasion particulière, je n'en assumais pas la responsabilité. Cela a commencé ainsi : "William, il ne fait aucun doute que tout cela est de votre faute, dit le capitaine, vous n'auriez pas pu pomper le navire correctement pendant votre quart." Ma réponse à cela fut que j'avais laissé les pavois tribord intacts lorsque je suis descendu, qu'ils avaient été emportés par les eaux pendant le quart du milieu, et que si le second ne pouvait pas expliquer comment le navire était à moitié rempli d'eau, moi non plus, d'autant plus qu'il l'avait eue pendant quatre heures seul. Ce raisonnement parut concluant, car par la suite on ne chercha pas à me rejeter la faute.

Au moment où nous arrivâmes au Cap, nous avions encore plus de plaisir en réserve, dans la mesure où tous les biscuits à bord avaient développé une si grande capacité à produire des charançons qu'on commençait à spéculer sur qui finirait par consommer ces biscuits. les charançons ou nous-mêmes ? Nous essayions généralement d'expulser les charançons avant de manger les biscuits, mais nous n'y parvenions pas toujours et nous apprenions qu'ils étaient des compagnons de bord très répréhensibles.

Quelle aide le courant des Aiguilles est pour les navires qui rentrent chez eux ! Cette fois-ci, nous étions allongés sous un grand hunier à ris serré , et toujours au vent trente ou quarante milles par jour directement sur notre route. Je me souviens parfaitement d'avoir été croisé un dimanche par l'un des commerçants du Natal appelé *Alphington* , à l'aller. Elle portait chaque point de toile avec un beau vent favorable et nous étions allongés sous la toile la plus courte possible. Cependant, à son arrivée au port, il nous a signalé qu'il avait subi des avaries. Le moment venu, nous avons contourné le cap et nous sommes arrêtés dans les alizés du sud-est, en direction de Bahia.

Dans la plupart des navires de mer où est transporté un bon équipage, il y a deux cris ou cris provenant de la poupe ou du pont arrière dans la routine ordinaire, l'un est « Hévez le rondin » et l'autre « Réglez la lumière de l'habitacle ». Dans ce métier, cependant, pendant mon quart, je devais m'occuper moi-même de cette dernière tâche, et lorsque la lumière exigeait de l'attention, je la descendais dans la descente de la cabine et je piquais la mèche selon les besoins. Une nuit, peu après avoir contourné le cap, je faisais cela quand, malgré tout ce que je pouvais faire, la lumière s'est éteinte. J'ai trouvé ça drôle et j'ai obtenu quelques allumettes, mais quand je les ai frappés, elles sont également sorties. Ensuite, j'ai apporté la lampe et les allumettes dans le rouf, où j'ai dormi, et je n'ai eu aucune difficulté à m'éclairer. Je me demandais pourquoi ni lampe ni allumette ne brûlaient en dessous, quand soudain la pensée m'est venue : là où une lumière ne brûle pas, un homme ne peut pas vivre, alors je suis descendu en bas et j'ai réveillé avec difficulté le second puis le capitaine. Ils ont tous deux mis beaucoup de temps à se réveiller avant que je les fasse monter sur le pont, puis nous sommes arrivés à la conclusion que le gaz généré par le café en décomposition dans la cale avait trouvé un évent dans la cabine, qui, s'il n'avait pas été découvert à temps, toutes probabilités ont été fatales à la vie. Le capitaine dormait dans un hamac sur le pont entre là-bas et New York, et le second prenait très soin que la lucarne soit maintenue ouverte et qu'une voile à vent passe dans sa couchette.

À ce moment-là, la sensation de faim se faisait sentir sur nous tous, même sur les rats, et je me suis réveillé à plusieurs reprises en dormant pieds nus par temps chaud et j'ai dérangé un rat qui préparait un repas léger en grignotant la peau dure de la plante des pieds. mes pieds. Il a fallu un certain temps avant que je découvre que mes pieds devenaient parfois si sensibles. La perte de pain en mer est une catastrophe difficile à surmonter.

Lors de ce passage, le point qui m'a le plus intéressé était le soir où je suis allé voir le capitaine pour lui annoncer que j'étais « hors de mon temps ». J'ai alors découvert avec certitude ce que je soupçonnais depuis longtemps, à savoir que le vieil homme devait être un méthodiste avec une tendance à la chaire, car le sermon qu'il m'a fait était assez long et assez ennuyeux pour avoir abouti au « quatorzième et dernier ». » Il a terminé en me conseillant de ne pas oublier la nuit où j'étais hors de mon temps, et j'ai suivi religieusement cet enseignement.

Nous avons fait escale à Bahia et avons reçu l'ordre de nous rendre à New York pour décharger notre cargaison. Nous y arrivâmes sans autre aventure, et comme l'équipage avait droit à être payé au port de débarquement, les matelots qualifiés partirent tous, il ne resta que le second et le cuisinier.

Quel spectacle la cale présentait-elle lorsque les écoutilles étaient retirées ! Il ne restait plus un seul sachet de café. La plus grande partie fut creusée à la pelle, et en tout ce fut une des pertes les plus déplorables que j'ai rencontrées en mer.

À cette époque, il y avait à New York une atmosphère de non-droit, et des coups de revolver pouvaient être entendus assez fréquemment sur le fleuve pendant les heures d'obscurité, car les voleurs étaient audacieux dans leur poursuite du pillage, et un veilleur de nuit s'il faisait son devoir à bord d'un navire. (le nôtre l'a fait) devait être un homme très déterminé et courageux pour se défendre. Nous n'avons cependant pas été inquiétés et, après le déchargement de notre cargaison, nous avons commencé à charger de la résine et du bois de toutes sortes, pour rentrer chez nous à Londres.

Permettez-moi de mentionner ici, à titre intéressant, que lors de cette visite à New York, nous avons vu le célèbre voilier *Great Republic*. Il fut ensuite désarmé, mais je me souviens bien que ses ponts furent temporairement recouverts de planches détachées, afin de les préserver des intempéries. C'était un énorme navire et transportait un équipage de 100 hommes. Il devait alors être proche de la fin de sa carrière, car il fut construit au début des années cinquante et une durée de vie de quinze ans était une longue durée pour un navire en bois tendre.

A cette époque non plus, la vapeur n'avait pas encore entièrement chassé les voiliers du commerce atlantique. Je ne me souviens pas vraiment si j'ai jamais vu le célèbre *Dreadnought*

, mais il était alors dans la fleur de l'âge et avait fait des passages à travers lui plus d'une fois tous les dix ou douze jours. La vie sur l'Atlantique est généralement très rude, et que ce soit à vapeur ou à voile, la toile est poussée à son extrême limite. Il existait une classe de compagnons qui étaient en outre des marins de premier ordre et des combattants. L'équipage était également très dur à cuire, mais une réputation autrefois acquise dans ce commerce n'était pas facile à oublier, et lorsqu'un homme embarquait dans un paquet de l'océan occidental, il était généralement assez conscient du traitement qu'il risquait de recevoir à bord. conseil. Ce commerce particulier avait ses coutumes, et ses lois, bien que non écrites, n'en étaient pas moins contraignantes. Il avait aussi son propre code d' honneur . Je reviendrai plus tard sur quelques-unes des méthodes qui ont été mises en pratique pour déterminer exactement jusqu'où un équipage serait autorisé à prendre des libertés, mais je souhaite revenir à la maison dans ce chapitre.

Nous avons fait le plein du nombre nécessaire de « rats de paquets », comme on les appelait, pour rentrer chez nous, et j'ai vu ces hommes monter à bord avec une grande curiosité. C'étaient des gens d'apparence bizarre, mais de bons et grands gaillards, sans surcharge excessive de vêtements et avec des visages qui portaient clairement les marques de bien des allumettes. Mais c'est ici qu'intervint le code d' honneur approximatif . Ces hommes se trouvèrent sur un petit navire tranquille et paisible, et par conséquent ils ne trouvèrent pas compatible avec leurs idées de semer le trouble là où ils auraient pu tout faire à leur guise. Ils se sont comportés aussi décemment que n'importe quel homme avec qui j'ai été camarade de bord.

Nous avions aussi à bord quelques provisions neuves pour le voyage, et il était possible de manger les biscuits, assaisonnés uniquement du souvenir des charançons du dernier lot. Cependant, une mauvaise nourriture finira par nuire à la meilleure constitution, et il me fallut un temps considérable pour me débarrasser de tous les effets néfastes ; en effet, lorsque j'ai atterri à Londres, j'avais un trou dans la jambe dans lequel on aurait pu mettre un petit œuf.

Le sort nous a été favorable et nous avons fait une belle traversée. Avec la première odeur de la Manche disparut le souvenir de tous les troubles, et finalement le navire fut amarré et je débarquai du *Lord Nelson* « hors de mon temps » et en homme libre.

Cependant, comme je l'ai pleinement reconnu , ce n'était que le début des choses. Mes aimables amis m'ont soigné et nourri jusqu'à ce que je sois dans un état de santé décent, puis est venue l'épreuve d'obtenir le certificat de mon second lieutenant. A cet égard, je voudrais rendre hommage à la mémoire d'un homme bon et intelligent, feu John Newton, maître de l'école de navigation de Wells Street. Il était infatigable et inlassable dans ses efforts pour transmettre des informations, et sa patience envers les élèves de toutes sortes était une chose dont il fallait se souvenir avec gratitude.

Bien entendu, je m'étais préparé en mer au mieux de mes capacités à l'épreuve attendue, et c'est peut-être cette connaissance qui m'a amené à prêter moins d'attention qu'aux avantages offerts. Je suppose que c'était une recrudescence de l'esprit qui me valait trois coups par jour à l'école, mais la patience de Newton était à la hauteur de l'épreuve et sa gentillesse était inépuisable, même si j'étais généralement le meneur dans toute tentative d'ajournement du travail de la journée.

Mais il y avait désormais un autre facteur dans l'équation : le Board of Trade. Permettez-moi de dire ici, pour le bénéfice de tout jeune lecteur dont les yeux pourraient tomber sur ces lignes, que l'anticipation d'un mal est bien pire que la réalité, mais en même temps je ne souhaite pas minimiser l'épreuve que je traverse. il fallait maintenant passer.

Il va sans dire qu'avant d'examiner un candidat à un certificat, certains certificats de service et de sobriété sont requis, et la Commission dispose des mécanismes nécessaires pour vérifier ces certificats. Ainsi, lorsque je suis allé déposer mes papiers, on a découvert que j'avais déserté de mon navire, et j'ai été informé que pour purger un délit aussi odieux, il serait nécessaire d'adresser une pétition au Conseil. Il ne s'ensuivait en aucun cas que la pétition serait accordée, mais dans ce cas, aidé par mon ami Newton, j'ai réussi à faire aboutir ma pétition et j'étais prêt à affronter la situation.

Il y avait certains examinateurs en navigation et en matelotage pour le Board of Trade dont les noms étaient bien connus – certains avec terreur – des jeunes aspirants à la Marine Mercantile ; mais il y en avait deux qui possédaient une réputation de sévérité assez phénoménale. Personnellement, lors de tous mes examens, j'ai obtenu le meilleur du fair-play, mais cela ne veut pas dire que d'autres n'ont pas souffert. La nature humaine n'est pas infaillible, et certaines personnes mettraient à l'épreuve la patience d'un saint. En outre, j'ai vu des officiers venir chercher leurs brevets, habillés si mal et si mal que s'ils créaient un préjugé, ils n'en devaient qu'à eux-mêmes. Un cas en particulier me revient à l'esprit à titre d'illustration... L'homme en question était un de mes frères officiers et je l'aimais bien. C'était aussi un gentleman, mais il montait comme s'il avait été roulé dans une grange à foin, et revenait échoué en maudissant son examinateur – au lieu de sa propre folie.

Les deux habitants incontestables sur le seuil de compétence certifiée étaient les capitaines Noakes et Domett . Le premier avait été au service de la Compagnie des Indes orientales et j'imagine qu'il avait été un chef d'hommes. J'eus donc bien des scrupules lorsque, le jour de l'interrogatoire, l'huissier ouvrit la porte de la salle d'attente et m'informa que « le capitaine Noakes vous attend maintenant, monsieur ». Ma réflexion la plus profonde était : « Dois-je lui préparer un repas ou non ? Ce sentiment n'a toutefois pas duré longtemps. Il m'a posé quelques questions sur le matériel d'accrochage pour hisser les poids, puis sur la manipulation de la toile, et cela s'est fait d'une manière tellement conversationnelle qu'on avait plutôt le sentiment d'y prendre plaisir. Finalement, nous avons discuté du raccourcissement de la voile comme dans *l'épave* du fauconnier , avec quelques autres bagatelles du même genre, et je l'ai entendu dire qu'il n'avait pas l'intention de poser plus de questions, que j'avais réussi un bon examen et où voudrais-je mon certificat. émis? Ce à quoi j'ai immédiatement répondu Ramsgate et je me suis retiré, avec le sentiment que le monde était désormais une balle à mes pieds. Au moment où j'écris ces lignes, j'ai la ferme conviction que c'est moi qui ai remporté le ballon, mais il est néanmoins bon de se rappeler que le monde était autrefois jeune et qu'il y avait des choses à atteindre, avec la réserve d'énergie nécessaire pour y parvenir.

Le moment venu, je suis rentré chez moi à Margate et j'ai parcouru le quai et la jetée avec certains de mes anciens amis les bateliers, qui m'ayant connu étant un garçon étaient maintenant enclins à me considérer comme faisant plutôt honneur à eux. Je suis allé à Ramsgate , j'ai reçu mon certificat

du percepteur des douanes de là-bas, qui a eu la gentillesse de
m'assurer que je n'aurais aucune difficulté à trouver un emploi.
En le remerciant, je me contentai d'accepter son assurance, que
je trouvai cependant par la suite quelque peu optimiste.

CHAPITRE IV

> « Oh, nous sommes à destination de Mère Carey où elle
> nourrit ses poussins en mer. » — KIPLING.

C'était une chose d'être assuré par mon ami le percepteur des douanes que je ne manquerais jamais d'emploi, et une tout autre chose de trouver un navire. J'ai un souvenir très précis de la peine que j'ai eue pour m'adapter. Sans aucune influence dans le monde du transport maritime, les postes d'amarrage n'étaient pas faciles à obtenir, et je passai de longues journées à rôder sur les différents quais avant que mes efforts ne soient couronnés de succès. Je ne sais pas quelle était la procédure des autres, mais la mienne consistait à choisir un beau navire, puis à engager une conversation avec quelqu'un à bord pour vérifier s'il avait un second lieutenant. Bien sûr, cette action serait inutile dans des lignes bien établies, car ils promouvraient leurs propres hommes, mais un étranger était tout ce à quoi je pouvais aspirer, car je n'étais pas suffisamment satisfait de mes défunts propriétaires pour leur demander de l'aide.

Un jour, mes yeux se sont posés sur un très beau petit navire en fer qui gisait dans les Docks de Londres. Je la trouvai belle et, en y regardant de plus près, je découvris qu'elle s'appelait *Seigneur des Îles* ; ce n'était pas le célèbre coupe-thé de ce nom, qui, dix ans auparavant, avait battu les navires yankees dans la course de Foo Chow à Londres. Il y avait cependant cette similitude : il avait été construit à Greenock par Steel, tandis que le navire précédent avait été construit par Scott du même endroit. En tout cas, elle était une petite beauté, et, quand j'allai tenter ma chance, j'eus le bonheur de trouver le capitaine à bord et d'entrer en conversation avec lui. Je pense que nous nous sommes plutôt appréciés, car sans trop de peine j'ai obtenu la couchette de second. Le navire était en train de charger pour Adélaïde, et il s'est avéré que le propriétaire était impatient que le navire fasse un passage rapide, car je me souviens bien que M. Williamson de la société Williamson and Milligan m'a dit : « Attention, M. Second Mate, nous attendez-vous à ce que le navire franchisse le passage de la saison. J'ai plutôt aimé cette remarque, car elle semblait donner une part de responsabilité à un individu aussi humble que moi, et, en fait, par souci de politique, ou de fumisterie, il serait peut-être bien que les personnes en position d'autorité se rendent compte de plus que beaucoup d'autres. ils le font, comment un junior est « remonté » par un mot d'encouragement. Je peux moraliser à ce sujet maintenant que l'occasion de mettre le précepte en pratique est passée, mais je ne me souviens pas avoir jamais eu beaucoup de sympathie envers mes subordonnés lorsque je les avais.

Et tout en traitant d'éthique, permettez-moi d'ajouter une note d'utilité et de suggérer à tout jeune homme l'opportunité de garder quelques notes sur les événements de sa vie. Il n'est pas nécessaire d'entrer dans les détails, mais pour celui qui s'occupe d'un métier tel que la mer, un carnet chronologique évitera dans de nombreux cas une infinité de problèmes. Même maintenant, alors que j'écris ces lignes, je ressens un besoin aigu d'un enregistrement qui fixerait les dates et faciliterait la mémoire, car cela implique une énormité de peine pour rassembler les données nécessaires.

Mon nouveau capitaine était James Craigie, un Écossais, je crois, du royaume de Fife, et il y avait à bord deux apprentis originaires de la même ville. Je me souviens que leurs prénoms étaient « Wully » et Peter. De temps en temps, le vieil homme les engageait dans une large conversation écossaise, sans doute de peur qu'ils n'oublient leur dialecte natal, car ils étaient *largement* écossais, et le capitaine en était fier. Le capitaine Craigie était un excellent marin et un navigateur compétent et scientifique. Il n'avait aucune idée de ce qu'était la peur, et bien qu'il souffrait d'une affliction absurde qui a fini par le tuer, il était infatigable en faisant tout ce qu'il considérait comme son devoir envers son propriétaire. Mais – et c'était un grand mais – il n'avait aucune idée de ce qu'était la discipline, et peut-être que l'éducation que j'ai reçue sur ce navire m'a été utile par la suite. C'est très bien d'être en bons termes avec ceux que vous contrôlez, mais vous devez être très prudent dans la manière dont vous vous y prenez. Cependant, je pense que la plupart d'entre nous ont appris des choses au cours de ce voyage.

Le compagnon était un petit Gallois nommé Jones, pas un mauvais type, mais il y avait une certaine antipathie naturelle entre lui et ce qui était le fait. Il était incapable de maintenir l'ordre parmi les hommes et, tout bien considéré, il n'était guère surprenant que nous ayons eu autant de peine.

A cette époque, il y avait beaucoup de difficultés avec les équipages des navires en partance. Le glamour de porter une toile était très grand. Il y avait les traditions du *Marco Polo* avec

Bully Forbes aux commandes ; les paquebots Black Ball tels que le *Red Jacket* et ses navires apparentés ; le *Donald McKay*, et d'autres où il était d'usage de dire : « Ce que vous ne pouvez pas porter, vous devez le traîner », ce qui impliquait une immense maîtrise des équipages. Dans les navires que j'ai mentionnés, l'usage était très dur, et les capitaines et les seconds étaient pour la plupart de jeunes hommes capables de se battre et d'utiliser occasionnellement une goupille d'assurage avec un effet décent. Mais, comme c'était le cas pour les marins de l'ouest, il y avait certains marins compétents qui naviguaient habituellement sur des navires de combat par choix, et si par hasard ils se retrouvaient avec une foule pacifique d'officiers, ils pouvaient ou non se comporter selon leur fantaisie. Notre équipage contenait physiquement un bon nombre d'hommes, et il ne faisait aucun doute que le vieil homme avait l'intention de tirer le meilleur parti de son navire, qui était un bateau intelligent et un bon voilier .

Nous avons eu plutôt un dépoussiérage lors du passage à tabac en Manche. Je l'ai mis dans le pétrin en m'accrochant trop longtemps aux huniers , mais je n'ai subi qu'un léger reproche, et un jeune doit souvent acquérir son expérience aux dépens de quelqu'un d' autre. Nous avons fait de très bons progrès vers le sud et le skipper a déclaré son intention d'aller bien au sud et de faire un passage si possible.

Par un matin clair, nous étions à peu près plein sud du cap de Bonne-Espérance, courant sous toutes les toiles que nous pouvions transporter et faisant environ treize nœuds, lorsque nous aperçûmes notre premier iceberg. Il était huit heures environ, et nous nous dirigeâmes toute la matinée vers elle, la dépassant peu après midi. Par sa taille et sa forme, elle me rappelait la cathédrale Saint-Paul. Les explorateurs modernes de l'Antarctique nous disent que la taille de ces icebergs du sud a été grandement exagérée, mais comme nous l'avons vu à plus de cinquante milles de nous, il ne pouvait pas être très petit.

Pendant quelques jours, nous avons constamment vu de la glace. Un dimanche après-midi, alors que j'étais de quart sur le pont, il y avait du brouillard et nous apercevions continuellement des têtes d'icebergs plus ou moins proches. Il y avait un vent fort qui le suivait, mais le vieil homme a pris l'artimon-royal et le crossjack et, me disant qu'il avait blotti le navire pour moi, il est descendu en bas pour dormir d'un sommeil de paix parfaite. Cependant, avec l'assurance criarde de la jeunesse, cela ne m'a pas préoccupé dans l'immédiat.

Mais nous avions emporté de la toile, et j'hésiterais à dire combien de bômes de hune, de voiles étourdissantes , nous avons emporté. Nous étions entrés dans une zébrée de vent favorable, variant du NW au SW, et nous en avons profité. Le quart sur le pont était fréquemment occupé avec des couteaux de traction qui aidaient le charpentier à fabriquer de nouvelles estacades pour remplacer celles qui étaient en service, mais après quelques jours de ce travail, cela commença à peser sur l'équipage, qui manquait de la stimulation habituelle à ses efforts fournie par un une école de camarades plus « costaudes », et pendant quelques jours, les hommes ne sortirent pas du gaillard d'avant. Entre-temps, le navire était exploité par les apprentis et la garde arrière. Ce phénomène n'était pas rare à l'époque et aurait dû être guéri par l'administration ou la menace de quelques pilules de plomb, mais avant que le vieil homme ne se décide à appliquer ce remède, l'équipage se tourna de nouveau vers lui. Ils avaient sécurisé une réserve de biscuits, mais ne parvenaient pas à cuisiner quoi que ce soit en dessous, ce qui les ramena à la raison.

Dans le chapitre précédent, j'ai mentionné le genre de coutume qui existait lorsqu'il y avait de sérieuses frictions entre les hommes du gaillard d'avant et un officier particulier. Si l'action était délibérément décidée, l'évolution ressemblerait à celle-ci. A 4h30 du matin, il était d'usage que les quarts sur le pont prennent leur café du matin. C'est un aliment très apprécié dans tous les navires, et je me souviens que mon ami M. Clark Russell s'étend plus d'une fois dans ses livres inimitables sur ses avantages. A 5 heures du matin, lorsque le quart commençait à laver les ponts, un homme venait à l'arrière pour relever l'homme de barre pour aller chercher son café. Je n'ai pas mentionné auparavant la coutume de la mer qui réservait le côté exposé au vent de la poupe au capitaine ou à l'officier de quart, selon celui qui en était en possession (si le capitaine venait sur le pont, l'officier de quart passerait du côté sous le vent). côté), mais en raison de cette coutume, si un homme cherchait des ennuis, il tentait de venir vers l'arrière du côté météo de la dunette pour soulager la roue. L'officier de quart le rencontrait alors à la tête de l'échelle de dunette avec : « Montez du côté sous le vent, vous... » ; cela est laissé vide pour que le lecteur puisse indiquer la quantité précise de grossièretés ou de chaleur qui avait été générée auparavant, et qui a par conséquent provoqué la rupture de la paix qui allait maintenant suivre. Curieuses façons de faire des marins !

Eh bien, avec cette manière télépathique dont les nouvelles se répandent à bord des navires, les mains ont appris que je ne croyais pas aux demi-mesures en ce qui concerne les hommes réfractaires, et ma montre s'est mise en place pour voir quels ennuis elles pourraient me donner. Ils y réussirent réellement de la manière la plus honorable, et le résultat d'une petite divergence d'opinions qui devint manifeste au sujet de la mise en place d'une voile d'inversion inférieure pendant un quart intermédiaire, fut que lorsque le second vint sur le pont pour me relever, il me trouva insensible et couvert. avec de la neige. J'avais été assez malmené, et la prochaine fois que j'ai regardé mon visage dans la glace, ce n'était pas du tout une chose de beauté ; en fait, j'en porte les cicatrices aujourd'hui. Le pire de tout, c'était qu'ils étaient très manifestes lorsque j'ai dû à nouveau faire face à ma montre réfractaire , mais il n'y avait aucune aide pour cela ; nous faisions un passage splendide, et le vieillard était pour la paix à tout prix.

Nous avons parcouru le méridien du Cap jusqu'à Adélaïde en vingt jours, ce qui était un travail très honnête, et avons dûment amarré le navire et commencé à décharger la cargaison. Il devait cependant y avoir un autre petit épisode désagréable avant que l'équipage n'en ait fini avec, et encore aujourd'hui je ris du souvenir des pans de manteau du second flottant derrière lui alors qu'il se précipitait un après-midi avec un marteau à la main, pour aller se venger d'un homme qui avait suscité sa colère. J'oublie de quoi il s'agissait, mais les hommes sont arrivés à l'arrière en un groupe déterminé à faire des bêtises. Le navire était le long du quai, le vieil homme était à terre et il y avait une foule de spectateurs venus d'autres navires lorsque le second est parti chercher la police. J'étais maltraité, mais je me battais du mieux que je pouvais, quand, voyant le capitaine d'un autre navire qui me regardait, je lui criai de me demander ce que je devais faire. "Prenez un coutelas et brisez-leur le crâne", fut la réponse que j'obtins, et avec un coutelas dans le poing, j'échappai à d'autres ennuis. La police est descendue et a emmené tout le monde en prison, et le lendemain, j'imagine, ils ont été condamnés à trois mois chacun. Il y avait un certain capitaine Douglas, RN, qui agissait comme l'un des magistrats siégeant, et il semblait très intéressé à apprendre les manières et coutumes qui étaient en vigueur à bord du *Lord of the Isles* .

Notre séjour au port fut ensuite des plus agréables ; J'ai renoué avec de nombreux vieux amis, et quand le moment est venu de partir, je l'ai fait avec regret. Il existe aujourd'hui un certain grand artiste qui se souvient peut-être d'un épisode concernant une lettre et une vieille botte. Et vous, Mortimer Menpes ? Je n'ai pas oublié.

Des efforts ont été déployés pour constituer un équipage décent. Nous avons été remorqués jusqu'au mouillage extérieur, là pour attendre leur arrivée, car nous devions naviguer vers Newcastle, NSW, sur lest, puis prendre une cargaison de charbon pour Manille, où nous devions charger pour rentrer chez nous. Le second et moi avions alors décidé que si nous devions continuer à marteler, nous n'avions pas l'intention de jouer le rôle passif.

Il est très curieux de savoir comment ces choses se produisent. Le cuisinier était le seul morceau de vieux levain qui restait, et il n'y avait aucun amour perdu entre lui et l'intendant. Le premier matin où nous étions au mouillage dehors, le steward, qui était un très bel homme, s'est avancé vers la cuisine pour chercher du café tôt le matin pour le second et moi. Pendant qu'elle se préparait dans la casserole habituelle, le cuisinier soufflait sur la vapeur qui montait pour voir si la préparation bouillait.

"Ne soufflez pas sur le café, cuisinier", dit le steward.

"Je le ferai si je veux!" répondit le cuisinier.

Le steward a arraché son pantalon, et le cuisinier a descendu la casserole de truc chaud sur la tête du steward, l'a ouvert et l'a envoyé vers l'arrière grièvement blessé et très échaudé. Le cuisinier procédait ensuite à l'affûtage de son couteau sur la meule pour l'édification de ceux qu'il pourrait concerner. Cela ne l'a pas beaucoup aidé, cependant, car le second m'a dit de le mettre aux fers, et ce que j'ai fait promptement, en n'utilisant que les arguments réellement nécessaires.

Ce jour-là, le vieux descendit avec l'équipage, et nous partîmes, réglant au fur et à mesure tous les petits désagréments . Pour faire court, il n'y a eu qu'un seul incident de plus au cours du voyage. J'ai eu besoin une fois d'étendre un homme, et le vieil homme, qui regardait pieds nus et vêtu de sa tenue habituelle de chemise et de pantalon, maintenu par une attelle, a doucement fait tomber un balai du manche et m'a donné » le bâton observa : « Maintenant, arrosez-le jusqu'à ce qu'il n'y ait plus un « fléau » dans son corps. Je n'ai pas entièrement obéi à l'injonction, mais ce fut le dernier de tous les ennuis.

L'expérience d'une cargaison de charbon n'est pas agréable, mais il y avait beaucoup de beaux navires à Newcastle pour une mission similaire à la nôtre. Nous nous sommes enfuis en toute bonne expédition et avons emprunté le passage vers l'est jusqu'à Manille, où chaque panier de charbon qui sortait de l'écoutille principale était renversé par moi. Un travail de ce genre sous un soleil de plomb est une bonne épreuve d'endurance ; cependant, cela fut fait, les cales nettoyées, le navire arrosé et chargé de sucre pour rentrer chez lui. Ensuite, nous avons eu une journée de congé à terre. L'endroit que tous les capitaines et compagnons venus nous rendre visite exprimaient le désir de voir était la manufacture de cigares, mais il semblait difficile d'obtenir l'autorisation nécessaire. Quand je suis arrivé à terre (j'avais un manteau en laiton, comme c'était alors la mode pour les jeunes amis de porter s'ils en avaient envie), le comprador m'a acheté un poney et je me suis rendu à la manufacture. Il y avait des sentinelles militaires à l'entrée, mais on ne fit aucune difficulté pour m'admettre. On m'a présenté en présence d'un haut fonctionnaire, on m'a offert du gâteau blanc sucré et du vin, puis un cigare, et j'ai repris l'usine. Je ne sais si le même plan de fabrication est poursuivi aujourd'hui , mais le pilonnage des feuilles de tabac avec des pierres plates, par des femmes ou des jeunes filles, sur de minces tables de bois, faisait un bruit assourdissant, comparable à une machinerie très bruyante. De la courtoisie qui m'a été témoignée, je ne peux parler que dans les termes les plus élevés.

J'ai également eu beaucoup de succès en ce qui concerne mon repas de midi, auquel m'a dirigé un moine de la fenêtre de quelque maison religieuse, qui m'a entendu m'enquérir de la manière des Anglais. Lorsque l'amiral Dewey a navigué dans la baie de Manille, je sais que je me suis souvenu de la courtoisie majestueuse dont j'avais fait l'expérience là-bas et que j'ai regretté que le monde moderne y ait fait irruption. Nous savons tous que ce n'est pas un problème pour un Espagnol de mourir comme un homme courageux, mais se voir imposer la modernité, au prix du sacrifice des enseignements de sa vie, lui donne droit à la sympathie de tout Britannique qui chérit ses propres droits héréditaires. et privilèges.

A l'époque de l'année où nous étions à Manille, le vent soufflait assez constamment sur le port ; le vent était donc bon, et l'habitude y régnait d'aider dans une certaine mesure un autre navire à mettre en route. Il y avait un point de matelotage sur lequel de nombreuses discussions ont eu lieu, et c'était celui de savoir si, en partant par vent favorable, il était correct de quitter le carré des chantiers arrière ou de les remplir le plus tôt possible. Je pourrais moi-même argumenter dans un sens ou dans l'autre, mais c'était une source de critiques constantes, quelle que soit la voie adoptée. Dans notre cas, les cours arrière ont été laissées carrées.

Notre descente de la mer de Chine fut agréable, à travers le détroit de Gaspar et ainsi jusqu'à la Sonde , où nous restâmes au calme pendant dix jours, à l'intense exaspération de chacun. Même l'approvisionnement en mangoustan acheté à Anger Point n'a pas compensé cela. Pour ne pas donner l'impression que j'exagère les charmes des fruits frais, permettez-moi de dire que quiconque n'a pas mangé de mangoustan n'est pas qualifié pour se forger une juste opinion. Malheureusement, le fruit est si délicat qu'il supporte à peine le transport, car je n'en ai jamais vu un seul en dehors de son lieu de croissance. C'est cependant probablement le fruit le plus délicat et le plus délicieux qui pousse.

Une fois franchis le détroit, notre chance nous revint et nous fîmes une belle traversée jusqu'au Cap. Le navire s'encrassait rapidement, mais le vieil homme s'accrochait à la toile avec toute son obstination habituelle, et très peu de vent nous traversait qui pouvait être utilisé à quelque utilité. Par exemple, une fois pendant une veille matinale que je faisais, je vis partir toute une voile à clous de misaine ; Le point d'amure, l'écoute et les drisses se séparèrent en même temps, et je n'ai jamais vu où allait la voile. D'après mon expérience, c'est la seule fois où un tel événement s'est produit, mais cela donne une idée de la manière dont la toile était transportée.

En temps voulu, nous arrivâmes à Queenstown et, recevant des commandes pour Londres, nous arrivâmes au quai de St. Katherine sans autre incident. Je n'avais pas hâte de faire un autre voyage sur ce navire car je voulais voir d'autres modes, alors j'ai pris ma décharge et je suis rentré chez moi. Je me quittai du capitaine Craigie avec regret, car j'avais un profond respect pour lui et il m'avait aidé sur le chemin du retour à me préparer à l'examen de mon second.

C'était la prochaine chose à rencontrer, donc encore une fois à John Newton et aux associations de Wells Street ! Cette fois, je suis resté au Sailors' Home en passant et j'ai passé mon temps libre à chercher un navire. Les détails de cet examen ne semblent pas m'avoir laissé une impression durable. Je m'en suis bien sorti et j'ai réussi le matelotage avant le capitaine Domett, mais je me souviens qu'il y a eu un ou deux moments critiques où mon brevet a semblé vaciller dans la balance.

Puis recommença sérieusement la recherche d'un navire qui me plaisât. Il existait à cette époque un lieu fréquenté par les armateurs appelé « Jérusalem ». Je n'ai jamais su exactement ce qui s'y passait, mais l'un des fonctionnaires était un certain M. Paddle, et je lui ai apporté une lettre d'un ami. Par cette interposition, j'ai obtenu une place comme second lieutenant dans un clipper à thé appelé *Omba*, appartenant à la société Killick & Martin.

L' *Omba* était un beau navire de construction composite, d'environ huit cents tonneaux, bien trouvé à tous égards, et dans l'ensemble je n'étais pas mécontent de mon marché. Mais il s'est avéré qu'il n'était en aucun cas le navire de mes aspirations, car je me suis souvent demandé pourquoi il n'était pas possible pour les officiers d'un navire d'exercer leurs fonctions de manière courtoise. J'avais vu que les officiers de l' *Essex* étaient des gentlemen et capables de faire leur travail, et j'espérais que j'aurais la chance de naviguer à nouveau sur un navire où les décences de la vie pourraient recevoir un peu d'attention. Il y avait une certaine apparence de raffinement à bord du navire, mais pas beaucoup, même si rien ne manquait pour le sécuriser, à part la volonté.

Le skipper était un Anglais originaire des environs de Deal ; le second était un Écossais, de taille herculéenne et apparemment simple de manière dès la première connaissance. Cette simplicité, cependant, disparut lorsque le navire quitta le quai, et il se révéla aussi grand arnaqueur que j'avais eu la chance de rencontrer - une voix comme un taureau, un courage intrépide et dans la technique de son métier avec peu de sensibilité. si quelque chose à apprendre. Je l'ai vu balancer le plomb de haute mer (trente-deux livres) au-dessus de sa tête avec deux brasses de ligne pour la dérive, et on se rendra compte que ce n'était pas un exploit courant. En tout cas, je n'y parviendrais pas ; en fait, je n'ai pas essayé, ni aucun autre homme à bord du navire, mais lorsqu'il a commencé à s'élever, *via* le point d'amure principal et les voies d'infiltration jusqu'à la cour royale principale, il est devenu nécessaire pour moi également d'acquérir cet accomplissement, du moins si mon bout du bâton devait être correctement soutenu. Et à la fin, je pense que c'est à ce match-là que je l'ai battu. Nous n'avons jamais été en bons termes, car je n'étais pas son genre et, curieusement, lui et le patron étaient mécontents que je détienne un brevet supérieur à ma qualification. En fait, le vieil homme a observé un jour : « Écoutez, M. Crutchley , vous semblez penser que votre brevet de lieutenant fait de vous un gentleman : il n'y a qu'un seul gentleman sur ce navire, c'est moi ; s'il doit y en avoir un autre, c'est le compagnon, pas toi ! Cette affirmation m'a paru tout à fait adéquate et non contestable.

Il y avait cependant un troisième compagnon avec qui je fréquentais. Tom Boulton était un garçon sympa et nous avions beaucoup de points communs. De plus, il aimait les mêmes livres que moi. Il y a de nombreuses années que je ne l'ai pas vu, mais je sais qu'il a accédé au commandement de beaux voiliers, puis s'est établi à terre. De tous ceux que j'ai connus à l'époque des voiliers, il est le seul survivant avec qui j'ai été récemment en contact. Quant au reste de l'équipage, quelques garçons vivaient dans le demi-pont avec les adjudants. Je pense que c'étaient des garçons spéciaux, plus ou moins amis des propriétaires et bien nés, mais de longues années après, alors que je commandais un paquebot, j'ai vu une certaine expression stupide sur le visage de mon maître d'équipage, et mon esprit est revenu en arrière, ce qui a incité le question : « Avez-vous déjà fait partie de l' *Omba* ? Je savais que je reconnaissais cette expression. Il était l'un des garçons ; son père était médecin, mais lui-même n'était qu'un gaspilleur qui ne pouvait jamais faire de bien à lui-même ni à personne.

Vers cette période, la théorie de la compensation du compas pour l'attraction locale n'était comprise que par quelques rares personnes, et les navires composites étaient censés être plus difficiles à ajuster que ceux en fer ou en acier. Nous nous sommes donc amarrés aux bouées au large de Greenhithe pendant que l'opération se déroulait, puis avons profité de notre meilleure descente dans la Manche sous la direction d'un pilote que nous avons débarqué au large de l'île de Wight. Peu après, le vent souffla de l'ouest, et nous avons eu le plaisir de naviguer dans la Manche en compagnie de nombreux autres gros navires. Je me souviens d'un bateau avec lequel nous étions souvent en compagnie : il s'appelait le *Liberator* et il naviguait bien. Nous avons eu le malheur de faire tomber le mât d'un chalutier quelque part au large du départ ; Je ne pense pas que ce soit de notre faute, même si je ne doute pas que le navire ait payé.

Il m'a incombé d'écrire la lettre au propriétaire décrivant les circonstances et comment cela s'est produit, car le vieil homme ne parlait pas couramment sa plume. Je donnerai plus tard un exemple de la façon dont l'écriture épistolaire était considérée par de nombreux maîtres.

Pendant la première partie du voyage, il n'y eut pas d'incident particulier, si ce n'est que nous montâmes à bord d'une petite goélette pour envoyer des lettres à nos familles. Elle était espagnole, et le patron était aussi poli que le sont habituellement ses compatriotes, me suppliant d'accepter le cadeau d'une boîte de cigares, ce que, bien entendu, j'étais heureux de faire. C'était ma première expérience de navigation sur une houle de ligne, et ce fut une surprise.

Nous avons fait un bon passage à travers les alizés et avons commencé à descendre l'est. Le skipper a décidé de passer par le détroit de la Sonde et de remonter la mer de Chine de préférence au passage oriental, mais cela ne l'a pas empêché de descendre bien dans les « 40e rugissants ». En général, cela ne dérangeait pas beaucoup d'être dans l'eau jusqu'à la taille, mais plus haut, c'était désagréable, car cela induisait une suggestion de natation qui avait ses inconvénients.

Le navire avait de beaux pavois, mesurant moins de six pieds de haut que cinq, et il était également assez profondément plongé dans le cornichon, mais la façon dont il prenait l'eau en tas lorsqu'il courait était inconfortable. Il n'y avait pas de bruit à ce sujet, mais juste une cataracte régulière, qui donnait parfois aux ports de relève tout ce qu'ils pouvaient faire pour s'en débarrasser avant qu'un autre lot n'arrive. Je ne dirai pas qu'à aucun moment il fut rempli jusqu'au sommet des pavois, mais cela ressemblait beaucoup à cela, et je ne crois pas que nous ayons pris la voile principale pendant que nous étions au sud, car le vieil homme portait toile comme un héros. Notre meilleure course de la journée a été de 335 milles – une performance très respectable, mais heureusement, il n'y avait pas de glace.

À travers le détroit de la Sonde et la mer lisse située immédiatement au nord de celui-ci, qui m'a toujours semblé si éminemment calme et paisible. Le passage par le détroit de Gaspar n'était pas attendu avec beaucoup de plaisir par de nombreux maîtres, mais je suppose qu'avec la vapeur toutes ses difficultés ont disparu. Nous n'avons dû jeter l'ancre qu'une seule fois, mais lorsque nous sommes arrivés plus haut dans la mer, dans le canal Bashee , nous avons attrapé quelque chose qui valait la peine du point de vue de l'expérience.

Je ne peux pas préciser la position exacte du navire lorsque cela s'est produit, étant donné que je n'ai fait aucune navigation, sauf une latitude occasionnelle en étoile lorsque le capitaine en voulait une, mais c'était quelque part dans le canal Bashee et le vent soufflait d'une seule direction - je pense que c'est le cas. était NNE. Nous avons rentré petit à petit chaque bout de toile jusqu'à un grand hunier inférieur et une trinquette d'artimon ; avec le temps, ces deux voiles disparurent en lambeaux, et c'était aussi un grand hunier tout neuf . Le vent soufflait beaucoup trop fort pour qu'une grande mer puisse monter, mais parfois une mer violente arrivait et brisait quelque chose ; par exemple, l'un d'eux l'a heurté à l'avant tribord et a fait démarrer les têtes de chevalier, accident très curieux. Elle resta là pendant la majeure partie de vingt-quatre heures sans un chiffon de toile et avec une gîte constante d'environ quarante-sept degrés (je peux dire qu'un clinomètre que j'avais installé au début du voyage était considéré comme l'un de mes modes).). Je suppose que la pluie a également contribué à maintenir la mer basse, mais à une occasion, j'ai vu le quart des pompes assez débordé, et je ne m'attendais guère à en retrouver un seul.

Finalement, cela s'est terminé. Le navire s'est redressé, nous avons mis de la toile sur lui et avons constaté que nous n'étions pas très loin de la terre. C'est vraiment comique de voir la façon dont les marins prennent les choses pour acquises. Je n'aurais pas osé demander au capitaine de voir la carte, et si nous avions tous connu le danger, cela n'aurait servi à rien, alors c'était peut-être pour le mieux.

L'histoire suivante, que je crois être vraie, m'a été racontée par le capitaine Ballard, CMG, en ces termes : « Une fois, lors d'un cyclone, le ——— était au large de Maurice ; nous ne pouvions pas nous en empêcher, et je vis que nous devions être balayés sur… l'île, quand tout serait fini. Je suis allé le dire aux gens du salon, mais je me suis arrêté à mi-chemin ; Je pensais que cela ne servirait à rien et que cela ne ferait que les inquiéter avant que cela ne soit nécessaire ; mais soit elle a été balayée sur l'île par le raz-de-marée, soit nous l'avons manqué.

Mais dans quel horrible désastre ce navire se trouvait-il ! en règle générale, elle était impeccable, le summum de la propreté, mais maintenant, un examen de notre état était pitoyable. Les longes du gréement inférieur du côté sous le vent étaient si irritées qu'il était douteux qu'elles puissent tenir jusqu'à bâbord, et dans l'ensemble, le gréement avait beaucoup souffert. Mais la Providence a été bonne pour nous, et nous sommes entrés sans trop de problèmes, même si la mer de Chine était en pleine mer.

Quand je parle de la propreté habituelle de nos gréements, je n'exagère en rien. Pour illustrer ce que je veux dire, la plupart des gens savent que pour éviter les frottements sur les pataras au niveau des vergues inférieures, des lattes en bois sont généralement saisies sur les pataras. C'était une méthode beaucoup trop brutale pour nous. Nous avons fait servir les pataras avec des brins de gréement en fil de fer non posés , et si quelqu'un souhaite s'essayer à la mise en place, il est le bienvenu pour ce travail en ce qui me concerne, car il m'est souvent arrivé de devoir montrer hommes que l'opération consistant à servir avec du fil rigide était possible.

C'était le début de l'hiver lorsque nous sommes arrivés à Shanghai et il faisait assez froid. Il y avait beaucoup de navires dans le port , et parmi eux se trouvait le *Lauderdale* , dont George Davies était désormais le second. Nous avons renouvelé notre amitié et avons eu beaucoup de choses à discuter. Je pense qu'il a obtenu le commandement de ce navire lors de son prochain voyage et qu'on n'en a plus jamais entendu parler. Il y avait aussi un navire appelé le *Château de Loudoun* , dont le capitaine eut le malheur d'encourir l'inimitié de notre compagnon, ce qui provoqua des désagréments pour la raison absurde suivante. Un groupe de capitaines discutait avec notre vieux dans la cabine et le sujet de la discussion était l'écriture de lettres au propriétaire, une opération parfois considérée comme une difficulté. L'un des invités raconta que lorsqu'il écrivait à sa maison, il chassait le second de la cabine, imaginait qu'il avait le propriétaire en face de lui, puis écrivait comme s'il lui parlait. Il n'y avait pas grand mal à cela, dirait-on, mais notre second l'entendit et, l'attribuant à tort ou à raison au capitaine du *château de Loudoun* , se fit une affaire personnelle qu'il soit demandé à un second de quitter la cabine. Il y a eu des ennuis considérables à ce sujet, et je me suis donné beaucoup de mal, très bêtement, pour faire la paix dans une affaire dans laquelle je n'avais aucun intérêt.

Nous avons déchargé notre cargaison en temps voulu et, malgré le chargement, nous avons constaté qu'il n'y avait eu aucune fuite ni aucun dommage notable. Ensuite, nous avons commencé à préparer le retour du thé. Or, comme tout le monde le sait, le thé est une denrée très légère, et le navire a dû être lesté pour le rigidifier. Le second est censé superviser l'arrimage, mais dans ce cas-ci, c'est lui qui l'a fait. Pour gagner de la place, il n'a pas laissé une épaisseur de ballast suffisante sur le tour de la cale, ce qui a gâché du thé. J'ai appris par la suite que c'était la faute de « ce second lieutenant », bien que je n'y sois pour rien. C'est une des plus jolies opérations imaginables que de voir des Chinois arrimer une cargaison de thé : on utilise de gros maillets lourds et les gradins sont construits avec une précision presque mathématique.

Nous avons transporté plusieurs bateaux de bas en haut sur des patins, et ceux-ci étaient remplis de tous les articles que nous pouvions amener de n'importe quel endroit en dessous où le thé pouvait être stocké, et avec la cargaison nous avons travaillé à la réparation du gréement. Ici, je peux illustrer à quel point le second était un excellent marin. Nous avons installé de nouveaux longes jusqu'au gréement inférieur d'avant en arrière. Il faisait un temps extrêmement froid, mais on a pris un tel soin à l'affaire qu'il n'a pas été nécessaire de les remettre en place lorsque nous sommes arrivés par temps chaud, ni de les toucher pour le reste du voyage, et que personne ne dise qu'il a tendu la corde pour la ruine, car ce n'était pas le cas, mais la tension était correctement exercée.

Nous y avons passé une bonne journée de congé à terre. Monter à poney semblait être la bonne chose à faire, et la plupart d'entre nous furent dûment projetés par l'embardée soudaine de la bête dans un repaire de marins que nous ne connaissions pas. Nous avons également rencontré certains des officiers de l'ancien pagayeur P. & O. *Ganges* . Cependant, rien de notable ne se produisit et, le moment venu, le navire fut entièrement chargé, tous les officiers reçurent en cadeau la générosité habituelle du thé et nous nous préparâmes à prendre le départ pour rentrer chez nous.

Nous avions embarqué trois passagers, un ecclésiastique, sa femme et son enfant. Une dame à table était une nouveauté pour nous, mais c'étaient des gens sympathiques, et pendant mon temps libre, j'ai obtenu le prêt de nombreux livres et, pour la première fois, j'ai fait connaissance avec une série d'anciens numéros de la *Saturday Review* . Je me souviens encore aujourd'hui d'une grande partie des écrits intelligents et caustiques qu'ils contenaient.

Nous avons dû prendre la mer et, ce faisant, nous avons découvert que le navire était plutôt tendre avec un vent de travers, les royals ont fait une différence appréciable, mais c'était ainsi et nous avons dû en tirer le meilleur parti. Battre était un travail assez dur, car nous devions virer de bord si fréquemment que nous n'avions pas le temps d'enrouler les croisillons ; comme ils entraient, ils sortaient. Mais le pilote était un homme intelligent et manœuvrait le navire à merveille.

Une fois dehors, il y avait un bon vent sur la mer de Chine et nous avons commencé à en tirer le meilleur parti. Nous emportions des voiles étrangleuses royales et laissions très peu de vent passer devant nous. La toile était bonne, l'équipement était bon, pas un instant n'a été perdu à régler ou à faire la voile, et nous avons bien fait.

Un matin, c'était mon quart, j'ai eu une petite frayeur, car j'ai tout à coup aperçu des brisants sur l'avant bâbord et je n'avais pas la moindre idée qu'il y avait des terres à proximité. J'ai crié vers le haut de la lucarne pour appeler le capitaine et j'ai immédiatement commencé à me préparer et à repartir. Le vieil homme monta sur le pont en toute hâte et fut gracieusement heureux de considérer que j'avais bien fait d'éviter de courir au-dessus des îles Pescadores , ce qui, avec une vigie lâche, aurait facilement pu arriver.

Il y eut une certaine confusion pour s'éclaircir, et pour rendre les choses plus complexes, nous entendîmes une grande émeute se produire dans la cabine, et des nuages de vapeur s'en élevaient. Il semble que, alors que nous arrivions face au vent, le poêle de la cabine s'est déplacé sous le vent et a chaviré, dispersant les charbons allumés. L'accident a fait sortir le curé de sa cabine et il a rapidement utilisé tous les liquides sur lesquels il pouvait mettre la main, créant ainsi un climat alliant sécurité et odeur infecte.

Le capitaine a eu la gentillesse de dire que nous faisions une très bonne veille dans mon quart, même si le laxisme du proverbial second était apparent dans d'autres domaines, mais en repensant à ce petit épisode après des années, il me semble il n'y avait aucune excuse pour ne pas avertir l'officier de quart de la possibilité que le navire prenne une mauvaise route. J'espère qu'un ordre de choses différent existe maintenant, mais à bord de ce navire, cela aurait été un véritable sacrilège de demander à voir une carte ou de s'enquérir de la position du navire. J'aurais dû être informé avec un sarcasme mordant : « Quand je veux que vous naviguiez sur le navire, M. Untel, je vous le ferai savoir, en attendant, *j'en* suis tout à fait capable.

Nous avons eu beaucoup de chance dans la mer de Chine, à travers les détroits et jusqu'à Sainte-Hélène, que nous avons fait en soixante jours depuis Shanghai. Mais lorsque nous avons atteint la ligne d'attente, nos ennuis ont commencé. Là, nous sommes tombés sur un calme absolu qui a duré trois semaines et a mis à rude épreuve la patience de tous. Cela affectait plus particulièrement le capitaine, comme cela était naturel, et ses extravagances étaient parfois très comiques. Pendant la première partie du voyage, quand tout s'était bien passé, personne ne se souciait de la malchance proverbiale qui accompagne le transport des pasteurs par mer, mais il semblait maintenant s'être amélioré en restant. Le capitaine avait l'habitude d'organiser un faux whist avec le pasteur et sa femme, mais cela a maintenant été abandonné, et le texte du vieil homme tandis qu'il marchait sur la dunette était prononcé à haute voix et souvent. "Oh, si le Seigneur me pardonne seulement une fois d'avoir porté un pasteur, je ne le ferai plus jamais . " Une nuit, il remonta solennellement un jeu de cartes et les envoya au fond avec de nombreuses imprécations variées et choisies. Je ne peux cependant pas considérer qu'il ait été un artiste dans l'usage du langage, il y avait trop d'uniformité et de répétition.

Je ne sais pas si c'était dû à l'incantation précédente, mais nous avons fini par nous éloigner de la ligne. Notre passage, cependant, fut complètement gâché, et à la fin nous fûmes honteusement dépassés par le célèbre clipper le *Jérusalem* . Nous remontions la Manche avec un beau vent de sud qui était à peu près de travers, mais, comme je l'ai déjà dit, nous étions un peu tendres et ne pouvions utilement dans ces conditions porter toute la voile que nous aurions souhaité. Le *Jérusalem* nous a passé au vent toutes voiles plates, et nous avons senti mal le battement, car nous ne pouvions pas transporter nos royals sans enterrer le côté sous le vent au détriment de notre vitesse. Au large de Beechy Head, cependant, nous avons embarqué un hoveller comme pilote de la Manche, et j'entends encore maintenant le soupir de soulagement que le vieil homme a poussé en l'accueillant à bord.

Il n'y a plus rien à raconter sur ce navire ; J'avais décidé qu'elle ne me convenait pas – ni à moi – alors nous nous séparâmes sans aucun regret de part et d'autre.

Il y avait dans les quais des Indes orientales un navire appelé *Albuera* . Elle appartenait à la maison John Willis & Co. et se réjouissait d'une double rangée de ports peints. C'est à elle que j'ai transféré mes services. Son capitaine, nommé Gissing, était un brave garçon, et nous aurions dû nous entendre, mais ma fortune était maintenant ascendante, et je l'ai quitté pour prendre le poste à vapeur qui devenait alors l'ambition de tous les jeunes marins. . Le canal de Suez était ouvert, et il ne fallait pas beaucoup de prescience pour prévoir la fin des voiles. Le voilier moderne qui était alors en construction était cependant très beau. Permettez-moi d'en citer un comme exemple, le *Lothaire* ; il fut ensuite commandé par Tom Boulton , mais il fut construit sur les lignes d'un yacht et était tout aussi beau, bien que le navire moderne n'ait jamais eu la grâce majestueuse de l'ancienne frégate Indiaman.

CHAPITRE V

"La doublure, c'est une dame à cause de la peinture sur son
visage ,
et si elle rencontre un accident, ils considèrent que c'est une
grande honte."

KIPLING

Adieu à la voile ! L'occasion était venue de franchir le pas rendu
inévitable par l'ouverture du canal de Suez et la marche de
l'invention moderne. Il était triste de constater que le voilier
devenait obsolète et que l'avenir de la mer était dans la vapeur,
un moyen de propulsion qui mettrait à jamais au second plan
la gestion virile des mâts, des vergues et des voiles.
Aujourd'hui, la période au cours de laquelle ce pays a remporté
ses plus grands triomphes sur mer est communément appelée
(même dans la Royal Navy) « l'époque du bâton et de la ficelle
», mais je suis assez démodé pour croire que les marins de le
passé était à leur manière des ingénieurs aussi intelligents que
les hommes qui installaient et entraînaient les moteurs à turbine
modernes.

Dans le musée de la Royal United Service Institution, on peut
voir une maquette entièrement gréée du vieux *Cornwallis* .
Tenez-vous à ses côtés et essayez de réaliser l'habileté exquise
qui était nécessaire pour gréer ce navire, puis gardez les mâts
en lui à travers toutes les expériences variées qui pourraient lui
arriver. Comment, en tanguant dans une mer de tête, chaque
étai doit supporter la proportion de tension qui lui revient,
sinon quelque chose se passerait ! Considérez les frictions et
les frottements qui se produiraient constamment avec le
gréement en corde, et la vigilance incessante qui était nécessaire
pour le préserver intact, et puis, si vous en savez suffisamment
pour comprendre ce que cela signifiait, ricanez si vous le voulez
à l'époque du bâton et chaîne, mais pardonnez à ceux qui
regardent avec regret ce qui fut l'inévitable éclipse d'une phase
notable d'une vocation très noble.

L'homme du voilier avait un petit doute en tête quant à la
manière dont il devait classer correctement l'homme du bateau
à vapeur. Au cours du voyage précédent, j'avais entendu des
officiers mécaniciens à bord d'un bateau-poste parler de
manière désobligeante des qualités de marin des officiers du
navire, comme, par exemple, en ordonnant à la salle des

machines : « Un demi-tour de côté si vous le pouvez ; si cela ne vous dérange pas. C'est invraisemblable un seul instant, mais nous, les marins, doutions toujours de la place qu'ils devaient prendre dans la hiérarchie de la mer. Les mêmes ingénieurs disaient aussi qu'ils avaient un officier en chef qui valait n'importe quoi par mauvais temps, car il pouvait parcourir les ponts avec une si belle maîtrise de la langue que rien n'allait jamais avec eux, et ainsi le conclave avec lequel J'ai discuté de la question et j'ai conclu qu'il pourrait éventuellement y avoir une ouverture pour quelqu'un qui avait obtenu son diplôme, même dans une dure école de matelotage. Dois-je dire que, malgré les plaisanteries et les tendances théoriques, j'étais sincèrement reconnaissant de se voir offrir la place de troisième officier sur le bateau à vapeur *Roman* appartenant à l'Union Steamship Company, de Southampton. Je dis au revoir au capitaine Gissing de l' *Albuera* avec regret et me mis en route avec toute la hâte nécessaire pour prendre mon poste.

C'est en juillet 1870 que j'ai découvert pour la première fois le *Roman* . C'était le soir et il fut abandonné, sauf par un vieux armateur qui, ayant été officier dans les tout premiers jours de la compagnie, était assez disposé à bavarder et à satisfaire une curiosité telle que je n'étais pas en reste pour l'avouer au sujet de mon nouvel environnement. .

USS « ROMAIN »

USS "NYANZA"

USS « AFRICAIN »

Naturellement, les premières choses qui attirèrent mon attention furent les espars du navire, et là j'en fus satisfait ; il était gréé avec des vergues magnifiquement carrées, des housses de voile et des vergues royales et des vergues montant et descendant le gréement inférieur à la manière d'un navire de guerre approuvé. Ensuite, les ponts étaient propres et il y avait un aspect du vieux paquebot Blackwall sur la peinture qui parlait bien pour elle. Dans l'ensemble, elle avait un air de prospérité qui me faisait penser que mes lignes étaient tombées dans des endroits agréables. Ma première impression dans ce cas fut la bonne, car je doute que j'aie jamais eu une journée malheureuse à bord de ce navire. Il avait été construit à l'origine avec un pont affleurant par Lungley de Deptford, sur un principe dit insubmersible, mais les exigences du commerce croissant avaient amené l'entreprise à construire une dunette sur lui au prix d'un grand sacrifice de beauté. Elle le portait cependant bien, et des années après, on l'allongea même et on lui mit un gaillard d'avant, d'où l'on descendait par une échelle jusqu'au beaupré pour atteindre le foc.

Le lendemain de mon arrivée, je me suis présenté au bureau au surintendant de la marine, le capitaine R. W. Ker, RNR, et j'ai appris de lui que j'étais en voyage d'essai et que mon mandat dépendait de mon aptitude au service de la compagnie. Avec cette information, j'étais parfaitement satisfait et je descendis au navire pour présenter mon rendez-vous au capitaine Warleigh . Les choses furent alors faites avec beaucoup de forme, et j'espère qu'on me pardonnera un certain regret qu'on se soit écarté d'un système qui donnait d'excellents résultats. La politique du « bousculade » n'est pas la seule à produire de bons résultats.

Mon nouveau capitaine était en quelque sorte une révélation. Il me reçut comme un gentleman le ferait avec un autre, et quand il le voulait, il pouvait se montrer particulièrement aimable. Son apparence était résolument séduisante et il avait une paire d'yeux bleu acier qui pouvaient parfois montrer une lumière très sinistre. Permettez-moi de dire tout de suite que j'ai toujours trouvé en lui un bon ami, même si des années plus tard, nous avons eu des divergences d'opinions. Warleigh était un très beau personnage et aurait été un ornement pour n'importe quel service ; il n'était cependant pas fort physiquement, ayant beaucoup souffert de la fièvre contractée pendant le service de Maurice. Après m'avoir posé quelques questions sur l'endroit où j'étais et ce que j'y avais fait, il appela l'officier en chef, qui s'appelait Coathupe , et me le présenta de la manière suivante : « Curly, voici notre nouveau troisième. , montre-lui les alentours et aide-le à sentir ses pieds, tu veux ? La liberté d'expression, je l'ai appris plus tard, était due au fait que Warleigh n'avait été promu que lors du voyage précédent, et comme lui et Coathupe avaient été de grands amis lorsqu'ils étaient officiers ensemble, le capitaine était en termes plus libres et plus faciles avec son chef que lui. cela aurait autrement été le cas. Fred Coathupe était un de ces mortels doués appréciés de tous ; en fait, je ne me souviens d'aucune occasion où je l'ai vu se mettre en colère. Il n'y avait pas grand-chose, voire rien, de marin dans ses manières, mais il était néanmoins un officier intelligent et maintenait son navire en excellent état. Nous nous sommes mis à la recherche du deuxième officier, que nous avons trouvé dans le hangar en train de compter la cargaison - ou en train de le faire - car permettez-moi de dire ici que nommer un officier de bateau à vapeur pour faire le travail de commis est à la fois injuste et une farce. . Je sais que dans certains cas, cela se fait aujourd'hui, mais je suis sûr que la perte entraînée par un enregistrement imparfait des marchandises transportées est bien plus importante que ce que coûterait le temps d'un commis convenablement formé à ce travail. À l'époque des voiliers, quand rien n'était pressé, le second pouvait s'asseoir sur le bastingage et faire son décompte assez facilement, mais ce n'est plus le cas maintenant.

Reginald Leigh, le «second», était un homme doté d'un sens de l'humour très aigu , jamais à court de réponse à la moindre remarque curieuse qui pouvait lui être adressée, et doté d'un langage fluide qui, à l'occasion, obligeait même l'admiration de la victime à qui il pourrait s'adresser. Je pourrais raconter des histoires amusantes à ce sujet, mais je pense que je m'abstiendrai des détails. Des indications à leur sujet pourront toutefois apparaître dans les pages futures. Leigh a fait ma connaissance avec un sourire humoristique, a observé que « C'était un bon chien qui aboyait quand on le lui disait », telle était sa devise, et est-ce que je le soulagerais juste un petit moment avec le livre de pointage ? Lui et moi devions partager la même cabane, et nous étions en très bons termes, la seule différence d'opinion étant qu'il abhorrait le tabac, tandis que moi et ma pipe étions de bons amis. Lorsque le navire n'était pas plein de passagers, le capitaine autorisait le troisième à utiliser l'une des cabines du salon, et en effet la mode dans le service était que chacun soit mis aussi à l'aise que possible. Le capitaine, tout au long du service de la compagnie, fut un personnage très important. Sous lui, l'officier en chef était pratiquement suprême dans toutes les affaires. Si, par exemple, un membre de l'équipage avait un grief et souhaitait le présenter au chef, il devait d'abord s'assurer de l'attention et du soutien d'un adjudant ou d'un officier marinier qui certifierait sa déclaration et l'accompagnerait à l'arrière pour la déposer devant l'officier en chef.

Il n'est peut-être pas déplacé ici de dire quelques mots sur Southampton tel qu'il était à l'époque - pas le grand foyer de paquebots gigantesques qu'il est aujourd'hui - mais un petit endroit agréable et tranquille avec juste assez des meilleurs types de transport maritime pour lui conférer une importance considérable. Les gens qui y vivaient ne semblaient pas très enclins à encourager la navigation, ils préféraient plutôt que ce soit considéré comme le chef-lieu du comté et compter sur le soutien des familles du comté ; C'est en tout cas ce que disaient les citadins lorsqu'on leur faisait remarquer les vastes possibilités du port. J'avoue que visiter les lieux aujourd'hui me fait revenir sur les temps anciens avec un vif regret, car un marin de Southampton au début des années 70 pouvait en vérité prendre sur lui l'action de grâce du pharisien lorsqu'il contemplait le publicain méprisé.

Premièrement, pour citer les compagnies maritimes dans leur ordre de préséance, il y avait la Royal Mail Steam Packet Company. C'était et c'est, je crois, la seule compagnie de navigation à vapeur constituée par charte royale, et elle bénéficiait de divers privilèges pittoresques refusés aux autres. Il est encore difficile d'y parvenir aujourd'hui, mais le lien entre la Royal Navy et la Royal Mail a été étroit, et il ne fait aucun doute que la ligne était à une époque plus ou moins sous le patronage actif du gouvernement de l'époque. Ses navires étaient bien équipés et la promotion fut assez rapide, car le climat des Antilles dans son ensemble n'était pas très propice à la longévité, en raison des fièvres alors très fréquentes.

La Compagnie Union tirait un grand nombre de ses officiers de la Royal Mail, et il y avait par conséquent de nombreuses relations entre les deux services. Il existait cependant un antagonisme considérable entre les officiers de la Royal Mail et ceux du service P. & O. ; ils ne se réuniraient sous aucune condition, la raison étant que chacun était jaloux de l'autre. L'un ou l'autre, cependant, s'associerait à nous, car ils pouvaient dire et disaient sur un ton condescendant : « Oh, oui, c'est une très jolie petite entreprise, plutôt sympa », sans se demander ce qu'elle allait devenir dans un avenir très proche. . A cette époque, la Royal Mail modernisait sa flotte. Elle disposait encore de bateaux à aubes tels que *La Plata* et *Shannon* , et le contraste entre ceux-ci et le nouvel *Elbe* était très marqué. Je connaissais par hasard un officier nommé Teddy Griffiths qui avait été nommé sur ce dernier navire, et lui, en lui décrivant sa première visite, a déclaré qu'il était si spacieux et si complexe qu'il s'est égaré et s'est assis en pleurant sur une écoutille jusqu'à ce qu'un un garçon est arrivé et lui a montré la sortie. Quoi qu'il en soit, nous avons passé de nombreuses soirées joyeuses à bord de ce navire, car nous étions jeunes, nous savions chanter une bonne chanson et nous avions le don de la camaraderie - qui, je le regrette, n'est pas toujours apprécié à sa juste valeur lorsque l'un est son propriétaire. Cela peut vous conduire à une exubérance excessive, mais c'est un bien précieux de pouvoir voir le meilleur de ce qui se passe dans votre environnement immédiat.

La question de savoir si le Royal Mail ou le P. & O. avait droit à la première place pourrait être un sujet de débat, mais il ne fait aucun doute qu'en matière d'apparence, le P. & O. a été une première facile. Leurs navires reposaient dans le bassin extérieur et présentaient toujours une belle apparence. Des navires comme le *Mooltan*, *le Poonah* et bien d'autres de la même classe étaient déjà remplacés par des navires plus récents comme l' *Australia*, *le Bangalore* et *le Kaiser-I-Hind*, plus récents et plus modernes, mais dont l'apparence ne pouvait pas être comparée à celle de l' Australie. les navires plus anciens. Avec un gréement et des voiles en parfait état, ils étaient tout ce que l'œil d'un marin pouvait désirer.

Mentionner que ces navires gisaient dans le bassin extérieur me rappelle que la montée et la descente de la marée à Southampton étaient considérables, et que parfois les beauprés de ces navires à l'ancienne, s'étendant comme ils le faisaient fréquemment sur les lignes de rails du quai à les basses eaux, étaient au niveau des files de wagons. Un jour, un artiste malicieux a discrètement accroché un attelage de camion à un bobstay de bout-dehors voisin . À mesure que la marée montait, le camion montait également, et l'incident suscitait un grand intérêt. Je n'ai jamais entendu dire que le coupable avait été découvert et qu'il méritait l'immunité pour son génie.

Au-delà des paquebots Channel Mail, de quelques navires céréaliers et des navires Lloyd de l'Allemagne du Nord, il y avait peu de trafic vers les quais. Les navires allemands étaient de beaux navires, bien dirigés, et les pilotes locaux qui les pilotaient parlaient toujours dans les termes les plus élevés des qualifications de leurs officiers. À l'époque, j'ai été vaguement frappé par le fait qu'il était curieux que les Allemands disposent d'un si beau métier. Il est facile de voir maintenant qu'ils en étaient aux premiers stades de leur soif de puissance maritime. A propos de cette affaire, je pourrais mentionner que la Compagnie de l'Union venait d'envoyer son paquebot *Dane* (Capitaine Ballard) avec des ordres scellés, mais comme nous l'avons appris plus tard lors d'une expédition dans les îles occidentales pour avertir un navire-école allemand pour officiers que la guerre avait été déclarée entre la France et l'Allemagne.

Aucune histoire de Southampton au début des années 70 ne serait complète sans la mention de Queen's Terrace et de l'hôtel Canute. La Terrasse était, d'une manière générale, la demeure des officiers des navires en port . En règle générale, les hôtesses étaient de bonne espèce, s'occupaient bien de nous et ne nous volaient pas indûment. Ils ont également été assez patients et indulgents à l'égard de nos méfaits. Car les journées n'étaient pas assez longues pour tout le monde, nous essayions de nous y rassembler, et les nuits étaient très courtes et le lit était pour la plupart d'entre nous un dernier recours. Les expériences étaient nombreuses et variées, mais elles avaient surtout le charme de la nouveauté. Certains agents préféraient plutôt une échelle qui permettrait de sortir par la cour depuis les fenêtres de leur chambre alors qu'il n'était pas souhaitable, pour diverses raisons, d'utiliser la porte d'entrée. L'hôtel Canute était le rendez-vous général de tous les officiers du port pour le déjeuner. Il était conservé par Mme Hyles, qui, à sa manière, nous aurait tous maternés. Elle fournissait des côtelettes excellentes, dont le souvenir et les appétits qui les dévoraient subsistent jusqu'à nos jours. Je n'ai qu'un seul motif de plainte contre cette bonne dame et autant le dire maintenant.

Il y avait un music-hall à Southampton appelé le Royal York, très fréquenté par les officiers en général. Lorsque j'étais aux commandes depuis environ deux ans, c'était Mme Hyles qui le gérait. Un soir, Charlie Hight , un fonctionnaire très respectable de la National Provincial Bank , et moi-même avons pensé que nous aimerions revoir le York si nous pouvions le faire en toute sécurité et sans perte de dignité. Nous avons consulté Mme Hyles, qui a dit : « Vous aurez ma propre loge privée », et nous y sommes allés. Ce n'était pas grave, mais elle accorda ensuite une faveur similaire à trois jeunes médecins de Netley qui avaient très bien dîné, sinon trop sagement. À un moment donné de la représentation, il y avait sur scène une dame connue sous le nom de Jenny Hill, ou « le Point Vital », et ces jeunes médecins ont commencé à la taquiner. Elle est montée sur scène et les a habillés convenablement, ce pour quoi elle a été applaudie par le public, mais comme nous étions également occupants de la loge adressée, nous avons essayé de nous faire aussi discrets que possible, moi surtout, car je pouvais voir mon troisième officier dans les gradins s'intéressant beaucoup aux débats. Notre loge était au fond d'une longue galerie remplie de monde, qu'il fallait traverser pour sortir, et quand les médecins partirent, toute la maison se leva et hurla après eux. Charlie et moi nous sommes assis rapidement, pensant que nous devrions nous éloigner plus tard sans être remarqués, mais sans succès. Au bout d'une heure, nous avons essayé de partir, mais nous avons eu un résultat bien pire que celui des véritables coupables. Cela montre seulement comment des accidents peuvent arriver à des hommes respectables et bien intentionnés s'ils s'écartent des sentiers de la stricte convenance.

Il était parfois amusant d'observer les sentiments entre les P. & O. et les hommes du West Indian Mail. Par exemple, l'un des premiers disait : « Maintenant, Mme Hyles, quand vous en aurez fini avec ces messieurs aux reliures de cuivre, m'accorderez-vous un peu d'attention ? Cela était nécessaire parce que l'uniforme des hommes de P. & O. était visiblement simple et soigné, contrastant avec l'utilisation plutôt libérale de dentelles dorées par la West Indian Co. Je pense que l'on peut trouver qu'une histoire de la Royal Mail Company Ce serait un livre précieux si quelqu'un au courant des légendes de la Compagnie voulait l'écrire, car il semble dommage que des sujets aussi intéressants soient perdus. Des histoires telles que l'autorisation de porter des épaulettes, « n'importe quel nombre supérieur à deux », et une déclaration authentique indiquant quand le chapeau blanc pour les grandes tenues a finalement été supprimé. Ce sont peut-être des questions insignifiantes, mais les traditions du service maritime sont précieuses pour ceux qui aiment encore l'héritage britannique, et les archives du service marchand font autant partie de l'histoire du pays que celles de la Royal Navy.

Quitter les détails du rivage et revenir une fois de plus au *Romain* , c'était alors l'habitude de la Compagnie, la veille du départ du navire, de rassembler l'équipage, de passer par l'incendie et l'exercice de bateau, et c'était aussi une très bonne habitude. C'était un spectacle respectable de voir les hommes tomber, habillés en uniforme et saluant comme il se doit lorsque leurs noms étaient appelés, les officiers vêtus de redingotes taillées à la mode de la compagnie. L'uniforme du capitaine avait évidemment été copié sur celui des Trinity Masters, un excellent exemple, et il m'a toujours semblé que c'était une erreur de suivre de trop près l'uniforme de la Royal Navy. C'est, j'en suis conscient, une pratique courante, mais elle aurait un meilleur goût si elle était abandonnée.

Naturellement, cet état de choses m'a beaucoup plu, et je peux dire que cela m'a donné un goût pour le service qui ne m'a jamais quitté. Des années plus tard, alors que j'étais à la recherche de « nouveaux champs », on disait de moi : « Aussi bien m'attendre à ce que les planètes aient quitté leur orbite que moi à rompre mes liens avec la société », et je suis plus que jamais sûr maintenant que c'était le cas. la plus grosse erreur parmi les nombreuses que j'ai à enregistrer. Je crois fermement que ce service était le dernier bastion du conservatisme maritime.

A l'époque où j'écris, il était d'usage de quitter Southampton deux jours avant la date du départ de Plymouth. Les navires de la Compagnie n'étaient pas assez puissants pour assurer leur passage contre un fort vent contraire, et les cas étaient fréquents où il était jugé nécessaire de mettre le navire sous toile avant et arrière et de reproduire sous une forme douce la tactique des voiliers. avec un vent contraire.

Nous avons également pris un pilote de la Manche qui était habituellement employé comme pilote de la Compagnie. Il s'appelait William Waters. C'était un homme au caractère fort et au langage fort. Il n'avait pas grand-chose du *suaviter in modo* chez lui, mais il était marin et pouvait diriger un navire autant qu'il valait. Nombreuses sont les histoires que l'on pourrait raconter sur les incidents survenus au cours de ces voyages outre-Manche, mais elles perdraient une grande partie de leur intérêt si l'on s'écartait de leur texte, et comme une grande partie de celui-ci n'est pas imprimable, il n'y a rien d'autre à faire que de le laisser. seul. Mais je n'oublierai jamais les paroles de William à l'homme qui dirigeait une petite goélette sans aucune lumière que nous avons trouvée à proximité de nous par une nuit sombre. En réponse à une question énergique concernant les lumières, la réponse fut : « Bien sûr, monsieur, elles sont éteintes. » Cela me rappelle un autre Irlandais, Pat Malony , plus tard l'un des capitaines de la compagnie, à qui, étant dans la cale alors qu'il était quatrième officier, on lui a demandé : « Combien de lumières avez-vous là-bas, Malony ? Il a répondu : « Six, monsieur, mais ils sont tous sortis. »

La toile avant et arrière portée par les navires de l'Union était particulière à ces navires . Je n'ai jamais rien vu de pareil, même si je crois que la société P. & O. avait autrefois quelque chose de très similaire. Les voiles d'essai étaient fixées sur de très grandes bômes et les gaffes étaient hissées par les treuils à vapeur. Ils étaient assez faciles à manier si une fois les gens savaient comment le faire, mais au début il fallait beaucoup de foi pour voir un treuil à vapeur arracher des drisses à gorge et à pic . Je ne peux pas dire que j'ai jamais vu un accident, mais des années plus tard, sur le même navire avec les mêmes espars et voiles, c'était triste de voir à quel point les anciennes compétences avaient disparu des mains qui les travaillaient. Ils semblaient avoir perdu la connaissance que pour travailler de grands avant-après , la gorge doit toujours être plus haute que le sommet du levage, mais ce principe demande beaucoup de temps dans la tête des gens. Il y avait aussi une autre particularité dans le gréement de ces navires : les vergues inférieures étaient adaptées pour s'abaisser sur les rails lorsqu'ils naviguaient contre un vent contraire. Les chutes de Jeer étaient toujours gardées en liberté, et j'ai eu l'occasion, face à des vents déroutants autour de la ligne, de voir des vergues royales, topgalant et inférieures monter et descendre trois fois par jour. Il a fallu environ vingt minutes pour terminer le travail.

Rien de particulier ne s'est produit pendant la descente de la Manche au cours de ce voyage, mais c'était une expérience nouvelle que de se voir confier pour la première fois la responsabilité d'une passerelle à vapeur. Il était souvent d'usage de doubler les quarts dans les eaux étroites, mais cette fois-ci le capitaine ne le fit pas. Il m'a laissé entièrement à moi-même, même si j'avais l'impression qu'il surveillait avec beaucoup d'attention tout ce qui se passait lors de cette première veille. C'était une excellente façon de permettre à un nouvel homme de toucher ses pieds, mais à aucun moment le capitaine ne m'a gêné dans l'exercice de mes fonctions d'officier de quart.

Nous avons fait une chose qui n'est pas souvent faite en quittant Plymouth : nous avons couru jusqu'à Cawsand Bay pour récupérer un homme et sa femme comme passagers d'un bateau à terre. Il avait été autrefois l'un des capitaines de la compagnie, et le rapport, à juste titre ou non, disait qu'étant un vieil ami, Warleigh l'avait emmené de cette façon pour le sauver de ses créanciers. J'ose dire que c'était assez probable, car nous n'avons commis aucune violation de la loi en agissant ainsi. L'ex-capitaine fit ensuite fortune dans les champs de diamants. Inutile de dire que nous étions assez remplis de passagers, mais c'est l'une des difficultés de l'écriture de cette histoire que de savoir combien ou combien peu il faut dire sur ce sujet particulier. Tout incitait les passagers et les officiers à entretenir des relations amicales. Nous les avons dérangés et ils ont toujours été traités comme s'ils étaient des invités. Il y avait beaucoup de temps libre à consacrer, et on s'attendait à ce que les officiers prennent l'initiative de concevoir des divertissements pour passer le temps. La vitesse contractuelle pour les courriers était de sept nœuds et demi et le passage s'effectuait rarement en moins de trente-cinq jours, ce qui donnait amplement l'occasion d'acquérir une très bonne connaissance de si ses camarades étaient aimables ou non.

La colonie du Cap, à cette époque, était une petite région, et j'ai vite commencé à découvrir que presque chacun de notre nationalité s'intéressait à la direction des bateaux-postes et, pour rendre pleinement justice à l'hospitalité universellement offerte à nous à terre. , nous étions généralement les bienvenus partout où nous allions. Il y avait donc beaucoup de bons sentiments de part et d'autre, et les désagréables étaient rares.

Nous avons été particulièrement heureux à cet égard lors de mon premier voyage à vapeur. Nous avions un groupe de passagers des plus agréables et à notre première escale, Madère, nous avons été mis en quarantaine. Nous y avons trouvé le navire *Northam de la compagnie*, et comme il se trouvait dans une situation similaire, alors qu'il rentrait chez lui, nous nous sommes réunis avec ses officiers et ses passagers. Je fus très frappé du bon ton qui semblait régner sur les navires de la Compagnie, et j'étais extrêmement heureux de ma chance de pouvoir y prendre part.

Lorsque le Cap était atteint, il était d'usage de tirer avec deux coups de feu pour annoncer l'arrivée du courrier anglais. Deux personnes tirées du château répondirent à ces attaques, car à cette époque c'était un événement. A cette occasion particulière, nous avons annoncé la nouvelle du déclenchement de la guerre franco-allemande. Cela ne parut cependant pas beaucoup intéresser nos fonctionnaires en visite, qui étaient alors pleins de la découverte des gisements de diamants, et on peut dire que nous, de notre côté, ne nous rendîmes pas compte de l'immense importance de cette nouvelle découverte.

Il n'y avait pas de câble à cette époque et l'intérieur de l'Afrique du Sud était un pays inexploré. Nous avons débarqué nos passagers du Natal, qui ont été envoyés le long de la côte dans un navire plus petit appelé le *Natal*, et avons dit au revoir avec regret à l'un des meilleurs camarades, un planteur de sucre appelé Tom Milner, dont la mémoire est encore verte dans les vieux jours. Nataliens .

Les quais du Cap étaient alors ouverts aux voiliers et aux petits navires, mais nous déchargés notre cargaison dans Table Bay sur des allèges à voile. Le début du magnifique brise-lames actuel n'avait guère été construit, et il n'était pas rare que des navires accostent à terre lorsque le vent souffle fort du nord-ouest. Les bateliers de Table Bay étaient de très beaux marins. Dans les pires temps, un bateau à ancre bien équipé maintenait la mer, et si un navire roulait ou avait rompu son câble, ils étaient très habiles à faire passer à bord l'extrémité d'un gros câble en coco, dont l'autre extrémité était amarrés à une ancre qu'ils avaient lâchée au vent.

Avant de quitter Table Bay, le bateau à vapeur à destination du retour est arrivé : le *Briton*, plus tard le HMS *Dromedary*. Il avait l'air d'un petit mais beau petit navire, car il arrivait avec des vergues parfaitement carrées, des housses de voile, joliment peintes et, d'une manière générale, impeccables. Elle avait l'air tout à fait professionnelle et typique de son capitaine, du nom de George Rawlinson Vyvyan, dont nous parlerons plus tard. Lors d'un voyage précédent, le *Britannique* avait perdu son hélice et avait couru jusqu'à Vigo au rythme de trois cents milles par jour sous toile seulement, ce qui était une preuve évidente que la voile n'était pas transportée sur ces navires uniquement pour l'ornement.

En temps voulu, nous avons terminé notre voyage à Algoa Bay, déchargé notre cargaison et chargé de la laine pour rentrer chez nous, faisant escale à Table Bay sur le chemin du retour pour faire le plein de marchandises et de passagers. Nous avions parmi nos passagers un homme très accompli, nommé Woollaston , qui prenait grand soin à la fois de m'apprendre l'écarté et de m'indiquer le genre de lecture qui me serait utile ; Je garde de lui un souvenir reconnaissant. Sur le chemin du retour, les échanges SE ont explosé fortement. Le *Romain* lors de ce voyage avait une hélice à deux pales ; nous réparâmes cela de haut en bas lorsque les moteurs étaient arrêtés, et pendant deux jours nous roulâmes à plus de dix nœuds sans vapeur du tout. Comme cela dépassait largement la vitesse prévue par le contrat, on a jugé souhaitable d'économiser le charbon, mais la poursuite de cette politique a suscité une opposition qui, avec le temps, a absorbé la ligne initiale de bateaux à vapeur.

Le capitaine Warleigh était naturellement soucieux de tirer le meilleur parti des capacités de navigation du navire, et comme j'étais le dernier à sortir d'un voilier, j'ai été heureux de constater que tout cela me permettait de régler la toile à ma guise, et je tout le monde l'encourageait à le faire, sauf le maître d'équipage, qui n'aimait pas que l'officier de quart se mêle des détails. Le chef lui dit cependant que si d'autres officiers lui laissaient le travail, ce n'était pas une raison pour que tout le monde le fasse, et après cela il n'y avait plus de problème, car c'était un bon marin. Cette affaire de toile m'a aidé matériellement auprès du capitaine, qui m'a dit un soir qu'il ferait tout ce qu'il pourrait pour me retenir au service de la Compagnie, ce dont j'étais reconnaissant. Mon conseil à tout jeune homme qui rejoint un nouveau service serait d'essayer jusqu'à quel point ils vous laisseront faire, même jusqu'à usurper ce qui peut être le travail d'autrui : faites le travail, et faites-le bien, cela paie.

Une fois rentrés à la maison, le navire a été immédiatement pris en main pour accueillir une foule supplémentaire de passagers. J'ai été confirmé dans ma nomination et nous avons eu un nouveau second nommé Alex J. Garrett, un homme aussi fort qu'Hercule et aussi obstiné qu'un mulet, un bon marin et un bon ami là où il s'est pris d'affection. Il a été très gentil avec moi et m'a confié la gestion de la maison de son père à Southampton. Je peux dire que le père était un ecclésiastique, mais les penchants de Garrett n'allaient pas tellement dans ce sens ; il avait été formé sur l'un des vieux paquebots Blackwall de Smith et représentait le type d'officier capable d'occuper n'importe quel poste avec crédit. Il avait une manière courte et efficace de gérer l'équipage et se réjouissait du surnom de « Jack à trois doigts ». En ce qui concerne nos équipages, les hommes étaient souvent confiés au même second, voyage après voyage. Il s'agissait pour la plupart d'un groupe très honnête et, contrairement à ce qui se passe aujourd'hui, les pompiers étaient probablement les meilleurs hommes à bord. Il s'agissait en général de marins engagés dans le ravitaillement en raison de leur conduite constante. À cette époque, les presse-étoupes des moteurs étaient rendus étanches par un emballage en chanvre ou en coton, et celui-ci était fabriqué sous forme de sennit carré par les pompiers, et ils devaient en fabriquer beaucoup. La pression de la vapeur dans les machines principales était d'environ quatorze livres. Il n'y avait pas de soupapes de sécurité à ressort, et à chaque roulis modéré du navire, un grand souffle de vapeur s'échappait, provoqué par la diminution de la pression sur la barre lestée qui contrôlait la soupape de sécurité. Cet essoufflement était un élément très considérable, mais le moment de la réforme n'était pas encore venu, et nous étions tous contents de poursuivre la vieille et agréable route du « comme vous étiez ».

En plus des salons principal et secondaire, nous disposions désormais de logements de première classe aménagés au milieu du navire et entre les ponts après. Le navire avait été construit en vue de pouvoir le faire si nécessaire ; il y avait donc des ports installés qui ne devaient être utilisés que pour fournir de la lumière et de la ventilation. Ces cabanes étaient rudimentaires, mais elles furent rapidement récupérées par la première foule d'aventuriers se dirigeant vers les champs de diamants. Il y avait des noms parmi ces personnes qui étaient bien connus en Afrique du Sud au fil des années. Beaucoup d'entre eux ont bien réussi, certains ont connu des difficultés, et l'un des plus brillants d'entre eux, Albert Ward, a mis fin à sa carrière en combattant pour son pays d'adoption dans le Cowie Bush. Nous avions également à bord l'évêque catholique du Cap avec plusieurs prêtres, qui étaient pour la plupart de bons gars. Leur présence nous donnait, selon la superstition maritime, la promesse d'un bon passage qui n'était pas faussé. Il est curieux que le clergé anglican soit généralement reconnu pour avoir apporté *le mauvais* temps.

Nous avons quitté Plymouth, laissant derrière nous divers passagers potentiels qui étaient partis dans le vain espoir d'obtenir un passage. Pendant le voyage vers Madère, j'étais très ami avec un jeune homme nommé Brett, qui allait y passer l'hiver. Il fut, je crois, un grand homme par la suite sur l'île de Wight. En tout cas, je sais qu'il devait être connu de la police, car un soir, quelques mois plus tard, nous dînions ensemble, puis trouvant un cheval égaré errant dans High Street, à Southampton, nous l'avons emmené au poste de police et avons souhaité le confiez-lui la responsabilité des troubles à l'ordre public. Le sergent qui commandait semblait disposé à penser que c'était nous qui étions en désordre, mais mon compagnon prit les choses en main et sauva magistralement la situation. Je ne l'ai jamais recherché par la suite, mais c'était une agréable amitié de jeunes hommes tant qu'elle a duré, et la faculté d'amitié ne s'améliore pas avec l'âge.

Le passage à Madère fut plutôt difficile. En traversant la baie, le vent était juste derrière le travers et Warleigh était disposé à en tirer le meilleur parti. Lors d'une première montre, je m'étais accroché à la toile dans le bon vieux style, mais il avait fallu un peu d'effort pour qu'elle se tienne convenablement debout lorsque les rafales tombaient, et Leigh, lorsqu'il montait sur le pont, le ferait. ne prendrait pas les choses en main jusqu'à ce que la toile soit réduite. Il ne se souciait pas de prendre les précautions supplémentaires nécessaires pour le transporter, et j'ose dire qu'il avait raison, mais avec un bon navire et un bon équipage, j'adorais ce travail. Nous sommes arrivés à Madère à temps, et il y a peu de changements plus frappants que la beauté d'une belle matinée à Madère après avoir traversé la baie.

À ma grande surprise, lorsque nous avons jeté l'ancre, le skipper m'a envoyé chercher et m'a demandé si je pouvais monter à bord ? Une réponse affirmative m'a valu une invitation à descendre à terre et à monter avec lui, car il pouvait me fournir une monture. Il ne m'a pas fallu longtemps pour enfiler des vêtements de moto, et nous avons eu une course des plus délicieuses à travers les collines. Je crains que nous ayons un peu dépassé la limite de vitesse dans la ville, mais les autorités de Funchal se sont montrées assez tolérantes une fois à terre, bien qu'inexorables en matière de quarantaine, et, de plus, l'influence de la famille Blandy , qui était très considérable , s'est toujours consacré à ce que les choses se passent le mieux possible ; en fait, il y avait toujours une touche de courtoisie d'antan dans toutes les relations commerciales avec nos agents à Madère. Inutile de dire qu'à notre retour au navire, tous les boutons étaient à nouveau en service.

Avec le nombre de personnes que nous avions à bord il était nécessaire de dupliquer chaque repas. J'ai présidé le premier petit-déjeuner à 8 heures et le premier dîner à 15 h 30. Ces repas étaient principalement suivis par les éléments les plus jeunes et les plus turbulents, qui semblaient naturellement graviter dans ma direction, mais le capitaine a eu le plaisir à une occasion d'exprimer son approbation de la façon dont je l'ai représenté en bout de table, et cela m'a fait grand plaisir. De nos jours, il n'est guère nécessaire de décrire à quoi ressemblait la vie à bord des navires ; l'athlétisme, les cartes et les tirages au sort absorbaient beaucoup de temps. Ajoutez à cela un peu de musique, et peut-être du théâtre amateur, et vous obtenez une belle liste de méthodes, la plupart employées avec succès, pour passer le temps.

Ils formaient une foule animée pendant ce voyage, et les officiers de quart devaient garder le quartier-maître à peu près sur le *qui-vive* pour éviter tout dommage, car avec un certain nombre de jeunes gens dans un espace confiné n'ayant rien d'autre à faire que d'essayer comment ils peuvent se faire diversion, ce que l'un ne pense pas à l'autre le fait. Le passage s'est terminé par une grande frénésie à Cape Town, et le groupe s'est séparé selon des fortunes diverses.

Au cours de ce voyage, nous sommes allés pour la première fois aux Docks du Cap. C'était une entrée très-embarrassante, et il n'est pas donné à tout le monde de manœuvrer un navire à la vapeur dans le voisinage d'un quai. Warleigh , cependant, s'en est bien acquitté, et je peux seulement dire que sa première représentation a été un succès marqué en comparaison de la mienne.

Lorsqu'il se trouvait dans la baie d'Algoa en train de charger pour rentrer chez lui, le navire était plutôt bien pensé. Le patron était très pointilleux quant à l'arrimage des voiles, et le chef était tout aussi soucieux. Nous étions allongés là, avec des cours royales à travers et nous imaginions qu'il n'y avait pas de fin. Je dois mentionner que le long des rails en avant, tous nos navires de l'époque portaient un immense ressort en coco pour mettre les câbles en cas de navigation vers le sud- est . Il mesurait probablement dix pouces de diamètre et, lors de son utilisation, il s'étirait et s'étirait comme un morceau d'élastique, mais je ne suis pas du tout sûr que le plan consistant à affronter un coup de vent dans des eaux peu profondes, comme nous l'avons fait alors, était le meilleur cours. Le temps est bien meilleur dans quinze à dix-sept brasses d'eau.

Pour montrer les caprices du mal de mer, le capitaine, Leigh, Trotman, le chef mécanicien, moi-même et quatre hommes sommes partis un jour pêcher sur le rocher romain. Nous y jetâmes l'ancre, et au bout d'une heure, après avoir attrapé beaucoup de poissons, tout le monde dans le bateau eut le mal de mer, à l'exception du chef mécanicien. Le mouvement d'un bateau à l'ancre dans certaines circonstances est dégoûtant, voire très, mais Trotman nous a tous fait rire.

Au retour d' Algoa Bay, nous sommes allés au quai pour terminer le chargement, et il s'est produit un incident dont je me souviendrai toujours avec amusement. Leigh avait pris sous sa protection un curieux spécimen de chien paria qui rôdait autour des quais, et la pauvre bête ne comprenait pas vraiment l'immense considération dont il était l'objet. Il était autorisé à dormir dans la cabine de son maître et en faisait généralement un animal de compagnie. Un soir, après le dîner, alors que nous dînions avec nous un jeune homme nommé Hanbury , Leigh s'était retiré dans sa cabane, avait enfilé son pyjama et se préparait à s'endormir, accompagné du fidèle chien. Or, justement, Hanbury avait aussi un chien, un bull terrier, et tandis que Garrett, Hanbury et moi allions dire bonsoir à Leigh, le chien est venu aussi. A peine a-t-il aperçu le chien errant qu'il s'est lancé à sa poursuite, et l'instant d'après, les deux étaient sur le dessus de Leigh dans sa couchette, se livrant à une merveilleuse bagarre. C'était un peu difficile de faire la différence entre les aboiements et les cris, car Leigh, sous les chiens, criait à Garrett d'emmener les chiens, et cela a finalement été fait − lorsque nous avons pu arrêter de rire. C'était la fin du bon temps du chien paria.

Nous avons fait un bon retour à la maison, une belle traversée de la baie avec un bon vent fort. Je trouve dans un carnet certains commentaires caustiques sur la sagesse ou non de naviguer sous des huniers entiers et de rentrer la misaine, mais l'âge apporte une certaine part de charité, et le patron aurait pu avoir pour ses actes des raisons qui il ne nous l'a pas transmis. Je m'en souviens assez bien, car une partie de l'engrenage de la voile d'avant s'était séparée et j'ai perdu un peu de peau de mes doigts en aidant à enrouler la voile. Ils étaient, je suppose, devenus mous faute de travail. Il n'était pas nécessaire de monter en altitude, mais c'était un travail difficile , et je me demandais s'il y avait quelque chose à faire. « Du zèle, Monsieur Simple, du zèle !

Arrivé à Southampton, le skipper a dû passer chez le *Britannique* , un tour très rapide, et je n'ai plus jamais eu le plaisir de naviguer avec lui.

Notre prochain capitaine, je suis heureux de le dire, est toujours bien vivant, honoré et respecté par tous ceux qui le connaissent. Il est maintenant Sir George R. Vyvyan, KCMG, feu maître adjoint de la Trinity House, et j'ai eu la grande chance de naviguer avec lui plus d'une fois.

Si je devais tenter d'enregistrer les événements de voyages séparés, cette réminiscence s'étendrait sur une longueur intolérable, c'est pourquoi je pense que je mentionnerai seulement certains événements qui m'ont marqué pendant la période où j'ai servi comme troisième officier, et j'amènerai ainsi ce chapitre à une fin. Permettez-moi de témoigner de ma gratitude de n'avoir jamais été privé de mon privilège de veille. Sur certains navires naviguant dans des eaux étroites, il était d'usage de confier le quart uniquement au premier et au second officiers. Mes deux capitaines soutenaient cependant que si un homme n'était pas apte à faire le quart dans un endroit, il ne l'était pas dans un autre, et en réalité ce raisonnement est le vrai, car une fois responsable de la passerelle d'un bateau à vapeur, vous avez de faire face, en règle générale, sans préavis, à tout ce qui peut arriver, et il est un peu humiliant pour le respect de soi, même pour un jeune officier, de conclure qu'il n'est pas toujours capable de prendre en charge le navire.

Or, il n'est pas agréable de critiquer quoi que ce soit dans ce service, mais l'époque de la vapeur était relativement jeune, et il y avait un certain nombre de choses qui n'étaient pas évaluées à leur véritable importance. J'en citerai seulement deux. Il n'y avait pas de télégraphe dans la salle des machines et les ordres étaient criés par la lucarne de la salle des machines ; et deuxièmement, et c'est encore plus important, il n'existait pas de boussole standard reconnue . Le navire était dirigé vers l'arrière sur la poupe, et il y avait un habitacle de chaque côté ; celui de tribord était celui par lequel le navire était dirigé, et cela est si éloquent qu'aucun autre commentaire n'est nécessaire. Si un capitaine avait proposé des dépenses pour fournir un instrument de navigation approprié tel qu'un compas étalon bien placé, je doute que ses souhaits auraient été écoutés. On lui aurait dit qu'il pouvait sûrement faire comme d'autres l'avaient fait. Il était réservé à Sir W. Thompson, plus tard Lord Kelvin, de convertir d'abord les constructeurs navals de la Clyde à la conviction qu'il était nécessaire de fournir un emplacement approprié pour une boussole standard, puis de conférer le plus grand avantage jamais accordé à marins, une boussole vraiment solide et efficace.

Ce voyage était le dernier pour lequel le bateau à vapeur faisait escale à Plymouth à l'aller. Pendant quelques années après cela, il y eut de nombreuses hésitations quant à l'escale dans ce port pour prendre ou débarquer du courrier. Maintenant que les bateaux à vapeur ont une telle puissance qu'ils peuvent être sûrs de débarquer du courrier à Southampton à une heure déterminée, il n'y a aucune raison pour que le port occidental soit visité, mais au moment où j'écris un voyage sur la Manche jusqu'à Plymouth dans un un bateau à vapeur de faible puissance était une expérience difficile en hiver.

Nous avions maintenant beaucoup de passagers dans les deux sens, et le navire était très confortable. Il n'y avait pas de grand changement dans la routine et le navire était toujours maintenu en ordre. L'inspection de samedi a été aussi approfondie que possible. Les navires de Southampton étaient, je pense, uniques en ce qui concerne l'inspection des quartiers de l'équipage. Que la mode ait été lancée par la Royal Mail ou par la P. & O. J'hésite à le dire, mais c'était la coutume, et elle était bonne.

Il y a eu une petite chose qui m'a beaucoup marqué au cours de ce voyage, et je ne l'ai jamais oubliée. Lors de la visite à Table Bay pour rentrer chez nous, nous ne sommes pas allés au quai, mais avons terminé le chargement dans la baie. Un matin, à l'heure du déjeuner, le skipper entra dans le salon en tenue de cavalier. Je suppose que je l'ai regardé avec avidité, car il m'a demandé si je voulais l'accompagner, disant qu'il me monterait. Quand j'ai repris mon souffle, j'ai bien sûr dit oui et je me suis dépêché de me changer et d'enfiler des vêtements appropriés. Eh bien, nous sommes allés à terre et avons fait une magnifique balade, rendant visite à ses amis à Bishopscourt et à Newlands. Une telle gentillesse n'était pas courante. Cela m'a donné l'exemple de la manière dont les officiers subalternes pouvaient être traités lorsque l'occasion se présentait, et des années plus tard, j'ai essayé de faire de même.

Sur ce chemin de retour, nous avions comme passagers M. Molteno (plus tard Sir John Molteno, premier premier ministre de la colonie du Cap sous un gouvernement responsable) et deux de ses charmantes filles. À leur retour à la colonie, j'étais toujours accueilli à Claremont par la famille, et quelque temps plus tard, lorsque je commandais le *Mexican*, j'ai eu le grand plaisir et la fierté de recevoir certains membres de la famille à bord du plus beau navire de ligne. .

L'un de mes lecteurs sait-il ce qu'est la « fièvre du charbon » ? C'est un vilain désordre qui prévaut sur les bateaux à vapeur de petite puissance, lorsqu'un doute surgit quant à la quantité suffisante ou non de charbon à bord pour amener le navire au port. C'était assez courant sur certains de nos navires, mais je ne l'ai jamais vu arriver au moment de la crise où les boiseries du navire ont dû être sacrifiées, un événement qui a été connu pour se produire. Dans certains cas, des préparatifs ont été faits pour dépecer les derricks et tout ce qui pourrait brûler. Je dois dire que le pire mal qui puisse arriver à un capitaine de navire est d'être maudit par un chef mécanicien qui ne peut pas tenir un compte exact du charbon dépensé.

Je me propose de raconter encore un incident survenu pendant mon service comme troisième, car il a son côté amusant.

Un jour, à Cape Town, le vent soufflait fort à l'extérieur et il y a eu une mauvaise course dans le quai, ce qui a fait que le navire a tendu sur ses amarres et a cogné lourdement contre un épaulement dans le mur du quai, ce qui nous a fait contourner le gréement principal. Sans que nous le sachions, nous avons commencé à poser des rivets sur le côté. En faisant le tour vers la baie d'Algoa , nous avons eu du mauvais temps et, en arrivant au mouillage, nous sommes allés un peu plus loin que d'habitude, ce qui a fait dire au gardien du phare que nous étions à terre. Cependant, le navire ne s'est pas touché et il y avait suffisamment d'eau sous lui.

Lorsqu'on a demandé au capitaine s'il avait été à terre, il a répondu non et, bien entendu, sa parole a été prise ; mais environ un jour plus tard, il s'est avéré que nous avions fait de l'eau dans l' arrière-fond , et les gens ne connaissant rien de l'épisode du quai ont ravivé l'histoire de notre échouement. Le capitaine du port, Skead , un très brave garçon, s'est de nouveau adressé à notre capitaine, lui disant que, comme un accident s'était produit, nierait-il formellement que l'histoire du gardien du phare était vraie ? De quoi relancer le skipper. Il déclara dans un langage incisif qu'il l'avait déjà fait, mais que si le capitaine du port choisissait d'accepter la parole d'un « reptile » contre la sienne, il était libre de le faire et de prendre les mesures qui lui plaisaient.

Le résultat fut une commission d'enquête, à laquelle environ la moitié de l'équipage du navire s'est présenté et a juré que nous n'avions pas touché le fond. Le navire fut acquitté, mais le capitaine du port me fit ensuite remarquer : « Jusqu'à mon dernier jour, je croirai que vous étiez tous des parjures. »

Celt, *l'un des nôtres,* qui partait , et passâmes à distance de grêle. Avant que les capitaines n'aient pu dire un mot, nos passagers ont répondu en chœur : « Qu'est-ce qui a gagné le Grand National ? » Réponse d'un chœur égal : « L'Agneau ». Nous avons eu une ou deux pannes, entre cela et la Manche, et à une occasion, je me souviens avoir hissé la vergue principale par les seuls passagers, l'incitation à aider étant que si nous ne nous dépêchions pas, ils ne verraient pas le Derby. C'était l'année de Favonius .

Quand le moment est venu de quitter le *Roman* , j'étais heureux d'obtenir ma promotion, mais désolé de perdre mes camarades de bord. J'ai eu plutôt de la chance, deux de mes aînés venaient de démissionner pour tenter leur chance dans les champs de diamants. L'un d'eux s'appelait Johnson, et je ne sais pas ce qu'il est finalement devenu ; mais l'autre était Doveton , qui, en tant que major de la cavalerie impériale, fut tué à Wagon Hill. Alors qu'il servait sur le *Cambrian* lorsqu'il arrivait dans la baie de Saldana à court de charbon, il se rendit au Cap pour obtenir de l'aide en un temps record, car il était l'un de nos meilleurs cavaliers et un homme polyvalent de première classe.

La Compagnie avait acheté à la Royal Mail son bateau à aubes, *le Danube* , l'avait transformé en hélice et en avait généralement fait un très joli petit navire. Elle était commandée par le capitaine Baynton , qui était commodore. C'était donc le meilleur navire de la compagnie, et j'étais très fier lorsque je l'ai recruté comme second officier. Il est vrai qu'on m'a dit que je devrais changer avec un supérieur alors en service sur le navire côtier, mais cela n'a en rien entamé ma satisfaction.

CHAPITRE VI

« Notre sort est juste – oh, notre héritage est beau ! » –
KIPLING.

Le *Danube* , comme je l'ai déjà dit, était un pagayeur reconverti
et apparaissait à nos yeux comme un grand navire. Alors que
nous allions au rassemblement, le capitaine Baynton a
nonchalamment attiré l'attention sur le fait qu'il y a quelques
années, ils servaient sur des navires qui n'étaient pas aussi
longs, du haut du haut au grand mât, et a utilisé son expression
favorite : « C'est merveilleux ! Or, le *Danube* mesurait environ
trois cents pieds de long, ce qui peut donner une idée de la taille
des navires avec lesquels la Compagnie de l'Union fit ses
débuts. Baynton était l'un des hommes qui maintenaient les
meilleures traditions du service marchand. En personne, il était
petit et excessivement gros, mais possédant une grande dignité
naturelle, courageux comme un lion et avec un œil qui ne
supportait aucune contradiction. Il m'a arrêté un matin
pendant une courte période, et ma faute, d'après ce que j'ai pu
comprendre, était que je l'avais regardé d'une manière qu'il
désapprouvait. Mais nous étions ensuite devenus de grands
amis et j'avais pour lui une estime des plus sincères. Je pense
que la première partie de sa vie avait été passée au service de la
Royal Mail, et il commandait le *Medway* lorsqu'il remorquait le
HMS *Britannia* pour le bombardement des forts de Sébastopol.
Comme il me l'a dit un jour, sa femme et une fidèle servante
nommée Anne étaient avec lui à cette occasion, et il m'a
expliqué en outre que lorsqu'il en eut fini avec le vaisseau
amiral et qu'il alla les voir, ils étaient assis sur des tabourets de
camping sur l'un des les sponsors s'amusaient à voir tomber les
coups de feu. Il convient de mentionner ici que lorsque la
question du remorquage du vaisseau amiral sous le feu fut
soulevée, l'équipage du *Medway* acquiesça volontiers, étant
entendu que si des décès survenaient, leurs familles recevraient
la même contrepartie financière que s'ils avaient servi dans un
service correspondant. grade dans la Royal Navy.

Notre chef, Sammy Valler , était tout un personnage à sa
manière, mais n'appelle pas spécialement de commentaires ; le
troisième était un jeune assez gentil mais aussi faible que l'eau
et son propre ennemi. Il m'aimait beaucoup, et si nous étions
restés camarades de bord, je pense que sa carrière aurait pu être
meilleure qu'elle ne l'a été. Dans l'ensemble, c'était un bon

équipage et j'étais très heureux de prendre la mer. Comme c'était un premier voyage, nous essayions naturellement ce que nous pouvions tirer du navire, et, en descendant la Manche, le premier soir, j'ai failli renverser un voilier qui faisait le même chemin que nous, sans même montrer un signe. lumière d'habitacle au-dessus de la poupe. J'appelai le capitaine, qui vint sur la passerelle et fit quelques remarques superficielles sur les iniquités des voiliers en général, après quoi il se retira. Si Baynton ne pouvait pas faire confiance à l'officier de quart, il avait quelqu'un en qui il pouvait avoir confiance. Un capitaine qui passe trop de temps sur la passerelle n'est pas une bénédiction sans mélange, car il diminue le sens des responsabilités de l'officier de quart, et, si étrange que cela puisse paraître à un terrien, la passerelle, dans des conditions ordinaires, n'est pas sa place. Baynton s'en est rendu compte et a agi en conséquence. Le temps que nous avons connu pendant les deux premiers jours était tel qu'il faisait fortement rouler le navire, et le gréement, étant neuf, s'étirait anormalement, à tel point qu'il a fallu le « rentrer plus rapidement » jusqu'à ce que nous puissions obtenir dans une eau calme. J'ai observé cette opération avec un certain intérêt, car elle se déroulait sous la surveillance du chef et du maître d'équipage, et, malgré mon inclination à critiquer les marins des bateaux à vapeur, je m'avouais qu'elle se faisait à la manière d'un marin. Je pense que c'est la même nuit, pendant le quart du milieu, que le vent est sorti frais et libre du nord et que j'ai pu mettre la toile carrée sur elle. C'était un régal de le faire, car même si une grande partie de l'équipement était en mauvais état, les voiles n'ayant jamais été réglées auparavant, la façon dont elle montrait son sens de l'attention était belle à voir. En ces jours de navires à double hélice et de navires massifs, la toile ne signifiait pas grand-chose, mais dans les paquebots bien armés et aux lignes fines, la toile était alors comme l'eau pour une plante assoiffée, et conférait un mouvement et une flottabilité qui étaient agréables à expérimenter. A la vitesse de la toile *du Danube* il faudrait ajouter au moins deux nœuds.

Le reste du voyage s'est déroulé sans aucun événement intéressant et, en temps voulu, nous sommes arrivés à Algoa Bay et avons commencé à charger pour rentrer chez nous. Nous avions commencé un nouveau plan pour arrimer nos propres cargaisons de laine, et naturellement le second officier était chargé de l'affaire. C'était plutôt une nouveauté et je m'intéressais beaucoup à l'ensemble du travail. Un jour, le chef et moi voulions aller à terre à un bal auquel nous avions été invités, et le capitaine nous en avait donné la libre permission, en disant avec une certaine ironie que si tous les officiers y allaient et que Maître d'équipage également, il pensait que nous pourrions retrouver le navire à flot à notre retour. Cependant, nous avons tenu compte du fait que l'ambiance était un peu étouffante. J'étais ce jour-là en train de terminer l'arrimage du pont arrière , lorsqu'une voix d'en haut annonça que le capitaine descendait. Il fit effectivement son apparition, étant descendu dans un grand panier appelé panier à fromage, utilisé diversement pour décharger de petites caisses de fromage et aussi pour débarquer des passagers timides dans des bateaux par mauvais temps. Il y avait un espace dans lequel j'étais déterminé à introduire une botte de laine, mais cela posait des difficultés considérables, et Baynton , s'étant confortablement assis dans une chaise que je lui avais achetée, exprima une opinion ferme que le travail était impossible. . Ses remarques ont continué à être d'une nature très caustique, jusqu'à ce que la balle soit à sa place, il a observé : "Maintenant, je suppose que vous pensez que vous êtes un type très intelligent", et comme il n'aimait pas les échelles de cale, il a crié pour son retour. transport. Il doit y en avoir beaucoup encore en vie qui peuvent se représenter cette scène.

Nous sommes allés au bal et nous avons passé un moment magnifique, et je sais qu'en cette saison du couronnement, je rencontrerai des dames majestueuses qui, bien que malheureusement plus jeunes, ont contribué à cette occasion à faire lever le soleil beaucoup trop vite. A notre retour à Table Bay, Nemesis m'a dépassé. J'étais beaucoup trop à l'aise et content et j'ai donc dû me rendre au caboteur *Natal* , un petit bateau de moins de 500 tonnes. L'homme que j'ai relevé s'appelait Borlase , communément appelé « le beau Henry » ; il était mon aîné et avait réussi à faire fonctionner l'oracle avec les agents de la Compagnie, et mon capitaine ne s'y était pas opposé. Mes camarades du *Danube* m'ont offert un dîner d'adieu très joyeux et je suis parti, et j'ai commencé ma nouvelle expérience avec beaucoup de curiosité, car les histoires de la côte étaient nombreuses et variées.

Il n'est pas facile, après de nombreuses années, de replacer les événements dans leur juste perspective, surtout lorsque beaucoup de choses se sont produites en même temps, mais l'histoire de ce petit navire a été assez chargée. En premier lieu, elle avait récemment été renvoyée chez elle avec le courrier, lorsque le transporteur de courrier approprié était tombé en panne. Ils avaient alors considérablement augmenté ses capacités d'accueil en construisant un salon sur le pont, ce qui était un avantage, et comme à cette époque la guerre franco-allemande faisait rage, il y avait une clause inhabituelle dans les statuts du navire lors de leur ouverture à Southampton. et, si je puis dire, c'est encore plus dommage ! Il était ainsi libellé : « Ledit équipage s'engage à combattre et à défendre le navire au mieux de ses capacités, à la discrétion dudit capitaine. » On n'avait pas profité de l'occasion pour rebouillir le navire, et c'était une source d'ennuis sans fin, car cela faisait toujours du jour de navigation une période d'incertitude. C'était la vieille histoire de mettre une nouvelle pièce sur un vieux vêtement, et une pièce à un endroit provoquait souvent une éruption à un autre.

Mais, comme sur tous les navires de la Compagnie, le personnel des officiers était des meilleurs. Ballard était capitaine ; J'ai fait référence à lui à propos d'une expérience antérieure. C'était un marin, curieusement silencieux jusqu'à ce qu'il soit réveillé, lorsqu'il pouvait faire jaillir les étincelles avec vengeance ; très autonome, mais toujours prêt et disposé à rendre service à qui que ce soit s'il le pouvait . Je suis heureux de dire que j'ai gagné sa confiance. Le chef était le malheureux Edward Manning, perdu plus tard dans le *Teuton* . Sa fin était conforme à sa vie, car probablement aucun homme ne s'est jamais tenu sous un contrôle plus complet que Manning. Connaissant parfaitement son travail, il éleva rarement, voire jamais, la voix ; rien ne troublait – extérieurement du moins – la calme sérénité de son caractère. Je ne l'ai vu bouger précipitamment que deux fois ; une fois pour relever le gouvernail alors que je rasais une pointe d'assez près, et encore une fois pour me lancer le bout d'une corde quand, en soulevant l'extrémité d'un câble balisé, le bateau chavira et nous étions tous dans le fossé. C'était un très bon personnage et un bon camarade de bord. Notre troisième, Harrison, était également un homme bon, mais peu de temps après, il fut relevé par Jones, dont nous parlerons plus tard.

Les fonctions du *Natal* étaient d'effectuer un voyage mensuel entre Le Cap et Durban, de prendre le courrier et les passagers amenés par le bateau-poste arrivant au Cap, et de le nourrir de la même manière depuis le Natal. Il fallait généralement environ deux jours pour réaliser le transbordement . Il y avait une certaine nouveauté dans ces travaux, car ils sortaient plutôt des sentiers battus et les ports de l'Est étaient dans un état de développement très primitif. Prenez en premier lieu l'Est de Londres, alors port très difficile d'accès même pour la plus petite embarcation. L'embouchure de la rivière Buffalo , qui faisait le port, était fermée par un banc de sable parfois infranchissable même par un canot de sauvetage. La méthode de travail consistait à hisser les allèges à l'aide de lignes de surf posées sur la barre et s'étendant sur une bonne distance jusqu'au mouillage ; le navire qui avait des marchandises ou des passagers à décharger s'est ancré aussi près qu'il était prudent, puis a couru une distorsion jusqu'à l'extrémité balisée de la ligne de surf pour que le briquet puisse atteindre le navire par là ; le travail était rude, très pénible, et les bateliers s'adaptaient parfaitement à leur environnement. Je ne voudrais pas faire injustice à ces hommes, mais ils me semblaient être les victimes de la rudesse et de la coquinerie du monde. Leur vie était pour l'essentiel entre leurs mains, et ils n'y attachaient pas beaucoup de valeur ni à la langue dont ils les ornaient. Il n'était pas rare, lorsqu'il y avait de la mer sur le bar — et il y en avait surtout — de voir un déferlant balayer un bateau de surf d'un bout à l'autre. Les hommes parvenaient généralement à tenir le coup, mais les accidents mortels n'étaient pas rares. Ces bateaux débarquaient fréquemment des passagers, qui étaient soigneusement attelés et dans l'obscurité presque totale pendant la traversée. Dans ce port comme à Durban, les passagers étaient placés dans des allèges dans de grands paniers abaissés par les fouets de chargement, et si le navire roulait, il ne serait pas rare de voir un panier contenant peut-être trois ou quatre hommes et femmes hissé à mi-chemin. et tenu fermement par le derrick et resté jusqu'à ce que le roulis se soit calmé. Cependant, on s'y est habitué et aucune amélioration n'a été apportée jusqu'à la visite de l'Impératrice Eugènie en Afrique du Sud, lorsqu'un génie a eu l'idée de fabriquer une cage en osier avec une porte sur le côté qui éviterait d'avoir à soulever la cage. les dames dans le panier. Toutefois, si les dames étaient jeunes et belles, il n'était jamais très difficile de trouver des volontaires pour assumer cette tâche ardue.

En quittant l'Est de Londres, la navigation du navire s'effectuait sur des lignes différentes de celle adoptée vers l'ouest. Là, on pouvait suivre un cap et être modérément sûr de le faire dans des limites raisonnables, mais entre East

London et Natal, il fallait faire face à toute la force du courant du Mozambique, qui courait généralement entre trois et cinq nœuds vers le sud-ouest, à moins que vous ne soyez près du rivage, alors que vous êtes parfois, mais pas toujours, favorisé par un drain de courants de Foucault.

Avec un navire naviguant peut-être à neuf nœuds, il était donc nécessaire de rester à terre autant que possible en toute sécurité. Fixer un cap n'était pas possible ; pendant les heures de clarté, le navire était dirigé par la côte et, lorsque la nuit tombait, une route était tracée qui était parallèle à la terre par la carte, tout en captant le courant sur la proue bâbord, de sorte que lorsque le jour arrivait, le navire être à trente milles ou plus, combattant toute la force d'un courant contraire. Le résultat net était que les passages entre l'Est de Londres et le Natal étaient en quantité très incertaine.

J'ai pris très gentiment ce genre de surveillance en plein jour. La côte ressemblait en grande partie à un parc anglais, et je m'efforçai de l'apprendre aussi complètement que possible ; en cela je fus aidé de toutes les manières possibles par le capitaine, qui ne ménagea aucun effort pour désigner les différents endroits par leur nom. C'était un travail intéressant, car il permettait d'exercer une initiative qui n'était en aucun cas freinée par mes aînés.

le port de Durban n'était pas aussi grand qu'il l'est aujourd'hui. Dans les meilleures conditions, il pourrait y avoir jusqu'à seize pieds d'eau sur la barre à marée haute. Il était le plus souvent midi, voire moins. À l'extérieur du bar se trouvaient les restes de trois tentatives d'amélioration du port , mais chacune d'entre elles s'était soldée par un échec. On avait l'impression que n'importe lequel d'entre eux aurait pu être un succès s'il avait été persévéré, mais l'argent était trop rare pour mener à bien l'expérience. Il y avait cependant un homme qui, dès cette époque, avait décidé que Durban devait être un port, et il vécut assez longtemps pour réaliser son ambition. Son nom était Harry Escombe , ensuite « Très Honorable ». Si Harry Escombe et Cecil Rhodes étaient en vie aujourd'hui, les conseils de l'Empire auraient une certaine force. Mais c'est une digression.

Il y avait beaucoup de formalités pour amener le petit *Natal* dans le Bluff Channel, un capitaine de port digne, un pilote oraculaire, beaucoup de signalisation et un dernier pointage pour le bar. Que nous nous soyons touchés ou non, je ne m'en souviens pas ; très probablement, car c'était un phénomène très courant, mais nous sommes quand même entrés, amarrés dans le canal Bluff et avons regardé autour de nous avec satisfaction. Il y avait toutes les raisons de le faire. Un port magnifique , un accueil chaleureux de la part de tous et une absence totale de tout ce qui ressemble à de l'agitation. De plus, c'était le pays des Zoulous, sur lequel on comptait pour faire tout le dur travail. Je suppose qu'il serait difficile de trouver de plus beaux spécimens d'humanité musclée que ne l'étaient les Zoulous qui travaillaient sur les navires ; leurs maigres vêtements paraissaient peut-être inadéquats aux dames blanches qui faisaient alors leur première connaissance des mœurs et coutumes du pays, mais si la modernité a désormais imposé le pantalon dans les villes du Natal, elle a détruit un côté pittoresque de la vie nationale. .

Le Natal était absolument différent de toute autre partie de l'Afrique du Sud, dans la mesure où elle était majoritairement britannique ! Au Cap, on entendait parler autant le néerlandais que l'anglais, sinon plus. Des villes comme Stellenbosch ou Wellington pourraient être appelées toutes hollandaises, et je me souviens que lorsque j'ai visité ces endroits pour la première fois, je me suis demandé vaguement comment il se faisait que le drapeau britannique flottait sur elles, ce qui montre clairement que je n'avais pas appris mon l'histoire correctement. Mais à Durban, l'ambiance était différente. Elle était essentiellement britannique et les habitants se targuaient d'être au courant et des spécimens vivants de colons. De plus, ils étaient extrêmement loyaux et comprenaient pleinement ce que serait leur pays dans le futur.

J'étais assis au Durban Club un dimanche après-midi et certains hommes discutaient de la possibilité d'un chemin de fer entre Durban et Pietermaritzburg, le voyage se faisant à l'époque en charrette postale. Escombe a mis l'affaire au point culminant avec les paroles suivantes adressées à un planteur de sucre nommé Tom Milner, un homme splendide qui m'avait accompagné lors du premier voyage du *Roman* : « Écoutez, Milner, je vais vous donner un shilling par an. jour jusqu'à ce que je prenne le train de Durban à Maritzburg ; après cela, tu paieras ma facture de boucher à vie !... est-ce un pari ? Milner a dit oui, et ceci étant en 1872, il a reçu son chèque chaque année jusqu'à environ huit ans plus tard, lorsque le chemin de fer a été construit et que le pari a été compromis. J'imagine qu'il a remboursé deux shillings pour chacun reçu.

Personne ne marchait à Natal. Si un homme souhaitait parcourir cent mètres dans la rue, le garçon Cafre amenait invariablement son cheval. Il n'y a jamais eu de difficulté à emprunter une monture. Les gens étaient très généreux et hospitaliers ; mais, à la base de tout cela, il y avait la certitude qu'il faudrait un jour compter avec la grande puissance zouloue du nord . Il y a eu un petit incident qui s'est produit à cette époque et qui devrait trouver sa place ici, car il montre que même alors l'esprit des Allemands était fixé sur la grande expansion de leur nation. Il y avait un petit bateau à vapeur allemand sur la côte appelé *Bismarck* . Elle était commandée par un très brave garçon nommé Staats , qui portait une magnifique barbe. À une occasion, il eut une divergence d'opinion avec les bateliers de Point, qui n'étaient pas aussi mauvais que les hommes de l'Est de Londres, bien que très proches, et ils déclarèrent qu'ils lui couperaient la barbe. Les Staats , cependant, les défièrent et déclarèrent que le drapeau allemand était suffisant pour empêcher un tel outrage, même à ce moment-là, et qu'il le serait pour toujours. Les hommes admiraient son courage et l'acclamaient, car cela demandait un peu de travail.

Quand j'ai quitté le *Roman* , Leigh m'a offert un costume de toile qu'il avait trouvé utile. Le jour, j'y vivais, car l' avant-fond du Natal n'était pas un lieu propice au port de beaux vêtements. Les principaux articles que nous emportions étaient des peaux brutes, du sucre et de la laine, et l'odeur de ces peaux était un souvenir inoubliable. Il n'y avait aucune difficulté à arrimer ou à décharger la cargaison, mais il fallait qu'un officier soit présent tout le temps et, dans une plate-forme en toile, il était possible de s'asseoir. Les Zoulous fonctionneraient bien si vous ne vous mettiez pas en colère, et comme ils m'approuvaient, je n'ai jamais eu de problèmes avec eux.

Un voyage ressemblait beaucoup à un autre, mais la journée de navigation à Natal offrait une variété considérable, car elle dépendait des aléas du bar. J'ai vu des passagers et leurs amis descendre quatre jours de suite et être détenus faute d'eau. Ces journées, cependant, se terminaient généralement par une sorte de pique-nique sur la falaise et étaient très agréables. C'était un régal de voir comment les filles pouvaient négocier la pente raide sous le phare, et si l'idée était de remonter la ville, il y aurait une ruée vers le point, sans trop se soucier du poney que vous montiez. pour y arriver. Une fois, nous sommes restés coincés sur la barre pendant plus d'une demi-heure, en nous cognant assez violemment, mais c'était un petit navire bien construit et il ne semblait pas faire beaucoup de mal ; Cependant, cela secouait beaucoup les longerons. Lors du voyage le long de la côte, nous ferions escale dans les ports, si le temps le permettait, et récupérerions les passagers et les marchandises autant que possible, les transborderions vers le bateau à vapeur des quais de Cape Town.

Après quelques voyages, j'ai acquis une certaine connaissance de la partie supérieure de la côte et j'ai éprouvé une certaine répugnance à être déclenché à des kilomètres au milieu du quart par le courant. J'ai donc sondé le capitaine pour savoir s'il me laisserait exercer mon jugement en le gardant à l'intérieur lorsque je verrais bien. J'ai trouvé qu'il était d'accord que je le fasse, et j'avais l'habitude de lui faire rapport toutes les heures et de remettre le navire au chef à 4 heures du matin, bien à terre. Cela a conduit à un raccourcissement considérable du passage le long de la côte ; mais cela m'a dénoncé d'une certaine manière, car lorsque j'ai voulu rentrer chez moi, le vieil homme a dit : « Non, le navire a fait de bien meilleures passes depuis que vous êtes ici et je ne vous laisserai pas partir. C'était un peu dur, car il y avait beaucoup de promotions à la maison, de nouveaux hommes étaient nommés chefs, et je me retirais de tout, comme on l'a dit, par manque d'expérience.

Lors d'une traversée, nous étions ancrés à l'Est de Londres, et une brise de vent soufflait de la mer. Sept voiliers ont accosté cette nuit-là, dont un, un brick appelé le *Nant -y- Glo* , qui passait près de nous. Alors nous décidâmes de glisser et de prendre la mer sans perdre de temps ; nous l'avons fait, mais, en ramassant le câble le lendemain, alors que nous étions amarrés à la corde coulissante dans le cotre, le navire a dérivé sur nous, a encrassé la corde avec son hélice et nous a tous fait chavirer dans l'eau. C'est l'une des occasions où j'ai vu Manning courir. Curieusement, nous avons lâché une autre ancre, et quand nous l'avons ramassée, nous avons remonté l'autre câble que nous avions glissé dessus, alors tout était de nouveau dans la joie.

Mais les chaudières étaient dans un si triste état qu'il fallut les réparer en profondeur. Nous avions dû retarder notre départ du Cap pendant quatre jours à cause de mauvaises fuites, à une occasion ; et comme la société venait de décrocher le contrat pour le courrier de Zanzibar, nous avons procédé à une refonte en profondeur. C'était vers la fin de 1872, et deux bons mois furent consacrés à l'opération. Une fois terminé, nous avons retrouvé le *Natal* peint en jaune, pour mieux résister à la chaleur attendue de Zanzibar.

Avant de commencer le premier voyage sur la nouvelle route, nous avons fait un voyage d'essai dans la baie de Saldanah et avons emmené avec nous comme visiteurs plusieurs des principaux personnages du Cap, y compris M. Molteno , le premier ministre, et ses deux fils. Je me demande si l'un de ces fils, aujourd'hui député et directeur d'une compagnie maritime, se souvient avoir tiré avec l'un de nos canons de signalisation de douze livres sous mes cours ? Ce fut un voyage très joyeux et nous nous sommes tous énormément amusés. Nous avons changé notre officier en chef à peu près à cette époque et avons pris à sa place un officier nommé Barker, un homme sans personnalité remarquable mais un bon garçon, qui se promenait toujours sur le pont en fredonnant et avait une voix des plus curieuses.

Lorsque nous avons laissé Natal derrière nous lors du premier voyage ascendant, je pense que nous nous sommes tous sentis comme Colomb lorsqu'il a commencé son voyage de découverte. La côte orientale de l'Afrique était très imparfaitement connue et les cartes ne constituaient en aucun cas des guides fiables. C'était une chance qu'à cette époque, les embarcations sur lesquelles nous naviguions étaient petites et tiraient peu d'eau, sinon je crains qu'il n'y ait eu quelques repères laissés par les pionniers. La baie de Delagoa, par exemple, si splendide qu'elle soit, était absolument dépourvue d'une seule bouée pour donner une indication amicale, et les terres situées à proximité immédiate de l'entrée ne sont pas assez visibles pour donner des indications précises. Aucun incident réel ne s'est produit ni à l'entrée ni à la sortie, mais nous avions suffisamment d'expérience des différentes marées pour nous montrer que ce n'était pas un endroit avec lequel prendre des libertés. Quillemane , qui est le port à l'embouchure du Zambèze, a également été touché ; ici encore, il y avait une entrée fluviale apparemment assez grande pour accueillir n'importe quel navire, mais il y avait le même défaut : une enquête imparfaite et un manque de pilotage compétent. Vraisemblablement, à l'avenir, ce sera l'un des plus grands ports du monde, mais à l'époque, il était considéré comme un endroit à éviter à tout prix.

C'était un changement d'aller au Mozambique, où il y avait un port avec beaucoup d'eau et suffisamment bien étudié pour rendre les négociations faciles ; c'était aussi un endroit saisissant vu de la mer, avec un magnifique vieux fort construit (selon la rumeur) en pierre apportée du Portugal au début du XVIe siècle. Le travail accompli par ces premiers navigateurs et colons était tout simplement merveilleux ; on se demandait pourquoi des gens qui avaient été des explorateurs aussi entreprenants et brillants se seraient si terriblement détériorés. Puissent les dieux éviter un sort similaire à la Grande-Bretagne ! D'après ce que nous avons pu comprendre, le pays dans le voisinage immédiat de l'établissement était riche et fertile, mais aucune règle forte et satisfaisante n'avait alors été établie, et l'endroit tout entier semblait marquer le pas.

Un fort courant descend la côte au-delà du cap Delgado, mais nous avons eu un temps beau et favorable pour la traversée vers Zanzibar. L'entrée du mouillage est étroite à un ou deux endroits, mais en l'absence de bouées, le navire pourrait, de jour, être facilement escroqué depuis les hauteurs entre les récifs coralliens, bien que cela ne soit en effet guère nécessaire. Mais il n'était pas conseillé d'emprunter les passages étroits pendant les heures d'obscurité, et par conséquent le courrier à vapeur en direction du sud partait généralement avant midi. Notre première arrivée à Zanzibar eut lieu un dimanche, avec une température de quatre-vingt-dix-sept degrés à l'ombre, pas un souffle de vent, et l'eau si claire qu'on apercevait le fond à dix brasses. Nous avons trouvé le HMS *Daphné* au mouillage, ainsi que le paquebot BI *Punjaub* , concerné par le contrat de courrier de Zanzibar vers le nord.

À peu près à cette époque, il y avait une certaine excitation à la maison concernant l'esclavage à Zanzibar, et Sir Bartle Frere a rendu visite à l'endroit de l' *Enchantress* . Il est arrivé le jour de notre départ. On équipait également une expédition à Livingstone sous la direction du colonel Pelly. Il n'est pas nécessaire ici d'entrer dans une description quelconque de l'endroit lui-même, sauf pour dire qu'il était pittoresque, que les gens étaient bien disposés envers les Britanniques et que l'esclavage, tel qu'il était alors pratiqué , était dans l'ensemble une institution respectable, bien que plus d'un L'homme noir a nagé jusqu'au navire et a supplié d'être emmené le long de la côte. En effet, au cours des années suivantes, des amis du Cap et du Natal nous demandèrent fréquemment de leur amener un garçon noir pour le service, et nous n'eûmes jamais aucune difficulté à nous en procurer. Il y avait parfois des vents très forts, de la force d'un ouragan, et l'année précédente, l'île avait été visitée par un ouragan qui avait causé de gros dégâts.

Nous avions un léger spécimen de ce genre de chose. Un matin, nous venions de commencer à transporter la cargaison de la manière habituelle, en la récupérant sur des allèges, lorsqu'un nuage dense s'est rassemblé au nord-ouest et que des éclairs occasionnels ont été aperçus. Vers 7h30, une rafale s'est abattue avec une grande fureur. Nous avons pris de la vitesse, mais n'avons pas eu l'occasion de l'utiliser, bien qu'un petit boutre plein de marchandises qui nous avait été amarré ait coulé, et la plage était jonchée de boutres chassés de leurs amarres. J'ai vu un toit – une partie du palais du sultan – se soulever d'un côté, s'enrouler comme un morceau de papier et s'envoler dans la cour avec un grand fracas, mais je ne l'ai pas entendu s'il tuait beaucoup de gens. À midi, le temps avait changé, le vent était tombé et les gens ont commencé à ramasser les morceaux et à reprendre la routine ordinaire de leur vie.

Peu de temps après, nous sommes partis pour Natal, en passant devant le HMS *Briton* sur la route. Un voyage sur cette route ressemblait beaucoup à un autre, mais nous passions une très bonne partie de chaque mois dans le port de Natal . Le dernier voyage que j'ai effectué s'est déroulé dans des circonstances quelque peu différentes, car le capitaine Ballard avait été nommé sur le *Basuto* et Barker commandait par intérim le *Natal* . Bien sûr, j'ai obtenu une nomination intérimaire en tant que chef, ce qui a eu tendance à susciter dans mon esprit le goût ou le désir de participer à ce flux de promotions qui affluait à Southampton, mais qui ne m'arrivait pas. J'ai essayé en vain pendant quelque temps de rentrer chez moi, mais tant que Ballard commandait le *Natal* , je n'y parvenais pas, car il ne me laissait pas partir. Il a cependant fait preuve de très bonne humeur en accordant la permission.

Un jour, j'avais très envie d'aller à un bal à Maritzburg qui aurait lieu un lundi soir. Un de mes grands amis, connu et apprécié de tous, nommé Manisty , m'a proposé de me trouver les montures nécessaires et de monter avec moi. Nous sommes partis dimanche après-midi, arrivant à Maritzburg le lundi à 9 heures du matin, dormant quelques heures sur la route. Après un bain et un petit-déjeuner, nous sommes allés à un endroit à quinze milles de là, puis nous sommes rentrés pour un dîner et une danse qui ont duré jusqu'à 5 heures du matin. Ensuite, j'ai changé de vêtements, je suis monté à cheval et je suis parti pour Durban, arrivant à bord. à 18 heures, à l'heure du dîner. Mon compagnon sur la route était une âme joyeuse nommée Innes. Il pleuvait beaucoup tout le temps, mais ce fut la balade la plus agréable que j'ai jamais faite. Il y avait cinquante-sept milles entre les villes, et le voyage totalisait 144 milles en un peu plus de deux jours, mais j'avais pour le faire des relais de chevaux, bien qu'il y en ait de toutes sortes.

Peu de temps après que Ballard ait quitté le *Natal* pour rejoindre le *Basuto* , nous l'avons rencontré dans le port du Natal et j'ai pris des dispositions pour embarquer sur ce navire pour la course jusqu'au Cap et le transfert sur un navire d'origine. Ici, pour la première fois, je rencontrai un personnage remarquable dans la personne de Harry Owen, qui était le chef de ce navire et l'un de ceux qui avaient été placés au-dessus de la tête de beaucoup. Il était à cette époque l'un des compagnons les plus gais que l'on puisse trouver, et aussi un casse-cou téméraire. Nous avons d'abord discuté de la question du salut royal à l'occasion de l'anniversaire de la reine. Nous avions deux gros canons sur le *Natal* , le *Basuto* en avait trois petits, mais comme les navires étaient côte à côte, le salut combiné se faisait d'une manière assez respectable. Je ne peux pas en dire plus, mais personne n'a été tué ou blessé, et après tout, cela compte un peu. C'est ici aussi que j'ai rencontré pour la première fois l'évêque Colenso, qui montait à bord de nos navires dans le canal Bluff et nous ravissait simplement par sa charmante compagnie ; il fut ensuite mon compagnon de bord et aimait les marins, mais il me parut toujours étrange d'avoir même une conversation avec l'homme dont le livre d'algèbre m'avait donné tant de mal à maîtriser, quand j'étais enfant. J'ai été transféré au *Basuto* en tant que second officier et suis donc passé sous les ordres d'Owen. C'était le pire homme que j'aie jamais connu pour relever une montre. Nous dînions à 18 heures, et si j'avais la vigie pour le dîner, il n'arrivait jamais sur le pont avant 19 h 30, car le chef était toujours relevé pour le dîner. C'était plutôt une taxe sur le second, qui devait se présenter à minuit, mais elle prit fin au bout de quelques jours, et je me rendis à l' *Européen* pour le retour chez moi, faisant office de troisième officier. Vers cette époque, le *Romain* avait eu un accident et était retourné au Cap pour des réparations. Elle avait eu une divergence d'opinion avec quelques rochers au large de l'île de Dassen , et l' *Européen* avait pour instruction de faire le meilleur chemin pour rentrer chez lui avec la nouvelle, car il n'y avait pas de câble à cette époque. C'était pour son époque un navire rapide, avec une bonne douzaine de vapeurs, ce qui était exceptionnel pour nous, et tout le monde était ravi ; elle était à l'aise et il y avait une belle foule de passagers à bord. Notre skipper s'appelait Jeffries, un composé curieux, qui ne se faisait pas facilement des amis, mais là où il le faisait, il leur restait fidèle. J'aimerais raconter beaucoup d'histoires à son sujet, mais abstenez-vous. Son grand passe-temps était le whist, et il jouait un jeu loyal, mais son principal défaut était qu'il manquait de tact dans ses relations avec les gens maladroits, et cela, à une occasion, couplé au fait qu'il avait également un officier en chef manquant de tact, a conduit à beaucoup de de jeunes passagers téméraires jettent par-dessus bord une grande partie de son mobilier de cabine, y compris diverses couvertures brodées auxquelles il accordait une grande importance. Personnellement, je m'entendais bien avec lui et j'ai adopté, le moment venu, de nombreux conseils qu'il me donnait sur les diverses tâches que devrait remplir l'officier de quart.

Nous avons fait un bon retour à la maison. Je fus accueilli favorablement , et après un congé de maladie que j'avais demandé pour pouvoir quitter la côte, je fus envoyé à Dundee pour rejoindre l' *American* , le navire le plus récent alors en armement. Ma demande de congé de maladie n'était cependant pas une farce ; J'avais profité du soleil un après-midi en allant de la pointe à Durban, et la manière particulière dont la maladie devait être traitée provoqua une divergence d'opinions marquée entre deux célèbres médecins londoniens.

Il y avait un vieil Écossais très charmant qui tenait un hôtel où nous logions à Dundee. Sa famille était aussi hospitalière que lui ; Je pense que la maison s'appelait le Globe, mais de toute façon elle était proche du quai où l' *Américain* était en train d'armer. Une de ses remarques s'est gravée dans ma mémoire : « Vous savez que nous avons des choses de saison dans le bon toon de Dundee », et il me semblait qu'un bon moment était particulièrement de saison à cette époque. Les constructeurs du navire, Stevens & Co. et certains de leurs relations nommés Crowdace , ont été particulièrement attentifs et courtois envers nous tous, mais je ne me souviens absolument pas qui était le chef de ce navire . Baynton commandait et Mme Baynton était également avec lui. Elle est venue à Southampton en bateau, et ce fut un jour heureux pour moi, car cela m'a permis de nouer une amitié qui, outre le plaisir qu'elle m'a procuré, était d'une valeur infinie pour mes perspectives d'avenir. étaient préoccupés. À tout jeune homme, je dirais que si vous entrez en contact avec des femmes liées à vos aînés ou à vos supérieurs, faites de votre mieux pour les intéresser et leur être agréable, car outre l'avantage que vous retirez de la fréquentation de femmes possédant vraisemblablement « le connaissance de la vie », on ne sait jamais où il ne serait pas en leur pouvoir de dire dans leur entourage un mot qui pourrait vous être utile dans votre carrière professionnelle. Certains hommes peuvent se moquer de ce conseil, mais mon expérience est qu'il est bon. Quoi qu'il en soit, Mme Baynton était pour moi une bonne amie.

Lorsque nous sommes arrivés à Southampton, de nombreux changements se produisaient dans la composition des officiers des navires, et au milieu de tout cela, il manquait un capitaine et un officier en chef qui devaient venir de quelque part. Le directeur de la société à Southampton à cette époque était M. G. Y. Mercer ; il l'accompagnait depuis sa création et possédait un grand pouvoir. C'était un homme bien plus grand que le surintendant de la marine. Or, Mme Mercer et Mme Baynton étaient de grandes amies, et l'on peut mentionner que cette dernière vivait dans une maison très charmante à Shirley, appelée Trafalgar Lodge ; c'était un endroit idéal pour les gens qui y vivaient. J'ai été invité à y dîner un soir et j'ai rencontré M. et Mme Mercer. La raison pour laquelle j'avais été invité m'était par la suite assez évidente, car après que les dames eurent quitté la table et que les hommes discutèrent de choses en général, M. Mercer fit la remarque désinvolte : « Rien n'était sûr dans ce monde, pas même que Crutchley irait. comme deuxième de l' *Américain* . Très peu de temps après, je fus nommé chef du *Syrie* , et mon capitaine était Garrett, défunt commandant du *Roman* , son premier voyage. Cela m'a ouvert une nouvelle perspective de possibilités illimitées, car le navire était l'un de nos meilleurs. Le capitaine et moi-même étions de nouveaux balais et très désireux de nettoyer. Notre deuxième s'appelait Merritt, un gentil garçon venu du Cap. Garrett l'aimait beaucoup et, environ un an plus tard, Merritt mourut des suites d'un accident et resta inconsolable pendant des mois.

USS « SYRIE »

*(D'après une peinture de Willie Fleming de Cape Town
)*

Le passage s'est déroulé sans incident, mais lorsque nous
sommes arrivés à Algoa Bay, nous avions du temps à y passer.
Le navire était en bel état, à la grande satisfaction même du
patron, qui prenait plaisir à essayer de découvrir quelque chose
qui n'allait pas, par pure malice et par amour de me tourmenter.
Cela ne me dérangeait pas du tout – c'était un bon
entraînement – mais pour une raison ou une autre, il est apparu
qu'il y avait une ou deux ancres et chaînes au fond, à proximité
de l'endroit où nous étions ancrés, et Garrett m'a dit de le faire.
trouvez-les et récupérez-les. J'ai commencé à balayer et j'ai
rapidement atteint quelque chose de lourd, et le travail de
récupération a commencé. J'ai récupéré une ancre et une
chaîne, revendiquées comme appartenant à l'une des lignes
Castle, une autre ancre et chaîne, ainsi que de lourdes amarres
posées pour les navires de la compagnie quelques années
auparavant. Le dernier jour où j'ai participé à cette opération,
Garrett a emmené Merritt à terre pour les courses, me laissant
avec la pieuse adjuration de ne tuer personne. C'est plutôt une
chance que nous n'ayons pas eu d'accident, car nous avions
affaire à des poids lourds avec du matériel de fortune.

Cependant, cela a été fait, mais à notre retour à la maison, on a demandé au skipper la raison pour laquelle il avait récupéré les amarres de la compagnie. Il ne fait cependant aucun doute que ce fut un bon ouvrage, car il débarrassa un grand espace du meilleur terrain d'ancrage ; c'étaient des amarres qui auraient pu accueillir un paquebot d'aujourd'hui, mais l'endroit ne leur convenait pas.

Sur le chemin du retour, nous avons fait escale à Sainte-Hélène, et comme il y avait de la place libre dans l' arrière-fond , nous avons pris un grand nombre de tonneaux d'huile de baleine pour Southampton. Ils étaient vieux et fuyaient et ont fait un terrible gâchis sur mon pont en teck magnifiquement propre avant que nous puissions les ranger dans la cale inférieure arrière. Dès le début, j'avais de sérieux doutes à leur sujet, mais j'ai dû faire ce qu'on me disait. Lorsque nous sommes descendus d'Ouessant, il y avait une grosse mer et le navire a beaucoup roulé, de sorte qu'ils se sont tous effondrés et qu'aucun tonneau n'a été débarqué. Il a fallu des jours pour nettoyer la cale, et il a fallu prolonger les protestations et toutes sortes d'ennuis pour se dégager de la responsabilité en cas de perte et la faire porter sur les épaules des assureurs.

Lorsque nous sommes arrivés à Southampton, Garrett a été relevé de son commandement et, autant que je me souvienne, a été nommé sur un nouveau caboteur. Avec lui, il emmena Merritt, auquel succéda Dacre Bremer, un vieil homme de Wigram et un garçon très sympathique. Le nouveau capitaine était S. E. Draper, et même maintenant, après quelques années, j'ai du mal à définir correctement son caractère. J'ai été longtemps avec lui sur divers navires et je l'ai trouvé bon et prévenant ; il avait cependant un esprit caustique, très révélateur, et qui se nourrissait peut-être aux dépens d'autres qualités plus importantes. Je ne me souviens de rien de particulier qui se soit produit sur le passage aller ou sur la côte, mais en rentrant chez moi dans les alizés du sud-est, un beau dimanche après-midi, moi et beaucoup d'autres dormions délicieusement. Je me suis réveillé en ressentant une horrible vibration avec l'impression que la fin du monde était à nos portes. Tandis que je tombais sur le pont, les mâts semblaient se plier, et la première chose dont je me souvins fut d'avoir vu le chef mécanicien se diriger vers la salle des machines et conduire devant lui des pompiers qui tentaient de s'échapper. La vibration cessa bientôt, puis on nous informa que l'arbre principal s'était brisé bien en arrière dans le tunnel, qu'il avait failli traverser le flanc du navire, que ce qui restait était plié dans le tube d'étambot et qu'il fallait arrêter le chemin du navire jusqu'à ce qu'il soit suffisamment sécurisé pour que l'hélice ne puisse plus tourner. Nous étions maintenant trop au nord pour aller chercher St. Helena sous toile, car même si le navire était gréé en brick et naviguait assez bien, il était inutile de tirer des conclusions avec un vent de sud-est, alors lorsque le puits fut sécurisé, nous mis le cap. pour l'Ascension, et en temps voulu, a rendu l'île morte sous le vent. La difficulté était de mettre le navire face au vent, mais nous y sommes parvenus grâce à une petite intrigue, et nous avons contourné le côté est de l'île et lofé jusqu'au mouillage à la manière tout à fait approuvée d'un voilier. Le capitaine, cependant, ne voulait pas prendre le risque d'entrer dans le bon mouillage, alors nous avons jeté l'ancre à une certaine distance et nous nous sommes dirigés plus loin le lendemain, sous la direction, à mon grand dégoût, d'un lieutenant de la marine dont l'interférence était à mon avis tout à fait raisonnable. inutile. Les mendiants, cependant, ne pouvaient pas se permettre de choisir. Après de nombreuses consultations, il a été décidé que nous devions nous efforcer de régler le navire par la tête afin de pouvoir désexpédier l'hélice, et que nous devions essayer de le faire avant l'arrivée de l' *Américain*, attendue dans environ un mois. , dans l'espoir qu'elle nous ramènerait à la maison. Nous avions à bord un bon nombre de passagers, mais heureusement, ils pouvaient passer une grande partie de leur temps à terre, où ils étaient les bienvenus. Beaucoup d'entre eux, en fait presque tous, furent finalement transbordés sur le *Northam*, qui arriva avant l' *Américain*, mais il ne servait à rien de s'adresser à lui pour un remorquage ; il lui fallait tout son temps pour se débrouiller seule. Elle amena cependant le capitaine East, RN, le nouveau capitaine de l'île, qui, s'il était venu plus tôt, aurait, j'imagine, conseillé d'autres mesures que celles que nous avions prises. Il était alors trop tard, cependant, car nous n'avions pas réussi à équilibrer suffisamment le navire par la tête pour atteindre l'hélice, et nous avions dû nous contenter de l'attacher avec une longueur de chaîne fluviale, remplaçant ainsi toute la cargaison que nous avions déplacée et laissant le navire sur une quille équilibrée. A bien y réfléchir, c'est plutôt une grâce qu'il n'ait pas chaviré avec nous, car nous avons pris bien des libertés avec lui.

Un soir, le capitaine East a été retenu à bord alors que les « rouleaux » étaient à l'intérieur, et un navire au large a été aperçu en train de faire des signaux. Comme ils ne pouvaient pas descendre du rivage, je suis allé dans notre cabriolet pour voir ce qu'ils voulaient. Elle était la barque *Dione* étant à court de provisions, le patron fut très heureux de bénéficier de mon aide et de celle de l'équipage du bateau pour se rendre au mouillage. Je me suis tenu bien au-dessus de la pointe est, j'ai viré de bord près du rivage, puis j'ai dirigé vers l'arrière du *Syrie*, j'ai lofé en le contournant, puis, posant tout à plat, j'ai jeté l'ancre dans une belle couchette côtière, où elle a obtenu ce qu'elle voulait le lendemain et a continué son chemin en se réjouissant. Ce fut le dernier voilier que j'ai piloté.

En attendant l'*Américain,* nous préparâmes notre matériel de remorquage et, à cet effet, nous récupérions dans les magasins navals deux grandes aussières. L'un mesurait treize pouces et était un beau bout de corde, l'autre, comme il s'est avéré, était atteint de pourriture sèche et causait beaucoup de problèmes à des moments étranges. Aucun d'entre nous n'avait d'expérience dans le remorquage des navires, et je crains fort que les préparatifs que nous avons faits n'aient pas été de nature satisfaisante, car nous avions prévu quatre lignes de remorquage, et c'était trois de trop. À la lumière de l'expérience, il est facile de voir qu'une grande aussière attachée à un câble de tonnelle qui pourrait être tournée dans toute la mesure requise par le navire remorqué, aurait donné toute l'élasticité requise pour empêcher la rupture, et le navire remorqueur pourrait avoir glissé sa fin à chaque fois qu'elle le jugeait nécessaire. Au moment voulu, l'*Américain* arriva, sous le commandement du capitaine Baynton . Elle avait aussi un bon nombre de passagers, qui ne furent pas ravis lorsqu'ils apprirent que leur passage serait retardé en nous remorquant. Mais Baynton a décidé de le faire, et les aussières ont été dépassées. Nous avons envoyé des pompiers à bord, mais avant de partir, Baynton nous a demandé de les renvoyer, ce que nous avons fait, comme il l'a observé : « Ils veulent qu'une nourrice s'occupe d'eux. Ce que ces pauvres diables avaient fait pour l'offenser, je l'ignore, mais il était d'un caractère très poivré et avait peu de patience face à toute obstruction. La scène faisant sortir ces navires de la rade devait être une source de grand divertissement pour les spectateurs, et elle n'était en aucun cas honorable, même en tant que première répétition. Il y a deux choses nécessaires à ceux qui effectuent une telle opération : la patience et la modération du langage. Malheureusement, aucun de nous n'était chargé de l'un ou l'autre, mais nous avons réussi à nous en sortir après nous être laissés aller à des commentaires sur tout le monde, pour lesquels le service de commination aurait semblé indulgent. Nous avons séparé les aussières et avons généralement fait le plus grand désordre possible. Cette scène, cependant, avait son utilité, car, lorsque nous y réfléchissions, c'était une belle leçon de choses pour l'avenir. Tout cela venait du fait qu'il y avait deux maîtres, et c'était là la faiblesse qui se manifesta à maintes occasions ultérieures.

Il n'est pas nécessaire que j'entre dans les détails quotidiens. Nous avons transporté le commerce vers le sud-est bien au nord, et un matin nous avons été informés au moyen d'un tableau noir exposé sur la poupe de l' *Américain* que nous devions aller à Gorée pour chercher du charbon, et c'est ce que nous avons fait. Quand nous sommes arrivés sur place, nous avons constaté qu'il y avait très peu de choses à obtenir, en fait juste assez pour nous emmener à Saint-Vincent, dans les îles du Cap-Vert. Il aurait été bien que l' *Américain* J'y suis allé seul, j'ai fait le plein de charbon et je suis revenu pour nous remorquer dans les eaux relativement calmes près de la terre, mais cela ne faisait pas partie de l'idée de Baynton . Il nous avait remorqués jusqu'à présent et n'avait pas l'intention de nous perdre de vue jusqu'à ce qu'il nous voie sains et saufs en ce qui concerne le sauvetage. Nous sommes donc allés à Saint-Vincent, où le commerce du nord-est souffle presque toujours un demi- vent . Là, nous avons trouvé beaucoup de navires et de transports, car la guerre Ashanti venait juste de se terminer et les troupes étaient renvoyées chez elles. Je crois me souvenir aussi qu'il y eut certaines complications concernant les mouillages, des divergences d'opinions en fait, mais avant que nous y soyons arrivés longtemps, arriva le *Romain* qui rentrait chez lui avec Garrett aux commandes, et vers lui l' *Américain.* transbordé ceux de ses passagers qui pouvaient être accueillis. Nous avons également, comme l'ont fait les *Américains* , embarqué une partie des troupes qui revenaient, pour la plupart des hommes mariés. À propos, je peux mentionner que le cavalier *Tamar* était à l'ancre au vent de nous, et j'ai vu un après-midi un jeune lieutenant faire la meilleure navigation en bateau que j'aie jamais eu la chance d'assister. J'aimerais pouvoir me souvenir de son nom. Lorsque les choses furent arrangées, nous repartirent sur le chemin du retour. Il soufflait fort du NE et, lorsque nous quittions le port , les câbles de remorquage se dressaient parfois raides lorsque les navires tanguaient vers eux, mais, comme nous l'avons constaté avec le temps, il est plus facile de remorquer avec un vent contraire qu'avec un vent contraire. juste. Il y a eu des incidents au cours de ce voyage qui auraient fait la fortune d'un auteur et d'un artiste de bande dessinée, mais ils seraient trop longs ici. Nous faisons escale à Madère pour chercher du charbon et partons pour la dernière étape du voyage. Il y a eu un coup de vent de sud-ouest dans le golfe de Gascogne au cours duquel les navires se sont séparés, et nous avons été perdus de vue pendant un certain temps, mais repris le lendemain et de nouveau pris en remorque pour remonter la Manche. C'était un dimanche et des remarques avaient été faites selon lesquelles nous souhaitions seulement une très bonne collision pour compléter notre expérience, et comme cela s'est produit, nous l'avons eu.

C'était une belle et froide nuit de mars et les lumières de Portland étaient en vue. J'étais endormi dans ma cabine, car tout allait bien, lorsque le chef mécanicien entra précipitamment et demanda mon tomahawk pour couper les câbles de remorquage. Je l'ai attrapé moi-même et j'ai sauté sur le pont vêtu d'un pyjama en flanelle écarlate, comme certains d'entre nous plutôt affectés à l'époque. Là, j'ai découvert qu'un grand voilier avait heurté l' *Américain* du côté bâbord, lui faisant un grand trou et renversant la lucarne de la salle des machines au-dessus des moteurs, de sorte qu'ils ne pouvaient plus être déplacés. Pour une raison quelconque, la barre *du Syrie* était à tribord et nous dépassâmes la poupe du voilier en traînant nos câbles de remorquage avec nous ; lorsque ceux-ci se resserrèrent, les deux paquebots se rapprochèrent et l' *Aracan* , comme on appelait le voilier, se posa sur nos deux poupes. Personne qui jouait un rôle d'acteur ne peut décrire une scène comme celle-là. Je ne peux qu'enregistrer certaines impressions : j'ai regardé par-dessus le côté et j'ai vu l'intérieur du salon pour dames de l' *Américain* à travers un grand trou dans le côté, une hôtesse de l'air debout avec une bougie à la main dans un étonnement vide. Sur la dunette de l' *Américain* se trouvait Baynton, aussi calme qu'un poisson, avec son chef à ses côtés, disant qu'il y avait de quoi faire des promenades, tout ce *qu'il* voulait c'était que ses moteurs soient nettoyés. À l'arrière du *Syrie*, une foule tentait de monter à bord de l' *Américain* , pensant que nous étions en train de couler. À l'avant de l' *American,* une autre foule montait à bord avec la même illusion, et pour ajouter à tout cela, des Irlandaises criaient au meurtre, soit par effroi, soit par diable, je ne sais lequel. J'ai mis quelques-uns de nos bateaux à l'eau sur ordre du patron, puis je suis monté à bord de l' *Aracan* , dont l'équipage l'avait quitté, pour le dégager de notre poupe. C'est ce que j'ai réussi à faire. Elle a dérivé sur une courte distance et a coulé par la tête, ses mâts se brisant alors que les voiles sentaient l'eau lors de sa plongée vers le bas. Elle avait été chargée de munitions pour Hong Kong, et c'était plutôt une pitié que rien n'ait provoqué d'explosion, car sa proue était aplatie comme un mur là où elle avait navigué dans le flanc *de l'Américain* . Quand je suis rentré en *Syrie,* j'ai reçu l'ordre de hisser les bateaux et, en appelant un à accoster, j'ai demandé qui était le responsable : « Sergent Dighton, monsieur », la réponse est venue. Elle était principalement composée de volontaires de l'artillerie de marine et de passagers, et cet incident m'a toujours paru comique. À ce moment-là, ils avaient débarrassé les moteurs *de l'Américain* , et Baynton , voyant que les câbles de remorquage pendaient hors de son hélice, partit à toute vitesse comme le démon qu'il était. N'importe quel autre homme aurait sorti un ressort pour séparer les navires, mais il avait l'intention de s'en sortir à tout prix dès la première minute - c'était plutôt une pitié que nous n'ayons pas abaissé certains des bâtons. Cependant, à part quelques cassures, nous n'avons subi que peu de dégâts et l'un des câbles de remorquage a tenu, de sorte que nous avons continué notre route vers Southampton. Je ne peux pas dire comment, mais nous y sommes arrivés le lendemain et, pour ma part, je n'étais pas là. Désolé.

Il y a beaucoup d'incidents, même lorsque vous arrivez à terre, à la suite d'un cas de collision. Les commis du notaire sont très occupés à recueillir ou à obtenir des preuves de toutes sortes. Je crois qu'il y a plus de parjure honnête dans les cas de collision que dans tout autre. Il me semble qu'il n'y a pas deux hommes qui voient la même chose exactement sous le même jour. Ainsi-

(*a*) Voilà la chose telle qu'elle s'est produite.

(*b*) La chose telle que chaque individu pensait qu'elle s'est produite.

(*c*) La chose que vous déclarez au tribunal, après que votre avocat vous a persuadé de la manière particulière dont cela aurait dû se produire.

Après avoir obtenu un nouveau vilebrequin et réparé les dégâts, nous avons changé de capitaine. Draper a dû rester sur place pour s'occuper des affaires juridiques, et j'étais à nouveau camarade de bord avec Vyvyan. Le voyage s'est déroulé agréablement et sans incident. J'avais été averti avant de quitter Southampton de me tenir prêt à embarquer sur un caboteur, mais comme personne ne m'a donné l'ordre positif de partir, j'ai fait le voyage complet, l'un des plus agréables de tous, le retour à la maison étant très joyeux. avec de gentils passagers.

On m'a ordonné de servir sur la côte en tant que passager de l' *African* , et on m'a dit que c'était un compliment d'être sélectionné pour ce poste, mais que cela nécessiterait un autre chapitre.

CHAPITRE VII

« On rencontre de temps en temps des hommes polis, qui
savent tout. » — EMERSON.

Je regrettais de quitter la *Syrie* principalement parce que j'avais
acquis une profonde appréciation du caractère de mon
capitaine et que j'appréciais les nombreuses conversations que
nous avions sur des sujets liés à la mer et aux marins. C'était un
homme exceptionnel, comme l'a prouvé sa carrière ultérieure,
mais il n'était pas apprécié de tout le monde , et d'ailleurs, quel
homme digne de ce nom est-il ? Quand je fus arrivé chez moi,
le capitaine Ker, le surintendant, me demanda pourquoi je
n'étais pas resté sur la côte, ce à quoi je répondis que personne
ne me l'avait ordonné.

"Alors vous sortirez à bord de l' *African* en tant que passager",
rétorqua-t-il, "et vous remplacerez M. Owen."

Ce passage au Cap m'a été mémorable par bien des choses que
je n'ai pas besoin de détailler ici. Baynton commandait et Leigh
était l'officier en chef. Le troisième dont je me souviens était
un de ces charmants vauriens qu'on rencontre parfois. Son
nom est supprimé. Il disparut bientôt, mais il était talentueux,
bon marin, bon musicien et homme qui n'était l'ennemi de
personne d'autre que lui-même. J'ai trouvé très agréable d'avoir
beaucoup de temps libre avec une foule de passagers
exceptionnellement sympathique. Certains d'entre eux sont
mes amis maintenant, mais le temps a fait de tristes ravages
parmi eux. L'un des meilleurs était Sutton Vane, le talentueux
écrivain dramatique ; lui et moi avons joué les rôles principaux
dans une farce jouée sur le passage, et comme Myles na
Coppylene a observé : « Que Dieu soit avec lui, dans le bon
vieux temps. » Je vous salue encore aujourd'hui, mes chers
compagnons de bord, même si je ne mentionne pas vos noms.
Le capitaine Baynton eut la gentillesse d'accepter mon aide
comme navigateur, et comme il était en attente pour une
grande partie du voyage, ce fut un plaisir pour moi de lui rendre
service. Dans certains cas, les officiers auraient pu être
mécontents de l'interférence d'un officier lors du passage, mais
d'une manière ou d'une autre, peu de gens ont pensé à
s'opposer au « vieux Ted », comme on l'appelait derrière son
dos. De la même manière, Vyvyan était généralement appelé «
Lord George », tandis que plus tard, on m'a fait comprendre

qu'on parlait communément de moi sous le nom de « Buffalo Bill ».

Nous sommes arrivés au Cap en temps voulu et avons suivi nos chemins respectifs ; Il s'est avéré que le mien était l'un des plus difficiles que j'aie jamais traversé, car il m'a conduit au *Basuto* , et de tous les navires déchirants qui l'ont été, c'était le pire. Embarcation construite en pente dans les pays du Nord, de faible puissance, dotée d'une longue poupe, d'un puits et d'un gaillard d'avant courts, elle ne pouvait pas être maintenue propre avec la dépense de travail qu'il était possible de consacrer à cet effet, car il faut se rappeler que les champs de diamants avaient désorganisé la routine habituelle du travail côtier, et il était très difficile de garder un équipage. La discipline ne pouvait donc pas être maintenue de la même manière que sur la route nationale. Je sais que sans le soutien indéfectible que nous a apporté le magistrat résident du Cap, M. John Campbell, nous aurions eu du mal à maintenir les navires en route. Je suis heureux de rendre mon meilleur témoignage de sa lecture juste et sensée de la Loi sur la marine marchande, ainsi que de la manière dont il l'a administrée. Le jour du départ, il n'était pas rare d'être obligé de monter en ville dans un fiacre, de trouver vos hommes à moitié ivres, puis de s'asseoir sur eux dans le fiacre jusqu'à ce que vous puissiez les mettre en toute sécurité à bord et dans les fers jusqu'à ce qu'ils soient sobres. Le *Basuto* , avec le capitaine Draper aux commandes et Harry Owen comme chef, avait été un coin plutôt chaleureux, alors quand j'ai relevé Owen, je savais assez bien ce qui m'attendait, et vraiment je n'ai été en aucun cas déçu. Il y avait toujours des problèmes avec une partie de l'équipage, et il n'était pas rare d'être obligé de recourir à plus que la persuasion morale pour poursuivre le travail du navire. Owen avait l'habitude de porter un fer à tirer et avait trouvé utile de faire croire qu'il avait été formé comme camarade Yankee, mais un pistolet ne m'a jamais semblé être une précaution nécessaire.

A propos de l'emploi de la force physique à bord du navire, moi-même et d'autres avons été très récemment très amusés par les expériences d'un capitaine de l'un des bateaux à vapeur de la flottille Irrawaddy, racontées comme suit : « Le meilleur pacificateur que vous puissiez avoir est un sac de sable d'environ un pied. long et un pouce d'épaisseur ; Moi, mon compagnon et mon ingénieur en avons un, et nous ne trouvons jamais la possibilité de dégager le pont d'une foule. Je pense que ce serait mieux qu'une goupille d'assurage, qui est parfois difficile à transporter dans sa botte de mer.

Quoi qu'il en soit, j'ai constaté que pratiquement tout était laissé entre mes mains à bord du *Basuto* , et cela me convenait parfaitement. Nous avons passé notre temps entre Cape Town et Zanzibar ; il ne fallait pas se presser, car le navire ne pouvait avancer qu'à une certaine vitesse, et si nous manquions un courrier, nous étions à temps pour le suivant, mais rien n'était épargné pour bien faire notre travail. Nous avons eu la chance d'avoir comme second officier un homme pour lequel j'avais le plus grand respect en tant que marin, E. T. Jones, et de plus, j'ai découvert par expérience pratique qu'il était un homme bon en cas d'urgence et sur lequel on pouvait absolument compter. À Natal, nous disposions d'un grand bateau appartenant à la Compagnie, gréé en cotre. C'était un spectacle de voir Jones naviguer en solitaire, mais il avait ensuite purgé sa peine à la Trinity House.

Pour une raison quelconque, il avait été décidé que le capitaine Ker quitterait Southampton en tant que surintendant maritime et résiderait au Cap en tant que directeur de la compagnie en Afrique du Sud. Lorsqu'il est arrivé au Cap, il a trouvé le *Basuto* après une remise en état, très propre et je suppose qu'il a eu l'idée que c'était son état habituel, ce qui n'a pas porté chance pour moi. Il n'y avait jamais eu une grande cordialité entre nous et il y en aurait moins à l'avenir, car malgré tous mes efforts, il y avait toujours quelque chose qui n'allait pas à propos de mon navire à son avis, et il était mécontent, je pense, de rencontrer des officiers dans les maisons où il se rendait. d'autant plus que les dames n'accordent pas toujours cette déférence à la position supérieure à laquelle son propriétaire peut croire avoir droit. Mais quoi qu'il en soit, il n'en demeure pas moins qu'il n'y a eu aucun amour perdu entre nous.

De temps en temps, nous transportions comme passagers beaucoup d'hommes distingués, ou ceux qui étaient en passe de le devenir. Je me souviens particulièrement de deux dignitaires religieux ; L'évêque Colenso en faisait partie. Il m'a avoué un jour son sentiment d'irritation parce que le nouvel évêque du Cap devait être intronisé par celui qui était son cadet dans l'Église d'Angleterre, lui-même étant empêché d'officier en raison des opinions qu'il avait avancées. Au moment voulu, le nouvel évêque a également voyagé avec nous, et lorsque nous avons eu la dose habituelle de mauvais temps, il a refusé de se coucher, disant avec un joyeux clin d'œil qu'il serait indigne si quelque chose arrivait qu'un évêque nous accompagne. être vu sans ses guêtres. Il est archevêque maintenant, mais à l'époque où j'écris, ses cheveux étaient noirs et il n'était pas au-dessus d'un combat de singlestick.

À peu près à cette époque, de nombreux troubles nationaux éclatèrent, s'étendant du Zoulouland à l'Est de Londres. C'était peu de temps après les troubles de Langalibalele, et en descendant la côte, nous reçumes l'ordre de faire escale au Kowie et de remorquer jusqu'à Algoa Bay un navire américain appelé *Tecumseh* , qui avait perdu son gouvernail. Le capitaine Ker est venu superviser l'opération, et nous avons également embarqué comme passager M. J. A. Froude, l'historien, qui était alors en route pour l'Angleterre. Il avait parcouru le pays afin de se forger sa propre opinion sur la situation politique pour le bénéfice de son ami Lord Carnarvon, et on peut se permettre de dire qu'il était vraiment dommage qu'il n'ait pas examiné plus attentivement la situation. car la politique sud-africaine ne s'apprenait pas alors en un séjour de trois mois dans le pays, ni d'ailleurs en six mois. En tout cas, il ne se rendait pas compte que la situation était résumée dans les lignes d'Alice de l'autre côté du miroir.

"L'huître aînée cligna des yeux et secoua sa tête blanche , c'est-à-dire qu'elle n'a pas choisi de quitter le parc à huîtres."

Dans mon esprit, j'ai toujours tenu M. Froude pour responsable du soulèvement des Boers qui a culminé à Majuba .

Bien entendu, lorsqu'il s'agit d'un travail inhabituel, on ne peut pas s'attendre à ce que les choses se passent parfaitement bien, et ce n'est pas le cas cette fois-ci. J'étais à bord du *Tecumseh* et j'avais installé un gouvernail de fortune avec une chaîne de courant, puis je suis retourné à mon propre navire pour préparer le dispositif de remorquage pour un départ à l'aube. Le matin, bien sûr, je me levais de bonne heure et je pensais à la situation pour moi-même. Il y avait un AB qui me causait constamment des ennuis quand il y avait quelque chose à faire et qui avait généralement besoin d'être corrigé par une méthode quelconque avant la fin de la journée. Cette fois-ci, j'ai pensé que je ferais la correction avant le début de la journée, afin de ne plus avoir de problèmes, et en regardant autour de moi, j'ai trouvé que M. Froude m'accordait toute l'attention que je pensais nécessaire. Il m'a demandé si c'était ma méthode habituelle pour maintenir la discipline, ce à quoi j'ai répondu par l'affirmative, et l'incident a été clos. Nous avons bien remorqué ce navire jusqu'à la baie d'Algoa , mais deux capitaines sur un seul navire sont tout à fait inutiles. Cependant le capitaine Ker intervenait et, à la fin du remorquage, attirait sur lui la colère et le langage du capitaine yankee, exprimés d'une manière magistrale, que j'écoutais avec une satisfaction impie.

À une autre occasion, alors qu'il prenait un passage, je me souviens qu'il m'a donné l'ordre de changer de cap sans consulter Draper, c'était une action absolument injustifiable, bien qu'il soit le manager de l'Afrique du Sud. Son dernier exploit en mer fut pourtant splendide. Un autre directeur fut nommé et il prit le commandement d'un des navires de la Compagnie qui s'échoua à Ouessant, une nuit d'hiver. Il a sauvé l'équipage, les passagers, le courrier et les espèces en vingt minutes, et il a fallu un homme pour y parvenir.

Lorsque nous sommes arrivés au Cap, il y a eu un incident amusant. Un dimanche, Jones et moi, avec des âmes joyeuses, sommes allés déjeuner à Coghills à Wynberg . M. Froude était à table et parlait à voix haute de ses grandes amies à la maison. Était également présent M. Savage, un de nos directeurs, que Jones ne connaissait pas. Au milieu du déjeuner, Jones a commencé à raconter à ses amis comment il avait acquis de belles plumes d'autruche provenant d'un oiseau avec lequel il avait voyagé. Je n'ai pas pu l'arrêter car mes jambes n'étaient pas assez longues, mais j'ai observé le visage de Savage jusqu'à ce qu'il dise, l'interrompant sèchement : « J'espère que ces plumes n'étaient pas transportées, M. Jones. Beaucoup de personnes autour de la table ont pu voir la blague et il y a eu des éclats de rire.

Je n'étais pas désolé quand, après environ douze mois, j'ai réussi à obtenir un transfert chez moi. Je peux cependant mentionner ici la fin du *Basuto* . Elle avait diverses particularités, dont l'une était une habitude ludique de la remplir à moitié d'eau après avoir calé. Bien sûr, cela n'a jamais rien eu à voir avec le tunnel ou la salle des machines, du moins disaient les ingénieurs ; J'avais ma propre opinion sur la question. D'autre part, il était infesté de rats et nous prenions l'habitude de leur tirer dessus avec de petits revolvers le soir lorsque nous étions au port . Je parle peu des dépravations mineures comme l'ancre qui encrasse toujours la tige quand on la reçoit. Quoi qu'il en soit, elle est restée sur la côte environ deux ans après que je l'ai quittée, puis elle est revenue à la maison et a été vendue à des Français. Le reste de l'histoire à son sujet est tel qu'il m'a été raconté. Les nouveaux propriétaires n'ont pas compris tous ses petits défauts comme nous l'avions fait ; Un matin, un type a sorti un balai d'un trou, ce qui a provoqué un afflux d'eau auquel ils n'ont pas pu faire face. J'ai entendu dire que lorsque l'équipage l'a quitté, ils n'ont même pas arrêté les moteurs, mais je ne garantis pas la véracité de cette information particulière.

J'ai obtenu mon passage chez moi à bord du *Nyanza* en tant que second surnuméraire. Warleigh était capitaine, William Somerset Ward était chef et Henry Barnes était deuxième. J'oublie les autres. Or, Ward était l'un des hommes qui avaient été amenés par-dessus ma tête alors qu'on prétendait qu'ils voulaient « des hommes plus expérimentés » (ce qui contraste avec le cri d'aujourd'hui selon lequel il est trop vieux à quarante ans). C'était l'un des hommes de Green et un très bon officier. Il avait apporté avec lui bon nombre des vieilles modes de Blackwall , dont l'une était que les hommes des deux montres devaient répondre par leur nom lorsque la montre était relevée . C'était un plan que j'avais emporté avec moi à bord de ce navire pour le reste de ma carrière maritime, mais c'était une procédure impopulaire bien que très utile du point de vue disciplinaire. Barnes, en revanche, je le connaissais depuis mon premier voyage en mer, lorsqu'il était à bord de l' *Elphinstone* . Son apparence était fougueuse et son caractère ne le dissimulait pas, mais c'était un très bon garçon dans l'âme et je l'aimais bien. Des problèmes surgirent bientôt. Warleigh a écrit dans le carnet de commandes de nuit que les guetteurs du dîner devaient être assurés alternativement par le deuxième, le deuxième et le quatrième officiers surnuméraires. En règle générale, ils n'étaient retenus que par le troisième et le quatrième, et Barnes eut donc l'idée que Warleigh me favorisait indûment , même si j'étais en fait le doyen de Barnes dans la Compagnie. Il entra donc dans la cabine du capitaine le lendemain matin et ferma la porte. Personne n'a jamais su exactement ce qui s'était passé. Barnes était un homme très bruyant et Warleigh léger et calme. C'était sans aucun doute un discours clair, car lorsque Barnes réapparut, il se rendit dans sa cabine et resta en état d'arrestation jusqu'à notre arrivée à la maison, lorsqu'il quitta le service. Il m'a dit par la suite qu'il avait dit à Warleigh « qu'il pourrait faire de son copain Bally un second compagnon, et peut-être que cela lui plairait » ; mais j'ai toujours été frappé par le fait qu'il avait sacrifié ses perspectives sans aucune raison.

Nous sommes arrivés à Southampton sans incident méritant une note particulière, et en temps voulu, j'ai été envoyé chercher par le directeur général, M. Mercer, qui m'a informé que j'avais été renvoyé chez moi par le capitaine Ker car mon navire était toujours en retard dans le travail, et Je mettais constamment mes hommes en prison. « Mais, » dit-il avec sa manière la plus aimable, « comme c'est un rapport si différent de celui que vous avez toujours eu, je vais vous envoyer comme chef du *Romain* . Je l'ai remercié du mieux que je pouvais et j'ai été ravi du changement. Mon nouveau capitaine était A. W. Brooke-Smith, avec qui je n'ai jamais eu de désagréments et dont j'apprécie aujourd'hui l'amitié. Il me dit confidentiellement qu'il était enchanté de m'avoir pour chef ; mais que nous passerions un moment au chaud sur la côte car Ker me détestait et serait sûr de trouver à redire. Avant de partir, Warleigh est venu me voir un matin pour me donner quelques conseils. C'était « Ne faites pas grand-chose vous-même ; inciter les autres officiers à faire plus. Depuis toujours, j'ai agi en conséquence ; cela n'a pas augmenté ma popularité auprès de mes camarades, mais les conseils étaient bons. La popularité se paie peut-être trop cher, et après tout, c'est à nos supérieurs qu'il faut essayer de plaire. Brooke-Smith était très attaché au respect des ordres à la lettre sans aucune considération quant au pouvoir discrétionnaire. Il avait également tendance à imposer des exigences déraisonnables à la capacité de performance de chacun. Par exemple, le samedi à 9 heures du matin, il donnait l'ordre de descendre les vergues de hunier, et il s'attendait à ce que le navire soit aussi apte à l'inspection à 11 heures du matin que si rien de plus n'avait été fait. Les vergues inférieures et supérieures faisaient toutes partie du travail de la journée, mais les vergues de hunier étaient une innovation et n'étaient guère équitables pour le samedi matin. Cependant, cela a été fait et tout s'est bien passé. Lorsque j'étais à bord de ce navire, j'ai eu la chance de me faire de nombreux amis, parmi lesquels Herbert Rhodes (frère du Colossus). Quel caractère splendide cet homme avait-il : une tête pour planifier, une main pour exécuter et un cœur d'enfant.

Je pense que j'étais le dernier de tous ses amis à le voir avant sa fin prématurée.

Là encore, sur le chemin du retour, il y avait Lord Rossmore et son frère l'hon. Peter Westenra. C'étaient des compagnons très vifs — je n'ai jamais rencontré leurs égaux à cet égard. Ils ne semblaient jamais vouloir dormir, et s'il y avait quelque mal à commettre, il n'était pas nécessaire de faire appel à des volontaires. Ils étaient de joyeux camarades de bord et laissaient derrière eux un agréable souvenir. Je me souviens également très bien du capitaine Byng, RN, commandant de l'*Active*, le vaisseau amiral de l'amiral Hewitt. C'était aussi un homme joyeux et nous passions habituellement nos soirées ensemble. J'ai appris de lui bien des ficelles dans le métier de manager des hommes.

J'avais maintenant un peu plus de temps pour m'occuper de mes affaires personnelles, et une question importante était d'obtenir mon certificat de maîtrise. Je pouvais maintenant demander l'autorisation d'aller passer en ville, et j'étais pourvu d'excellentes références tant de la compagnie que de mes capitaines. Nous avions alors comme surintendant maritime le capitaine Walter Dixon, qui commandait les navires de la compagnie depuis des années. C'était un homme très excellent pour ce poste, gentil, courtois et prévenant. Mais malgré des qualités agréables, il n'y a jamais eu de doute quant à sa capacité à faire respecter sa volonté, et sa parole a fait beaucoup de chemin auprès du Conseil d'Administration. Il était en outre le plus fervent des sportifs. Il aimait simplement les chevaux et le sport, et affectait plutôt un style vestimentaire chevalin. Il m'a rendu bien des services, comme cela me fera plaisir de le raconter.

Passer au grade de capitaine à l'époque dont je parle n'était pas une grande épreuve, mais c'était une épreuve un peu délicate pour cette raison : les examinateurs en matelotage étaient nécessairement de vieux matelots. On peut présumer qu'ils considéraient le marinier comme une sorte d'être inférieur, ou dirons-nous un être hybride, au mieux un marin de fortune. Le fait est que de nombreux officiers qui avaient grandi sur des bateaux à vapeur n'avaient pas eu mon expérience de la voile, ni l'occasion d'acquérir le vieil art de la navigation , et on se rendra compte qu'il y avait des moments où ils pouvaient se trouver un peu mal à l'aise dans ce métier. la salle d'examen. Je devais en voir un exemple. Naturellement, je suis retourné chez

John Newton pour un dernier massage, même si je m'étais entraîné moi-même depuis un certain temps, car il y avait toujours de nouvelles modes à suivre de la part des examinateurs. Mais je crains grandement d'être à nouveau le mauvais garçon de la classe, car Newton me regardait parfois avec des yeux graves et ne s'engageait pas dans une vision optimiste de mes chances de succès.

Enfin arriva le jour mouvementé où notre sort allait se décider. Je me souviens que j'ai commis une erreur dans mes chiffres et que j'ai eu la possibilité de la corriger, car tout le fair-play possible a été fait. L'examinateur chargé de cette affaire particulière était assis à côté de moi lors d'un récent déjeuner à Trinity House, un jeune frère comme moi, et je lui ai rappelé avec plaisir les temps anciens.

Mais après la navigation venait le matelotage et c'était « une toute autre histoire ». Le capitaine Steel était mon examinateur et il m'a fait découvrir l'usine de la manière la plus approfondie. Enfin, il aborda le sujet de la conduite d'un voilier sous toile courte par gros temps. Il a procédé sur un système qui supposait divers changements de vent, et m'a finalement demandé ce que je ferais dans certaines conditions. J'étais perplexe. Puis il a amené le capitaine Dommett qui était occupé dans la pièce voisine à examiner un officier en chef de la Royal Mail et lui a dit où j'étais perplexe. Finalement, il m'a laissé un schéma à étudier pendant qu'ils se rendaient tous les deux dans la pièce voisine pour poser la même question à l'homme du courrier des Indes occidentales. Soudain, la bonne réponse m'est venue. C'était seulement accrocheur dans une pièce, cela aurait été palpable en mer dans la pratique, et quand le capitaine Steel est revenu, je lui ai simplement dit que la réponse était « Portez le navire ». Telle fut la conclusion de l'examen, et j'ai été félicité pour avoir bien réussi, mais l'homme dans la pièce voisine n'a pas eu autant de chance. Plumer un officier en chef d'une capacité éprouvée dans une ligne de première classe est une affaire sérieuse, et juste avant de le faire, l'examinateur a demandé un deuxième avis. Le malheureux officier dans ce cas avait fait ses calculs sans erreur, et bien mieux que moi, mais faute d'expérience sur les voiliers, il a été renvoyé en mer sur un bateau à vapeur « pour acquérir de l'expérience » et répondre à une question telle que avait presque fait pour moi. Ce fut l'un des jours les plus brillants de ma vie, car je pensais que la balle était à mes pieds alors que je me précipitais au bureau télégraphique pour envoyer un télégramme au capitaine Dixon, qui s'intéressait beaucoup à la carrière de ses officiers. Il considérait qu'il pouvait mettre la main sur des hommes aptes à accomplir n'importe quel service et il en était fier. Après cela, je suis allé chez John Newton, où il y avait un rassemblement de plumes. Newton fut surpris de mon succès et me demanda si j'étais franc-maçon, ce à quoi je répondis par la négative, car on croyait absurdement que mon décès était dû à la justesse de cette hypothèse. Je lui ai souhaité un cordial au revoir avec de nombreux remerciements pour la peine qu'il m'avait prise.

Vers cette époque, j'ai reçu ma commission de sous-lieutenant dans la Réserve navale royale, et à ce jour, je ne suis pas sûr si ce fut une bonne ou une mauvaise journée de travail. Je me suis aussi marié.

Le commandement du *Romain* fut désormais confié au capitaine S. R. P. Caines , un homme de caractère considérable, mais sans grande discrétion. Il était probablement son plus grand ennemi, car en tant que camarade de bord, je lui trouvais tout ce que l'on pouvait désirer. Il ne se souciait pas beaucoup de fréquenter les passagers, sauf aux heures des repas, et passait habituellement ses soirées dans ma cabine, ou plutôt je devrais dire, venait fumer pendant deux heures lorsque je quittais mon quart. Inutile de dire que lorsque le capitaine et le chef étaient dans ces conditions, le travail du navire se déroulait bien, et nous nous imaginions plutôt dans le vieux *Romain* et pensions que nous pourrions montrer aux autres navires comment faire les choses correctement.

Nous avons presque toujours eu de la chance dans nos équipages, car les hommes savaient ce qu'on attendait d'eux, et je sais que j'ai encouragé le patron à bien des innovations. Par exemple, un jour, dans la baie d'Algoa , j'étais curieux de voir combien de temps il faudrait pour que tous les bateaux abandonnent le navire. C'est ce que nous avons fait soudainement un jour, de sorte qu'en incluant l'exercice d'incendie et le hissage de tous les bateaux, il nous a fallu quarante minutes. J'y ai aussi appris à faire attention aux bateaux. Un jour, en quittant Southampton, un pompier (ivre) monta sur le rail et, disant qu'il retournait auprès de sa femme, sauta par-dessus bord dans le passage des Needles. Le deuxième officier (Pybus), le troisième, deux quartiers-maîtres et moi-même, avons sauté dans le bateau équipé de l'équipement de Clifford, l'avons jeté à l'eau, avons récupéré notre homme, et avons été hissés et sommes partis en huit minutes ; c'était un travail plutôt intelligent, mais j'avais personnellement constaté que le bateau était en ordre une demi-heure auparavant. Je crains que le brevet de Clifford ne soit plus aussi populaire qu'il l'était. C'est vrai qu'il est un peu cher à entretenir et demande des précautions s'il est utilisé avec un bateau lourd, mais avec lui, un bateau peut être mis à l'eau en toute sécurité, quelle que soit la vitesse du navire, et je sais que je m'y suis tenu pendant le temps que j'étais en mer. Là encore, c'était notre habitude de dépouiller le navire autant que possible lorsque nous naviguions contre le commerce du Sud-Est. J'avais hâte de savoir quelle différence cela ferait si, en plus de descendre des vergues, nous abritions nos mâts de hune. Cependant, lorsque cela a été fait, j'ai découvert dans quoi je m'étais engagé. C'était un travail lourd à réaliser en mer, mais comme cela faisait une différence d'un quart de nœud de vitesse, je devais le faire à chaque voyage. La dernière fois, nous avons effectué le travail entre 7 et 9 heures du matin et avons ensuite eu une journée de travail, mais remonter les mâts de hune était parfois une opération délicate. Cependant, nous n'avons jamais tué personne .

Il y a un incident que je pourrais mentionner lorsqu'à une occasion, la plupart de l'équipage s'est saoulé et a perdu tout contrôle en mer. C'était un samedi soir et un beau clair de lune en plus. Nous ne savions jamais d'où les hommes obtenaient la boisson, mais il y eut de la violence et une bagarre plus ou moins libre avant de mettre certains d'entre eux aux fers et de les attacher au barrage principal pour plus de sécurité jusqu'à ce qu'ils soient sobres. Nous avions à bord un jeune pasteur, le révérend R. H. Fair, un garçon du Cap, qui avait été un athlète de Cambridge et qui est maintenant recteur de West Meon . Son désarroi était grand de n'avoir aucune excuse légitime pour participer à la mêlée, mais il y avait quand même sa part. Alors qu'il était à sa hauteur, j'ai été forcé de reculer par-dessus le seuil d'une porte, et sans l'action de Fair pour repousser mon agresseur, j'aurais eu le pire. Tout s'est terminé sans conséquences graves et les hommes ont eu honte le lendemain matin. Nous en avons puni certains en arrivant à Southampton. Vers cette époque, en août 1877, je pris un long congé et quittai le vieux navire avec regret. Je voulais organiser des exercices de la Réserve navale et, d'après mes souvenirs, il n'y avait pas de navire de forage à Southampton. Quoi qu'il en soit, j'ai dû rester à Londres pour m'entraîner à bord du HMS *President* , et je dirai seulement ici que même si les instructeurs étaient peut-être les meilleurs que l'on puisse trouver dans la marine et l'enseignement de premier ordre, il semblait toujours un courant sous-jacent d'indifférence de la part des officiers. J'avais hâte d'apprendre et je n'en ai pas obtenu assez pour me satisfaire. J'avais obtenu mon brevet « a été énergique et très attentif », mais j'avais pris un goût pour le service de la Reine, ce qui me faisait très souvent accorder moins d'attention qu'à des choses plus intimement liées à l'argent.

Soudain, je reçus l'ordre de rejoindre le *Danube* et me rendis de nouveau à Southampton, où je trouvai mon ancien capitaine Draper aux commandes et le navire pris en charge par les troupes. Autant que je sache, c'était le quartier général du 32e et ils se rendaient à Queenstown, en Afrique du Sud. Faire une troupe est une expérience qui s'améliore grâce à la connaissance, mais on avait tendance à penser à l'époque que les responsables de l'embarquement étaient excessivement pointilleux. En réalité, il n'en était rien, car on ne peut prendre trop de précautions pour maintenir les troupes en bonne santé. Le capitaine de la marine qui inspectait m'a dit que, comme il savait que les bateaux étaient un de mes passe-temps, il avait l'intention de me laisser cette question.

Je pense que l'officier commandant les troupes, le major Rogers, VC, était un homme célibataire, car il était sombrement satirique le jour de l'embarquement au sujet des officiers qui s'occupaient des boîtes à musique de leurs femmes au lieu de s'occuper de leurs hommes. Lui et moi sommes devenus en très bons termes. En fait, ils formaient tous un groupe très agréable, si l'on excepte deux officiers subalternes avec lesquels je ne m'entendais pas du tout. Les dames étaient charmantes, mais c'était parfois un peu amusant de les entendre exprimer leurs opinions franches sur certains de leurs collègues. Il y avait aussi comme passager se rendant à Natal, le major Mitchell, plus tard Sir Charles Mitchell, KCMG, une personnalité très marquante. Je pense qu'il avait été dans les Marines. Il a fait ma connaissance en approuvant la manière dont les ponts étaient nettoyés le matin. Il a utilisé l'expression « ils étaient comme une dent de chien », et comme cela sentait fortement l'eau salée, nous nous sommes pris l'un à l'autre et avons noué une amitié qui a duré plus longtemps que les divergences d'opinions. Il en gardait un souvenir des plus merveilleux. Je me souviens qu'il était assis sur la dunette avec une foule de gens (principalement des dames) autour de lui, et qu'il récitait sans note le «Lay du dernier ménestrel», et le faisait de manière à garder son auditoire en haleine. Je l'ai souvent rencontré, une fois le voyage terminé, dans diverses parties du monde. Il montrait toujours la même personnalité courtoise et joyeuse, si précieuse pour un homme public.

Il n'y avait rien d'intéressant sur le passage ; tout s'est bien passé, mais l'incident suivant mérite d'être raconté. L'officier commandant les troupes visitait les quartiers des troupes chaque matin à onze heures, en présence de ses officiers et de moi. Il y avait des sentinelles postées dans différentes parties du navire, et l'une d'entre elles était postée près de l'écoutille principale. Un point a été soulevé alors que nous descendions, et le commandant de bord s'est tourné vers la sentinelle et lui a dit : « Allez trouver le sergent Untel. » L'homme, un jeune, est devenu très rouge et a dit : « Je ne dois pas quitter mon poste, monsieur. L'OC est également devenu rouge et a dit : « Mais je vous dis d'y aller », et a de nouveau reçu la même réponse. A ce moment-là, le commandant de bord avait repris son souffle, quelqu'un d' autre fut envoyé et la sentinelle fut informée qu'il avait tout à fait bien fait. Une fois l'inspection terminée, j'ai fait remarquer au OC que je pensais que ce type obtiendrait bientôt une promotion et j'ai constaté que le OC partageait mon point de vue. C'était un cas intéressant pour moi, car je me demandais dans ces circonstances si un marin sentinelle aurait hésité à obéir à un ordre immédiat de son commandant.

Une autre histoire d'une tout autre nature. Les groupes de fatigue étaient parfois invités à nettoyer la peinture des ponts, et ils étaient généralement confiés aux soins d'un matelot compétent qui les mettait en mesure de le faire correctement. Un après-midi, j'étais hors de vue mais à portée de voix d'un groupe travaillant avec un marin nommé McRae, un homme en qui je pouvais avoir confiance pour faire n'importe quoi, mais un scélérat terriblement sauvage s'il devenait incontrôlable. L'un des jeunes Tommies a dit : « Que feriez-vous si vous ne nous aviez pas demandé de nettoyer le navire pour vous ? » McRae a déclaré: "Sans votre charogne, il n'y aurait pas de saleté à nettoyer." Je me suis retiré dans ma cabine pour bien rire à ce sujet. Je pense que nous avons débarqué le régiment à l'Est de Londres, en utilisant des paniers de fromages pour mettre les hommes dans les briquets, et en temps voulu nous sommes partis pour rentrer chez nous, mais il y a eu un incident à Algoa Bay sur lequel je voudrais enfin dire la vérité. A cette époque, il y avait une grande rivalité entre certains des navires, pour savoir lequel avait fait le passage le plus rapide, et quelque génie brillant eut l'idée de faire l'image d'un coq d'airain avec ses ailes déployées en train de chanter. Celui-ci était monté sur le bâton du navire du commodore le *German*, mais beaucoup d'entre nous pensaient qu'il ne méritait pas le trophée, car même le vieux *Roman*, qui était alors au port, avait fait une course merveilleuse après qu'un ingénieur en chef intelligent ait modifié le fil de ses vannes à tiroir. Quoi qu'il en soit, ce serait une bonne affaire de marquer un point au chef de l'armée *allemande*, si nous y parvenions. Il y avait dans le *Danube un officier* né pour le mal, il s'appelait Samuel Pechell. Ensuite, il devint baronnet et mourut bientôt. Mais à l'époque où j'écris, il était troisième ou quatrième officier. Il y avait de nombreux navires dans la baie, certains appartenant à la flotte Currie, de sorte que les soupçons seraient partagés quant aux auteurs du vol, d'autant plus qu'il était dit que certaines personnes du *château de Conway* avaient déjà tenté au Cap. C'était une nuit au clair de lune, peu après 3 heures du matin, lorsque Sammy Pechell et McRae, après avoir recouvert notre canot de draps blancs, ont commencé à pagayer devant l' *Américain* et à descendre jusqu'à sa proue accrochée au câble. Comme un singe, McRae était sur le câble, et en moins de temps qu'il ne me faut pour écrire ces lignes, il était de nouveau à terre avec l'oiseau tant convoité. J'avais de sérieux soupçons que le *Melrose*, l'un des caboteurs Currie qui venaient d'arriver, avait vu le travail, mais je suppose qu'un bateau sous la proue d'un navire de l'opposition ne les intéressait pas. Il y avait aussi une montre en *allemand*, car « sept cloches » sonnaient juste après la disparition du coq. Nous avions prévu de le publier sur le *Roman*, mais j'ai opposé mon veto à toute autre chose ce soir-là. L'oiseau a ensuite été emballé dans un panier à gibier et envoyé à Wait, l'officier en chef, à Southampton. Le lendemain matin, il y eut un beau brouhaha autour de la flotte ; il y avait peut-être des soupçons mais aucune certitude, car beaucoup pensaient que cela avait été fait par certains hommes de Currie. Le moment venu, j'en ai parlé à mon capitaine, qui a insisté sur l'énormité du vol de l'oiseau du commodore et m'a dit que je devrais être renvoyé pour avoir encouragé une telle chose. Le cher vieux capitaine Coxwell était le commodore, et ses remarques lors de notre prochaine rencontre étaient pittoresques, mais je n'oublierai jamais distinctement avoir vu McRae se signer avant de faire briller ce câble. Tous les gens du *German* étaient assez furieux de cet épisode, et je crains que Pechell n'ait passé un mauvais moment par la suite lorsqu'il a dû naviguer avec McLean Wait, qui, je pense, avait compris la vérité.

Il y a juste une remarque que je ferais en passant, c'est sur le risque d'être pris à tout moment pour un acte répréhensible. Sur le chemin du retour vers la Manche, nous avons été soumis à des quarts doubles de six heures chacun – et six heures, c'est une longue veille par temps froid, comme c'était alors le cas ; Pechell était mon cadet et était censé superviser la vigie du gaillard d'avant, mais il était vraiment une bonne affaire avec moi sur la passerelle. J'ai eu le premier quart, qui s'est terminé à 2 heures du matin, et vers une heure, j'ai dit à Pechell : « Descendez dans ma cabine, mangez vous-même et apportez-moi un verre de grog chaud, dès que vous le pourrez. .» Il partit, et peu après le patron arriva sur la passerelle et prit possession du coin météo sous le paravent. J'ai entendu ma porte s'ouvrir et Sam est venu. Ne voyant pas le patron dans le noir, il observa d'une voix audible : "Voilà, monsieur, je l'ai rendu raide !" L'odeur du whisky dans l'air de la nuit était palpable pendant que je le buvais, et Draper a fait des commentaires sarcastiques. Je dois cependant lui rendre justice en lui disant qu'il me dérangeait rarement, et je suis certain qu'il aurait préféré m'apporter lui-même des rafraîchissements plutôt que de quitter le pont.

Quand nous sommes arrivés à Southampton, c'était un dimanche et mon seul regret était que le capitaine Dixon ne soit pas venu voir le navire. Elle était dans un tel état qu'elle me satisfaisait même, et Draper, un homme très particulier et soigné, ne pouvait même pas offrir la moindre suggestion, car son apparence représentait le point culminant de toutes les années que j'avais passées comme chef à apprendre à mettre et à garder. un navire en bon état. Mais j'étais de plus en plus insatisfait, on plaçait aux commandes des hommes qui étaient nouveaux par rapport à moi, et comme il y avait un vieux dicton, « la modestie est une chose douce chez une femme mais ne vaut pas une critique chez un homme », je j'ai mis les restes que j'avais dans ma poche et j'ai assiégé le capitaine Dixon. Mon amie, Mme Baynton , avait également eu quelques mots simples à mon sujet avec plus d'un des directeurs, dont l'un (M.

Savage) m'avait dit peu de temps auparavant : « que j'allais bien, mais qu'ils pensaient que je transportais à peine assez de lest. À cela, je rétorquai que j'avais une femme et que cela suffisait sûrement pour me donner de la stabilité. Le capitaine Dixon était très gentil. J'ai fait remarquer que j'étais apte au commandement et que j'espérais qu'il m'aiderait, ce à quoi il a répondu qu'il serait heureux de me nommer capitaine Crutchley , mais que malheureusement il ne pouvait pas construire de navires. Il me garderait cependant à la maison, afin que je sois sur place en cas de vacance. Je ne me souviens pas qui m'a remplacé, mais j'ai quitté le *Danube* pour me rendre généralement utile sur les navires de diverses compagnies au port. A cette époque, peu d'hommes estimaient qu'il était nécessaire de passer l'examen du Board of Trade à vapeur, mais comme je pouvais trouver le temps nécessaire, je l'ai fait, et si un tel certificat est utile à un maître ne serait-ce qu'une seule fois, il est ça vaut bien la peine de l'obtenir. Cela m'a aidé matériellement à une occasion. Il y avait deux examinateurs ingénieurs, et l'expérience était nouvelle pour eux, mais ils n'ont pas profité indûment de leurs connaissances supérieures, et j'ai eu la satisfaction de voir mon certificat portant la mention « Réussi à Steam ». Mon examen pratique eut lieu dans la salle des machines de l' *Asiatic* et, chose curieuse, deux jours plus tard, on m'ordonna de remplacer son capitaine pour faire descendre le navire sur le fleuve. À cette époque, il y avait également un autre officier en chef à terre, A. McLean Wait, qui avait été chef du *German* . Je n'imaginais pas que d'autres personnes pourraient tirer des ficelles qui pourraient me gêner, mais il se passait bien plus de choses que je n'en avais conscience. Je dois préciser que, même si Wait était en réalité mon cadet dans la Compagnie, il avait occupé un bon commandement avant de la rejoindre, et il était généralement considéré qu'il était destiné à une promotion précoce. Lui et moi étions de bons amis et je l'avais aidé lors d'une réception à bord du *German* alors qu'il était sur un nouveau navire. C'était un homme aux réalisations considérables, mais d'une manière ou d'une autre, il y avait quelque chose dans ses manières qui n'attirait pas les gens ; il avait cependant beaucoup de bons amis et la nature avait été douce avec lui en ce qui concerne son apparence personnelle.

Un matin, j'avais apporté à la Banque d'Angleterre des espèces qui avaient été débarquées d'un de nos navires et, ce faisant, je suis allé signaler le fait au bureau de la compagnie à Leadenhall

Street. En partant, j'ai rencontré Wait en entrant; J'ai ensuite discuté avec lui, allant passer une heure à l'Aquarium avant de rentrer à Southampton. Il y avait deux choses que je ne connaissais pas. L'une était qu'il y avait une réunion du conseil d'administration ce jour-là, l'autre que le commandement de l'*Américain* était vacant et que Wait avait été mandé en vue de le lui donner. Il a été convoqué devant le Conseil, et là, des commentaires ont été faits sur la perte d'un navire; cela parut être contre lui, car la parole sortit pour me demander. Je n'étais pas trouvé, et Wait fut nommé, car le navire allait bientôt appareiller. Cela montre à quelles bagatelles tout dépend, car les quelques semaines d'ancienneté qu'il a obtenues grâce à cela lui ont donné une série de chances qui auraient pu faire partie de l'histoire de ma vie. Cela lui permet de rester aux commandes lorsque la flotte de la Compagnie est réduite, et lui permet ensuite de devenir surintendant de la marine, puis agent de la Compagnie à New York. Nous avons toujours entretenu une correspondance cordiale quoique informelle.

Un certain nombre de nouveaux navires étaient en construction pour le service de la Compagnie, et c'était maintenant au tour du *Pretoria* de faire son apparition. On attendait de grandes choses d'elle, et lorsque l'*African* revint à la maison, George Larmer lui fut enlevé et reçut le commandement du nouveau navire. Cela rendit une autre place libre, et ce fut alors mon tour d'être convoqué auprès des directeurs. Sir Benjamin Phillips était président et la chaise à sa droite était toujours réservée au maître en cours *de dissection* . À cette occasion, l'expérience fut agréable, car de sa manière la plus courtoise, il observa : « Capitaine Crutchley , si vous considérez toujours que l'honneur de la compagnie , en ce qui concerne l'*Africain* , est confié à votre garde, vous me ferez plaisir. et satisfais-nous : maintenant, veux-tu nous donner le plaisir de déjeuner en ta compagnie ?

C'est étrange, mais bien que le souvenir de cette journée soit très vague, je me souviens toujours de ces paroles et de la grave courtoisie avec laquelle elles ont été prononcées. Les réalisateurs étaient naturellement des hommes aux tempéraments variés. Il y avait autrefois un directeur que je n'avais jamais rencontré, que je désignerai sous le nom de H, dont la tâche était de réprimander un maître chaque fois qu'une telle procédure, de l'avis du conseil, devenait nécessaire. On disait qu'il avait un grand talent pour le langage, et c'est sur ce point que je devrais raconter une histoire. Il était commerçant et avait dans ses affaires un neveu connu sous le nom de M. John (par la suite un de mes amis cordiaux) qui, suite à une provocation, avait dit à l'un des employés qu'il était un foutu imbécile. L'employé se plaignit à H, qui, le regardant en face, dit, avec son large accent écossais : « Si M. John avait raison ou tort de vous *traiter* d'imbécile, je ne m'en chargerai pas de le déterminer, mais vous. *vous êtes* un foutu imbécile… vous l'êtes… vous l'êtes… vous l'êtes. Et l'homme s'est enfui.

En y réfléchissant bien, ce conseil d'administration était bon pour une politique purement conservatrice, mais comme les événements l'ont prouvé, il n'était pas bien adapté pour faire face aux conditions plus exigeantes qu'impliquait la concurrence de l'armateur moderne . En fait, elle n'était pas à jour et elle n'a jamais pris le levain qui lui permettrait de faire face à la situation créée par l'opposition de la Compagnie des Châteaux. Ce fut le plus grand de tous les regrets lorsque le drapeau de la Compagnie de l'Union fut fusionné avec celui de la Castle Line. Ce fut sans aucun doute un jour de fierté pour Sir Donald Currie, mais je le maintiendrai toujours comme déshonorant pour ceux qui ont permis le transfert, et en particulier pour l'acteur principal de la reddition. Le transfert n'eut pas lieu pendant mon mandat dans la Compagnie, mais il était irritant, même pour un vieil employé, de voir l' armure d'Achille s'approprier un cheval de Troie détesté.

J'avais préalablement fait un passage dans l' *Africain* , de sorte que mon premier commandement ne m'était en rien étranger. C'était un joli petit navire d'un peu plus de 2 000 tonneaux de jauge brute, doté d'une belle et longue poupe et de logements confortables pour les passagers. Sa vitesse sous vapeur seule dépassait les dix nœuds, mais avec l'aide de la toile et un fort vent bon, il pouvait parcourir 300 milles par jour. Ce n'était pourtant pas fréquent. Ma cabine était dans la poupe tout en avant, à tribord, et elle avait l'inconvénient que, sauf par très beau temps, on ne pouvait pas s'y asseoir avec la porte du carré ouverte. Mais pour surmonter cela, il y avait des moments où je faisais clouer un paravent en toile pour surmonter le problème, car il n'était pas nécessaire de rester toujours sur le pont. La pire chose à propos du navire était la boussole. L'étendard était un grand compas spirituel qui causait toujours des problèmes, et le compas de route sur le pont était proche d'une masse de réservoirs en fer, de chandeliers et de matières perturbatrices en général, de sorte qu'il était presque impossible de compenser les perturbations locales. Dans tous les autres cas, le navire était parfaitement retrouvé, mais cette petite question de boussole appropriée, dont dépendait tant de choses, était reléguée au second plan et méprisée par tout le monde . Cela ne faisait pas non plus partie de mes affaires, en tant que junior, de trouver à redire. J'ai dû prendre ce qui avait satisfait mes prédécesseurs, et comme par hasard, elle avait été commandée par le capitaine Dixon avant qu'il ne soit nommé surintendant, ainsi que par le capitaine Baynton , le commodore. Ma politique était de faire profil bas et d'obtenir ce que je pouvais au fil du temps. On racontait l'histoire d'un certain capitaine, un homme très grand, qui mentionna au surintendant adjoint que sa couchette n'était pas assez longue pour qu'il puisse y dormir. Cela, dit-on, fut rapporté à M. Mercer, qui répondit en son air habituellement sec : « Si l'homme ne peut pas entrer dans la couchette, nous devons en trouver un qui le puisse ; heureusement, le monde est vaste et le champ est vaste. La dernière moitié de la réponse était souvent évoquée si des demandes gênantes étaient faites.

Il y avait un très bon groupe d'officiers à bord du navire ; mais le chef était un homme âgé, et c'est un peu gênant de passer le commandement sur un de vos collègues. C'était un homme du Cap nommé Chiappini , qui fut ensuite tué par une chute accidentelle alors qu'il servait dans l' *armée arabe* . Le troisième était un jeune nommé East , le fils du prétendant Quartermain East de Tichborne . D'abord et avant tout, il a navigué avec moi pendant de nombreuses années et il y avait une grande amitié entre nous. Le second, Walter Foster, était également un garçon sympathique, mais très délicat, bien que courageux jusqu'à l'échine. Les ingénieurs formaient également un bon groupe. Le chef, Ernest Gearing, est aujourd'hui, je crois, l'une des sommités du monde de l'ingénierie, et il était déjà facile de découvrir que ses connaissances n'étaient pas d'un ordre commun. Enfin, permettez-moi de mentionner Henry Black, le deuxième ingénieur. Il n'y a jamais eu beaucoup de sympathie entre nous, mais il a navigué avec moi en tant que chef mécanicien pendant la plus grande partie de ma carrière maritime.

Je suis entré dans ce détail dans le but de montrer le genre d'hommes dont les navires de la Compagnie étaient équipés. Le jour de la navigation arriva enfin ; il n'y avait pas beaucoup de passagers, mais un de nos directeurs descendit voir le navire, amenant avec lui une de ses très charmantes filles, qui eut la gentillesse de me souhaiter bonne chance et un bon commandement. Je l'ai pris comme un bon présage, et si je ne prononce pas son nom, ce n'est en aucun cas que je l'ai oublié, ni la gracieuse bonté qui m'a été témoignée à plus d'une occasion. Nous arrivâmes à Plymouth en temps voulu, et là j'appris, avec ma grande satisfaction, que mon ami Harry Escombe avait décidé à la dernière minute de prendre un passage avec moi. Il est arrivé à bord en temps voulu et j'ai commencé une nouvelle expérience : celle d'être mon propre maître. Ce voyage particulier que nous faisions était également une nouveauté, car les habitants d' Algoa Bay se plaignaient de ne pas recevoir leurs marchandises aussi rapidement que les habitants du Cap. Nous devions donc faire escale à Saint-Vincent pour prendre les dernières nouvelles du câble puis nous rendre directement à Algoa Bay en passant par Cape Town. Nous devions aussi aller à Natal.

Je pense plutôt qu'une petite partie de l'éducation commerciale devrait être transmise aux titulaires de certificats, et une chose qu'il faudrait certainement leur mettre en tête est qu'envoyer une lettre pour affaires sans en conserver une copie est un peu un crime. Je n'ai pas appris cette leçon pendant longtemps, mais j'aimerais maintenant avoir des copies des lettres dans lesquelles je racontais les divers incidents des voyages à mes chefs chez moi. Le capitaine Dixon m'avait demandé de lui écrire en détail, ce que je faisais toujours, allant même jusqu'à raconter des ragots, mais les lettres au secrétaire étaient nécessairement d'un ordre plus réservé. Car à tort ou à raison, un secrétaire est généralement considéré par le personnel à flot comme l'ennemi de l'humanité tout entière. C'est tout à fait naturel, car, en règle générale, les réactions passent par lui, et lui, de son côté, acquiert peu à peu l'idée qu'il est tout à fait compétent pour instruire un maître sur n'importe quel sujet — qu'il est en bref une personne par procuration héritant de la sagesse combinée de le tableau. Cette prétention n'est pas toujours reconnue. Je regrette de dire que j'avais plutôt en moi l'impression que les maîtres avaient des ennemis naturels, mais quand je considère le nombre d'années que j'ai vécu sans tenir aucun journal, ni trace d'événements, je ne suis pas prêt à affirmer qu'ils n'ont pas indirectement d'ennemis. inviter des ennuis. Je sais que la recherche nécessaire pour fixer les dates de ce récit n'a pas été négligeable, et les bons offices de l'amiral

Inglefield de Lloyd's m'ont aidé à surmonter les omissions du passé. Il fit dresser un registre de mes ordres, m'aidant ainsi matériellement à remettre les faits dans l'ordre dans lequel ils se produisirent.

Il n'aurait pas été possible de faire un meilleur départ que celui que nous avons eu lors de ce voyage, avec un beau vent de NE qui nous a mené jusqu'à Saint-Vincent. Je trouve que nous avons parcouru près de 300 milles pendant plusieurs jours, puis est venu le travail d'amener le navire au port par une belle nuit de clair de lune, ce qui n'est en aucun cas une tâche difficile quand on y est habitué, mais si vous le permettez. pour donner libre cours à votre imagination, on obtient parfois des résultats curieux. J'avais décidé à partir d'expériences passées qui montraient une irrésolution sur le pont, je ne le ferais pas ! J'avais vu tant de capitaines errer dans un mouillage et rendre tout le monde fou en cherchant une place, que j'étais déterminé à ne pas m'exposer à un tel reproche. J'ai navigué un jour avec un homme qui, s'il avait le choix entre tout le mouillage, irait donner une mauvaise place à un navire solitaire, simplement parce qu'il ne savait pas où il voulait aller. Je l'ai vu le faire une fois à Natal Roads. Encore une fois, il faut éviter d'arrêter ou de ralentir constamment les moteurs par conjecture lorsqu'on arrive à un mouillage, mais je parle d'il y a longtemps, et j'ose dire que les hommes d'aujourd'hui savent exactement quand ralentir leurs moteurs pour ne pas perdre de temps.

À cette occasion particulière, je pensais savoir où je voulais aller et j'y allais en toute hâte. J'ai jeté l'ancre un peu plus tôt que je ne l'avais prévu, mais tout s'est bien passé, et Escombe est venu me féliciter de la manière dont j'avais amené le navire. J'avais pourtant déjà découvert qu'il y avait une bien meilleure place que celle-là. J'étais à bord et j'avais donné l'ordre de lever l'ancre et de me déplacer immédiatement, ce que j'ai fait, gardant soigneusement pour moi les raisons de ce geste. Je peux remarquer que dans la plupart des endroits, les bateaux à vapeur mouillent plus près des côtes que les voiliers. A Saint-Vincent, on inverse cet ordre des choses.

Nous nous sommes regroupés et sommes partis en temps voulu. Il n'y avait pas beaucoup de passagers dans le salon, mais nous étions très joyeux. C'était clairement le début d'une éducation libérale que d'avoir la connaissance intime d'un homme comme Escombe , qui, en plus de grands dons naturels, avait acquis un appétit omniprésent pour la connaissance. Il était particulièrement passionné d'astronomie et sa réserve d'informations était toujours disponible. Même dans les subtilités du métier de marin, il était très versé, car sa pratique au bar lui avait mis devant lui de nombreux cas étranges à résoudre.

Il n'y avait pas grand chose d'autre à commenter avant d'atteindre Algoa Bay. Ici Escombe transbordé sur un caboteur afin d'arriver à Natal plus tôt que prévu, car nous devions décharger une partie de notre cargaison. Il l'a fait contre mon avis, et comme il n'a pas gagné le temps qu'il avait prévu, il m'a renoncé à un pari sur la meilleure paire de jumelles que l'on puisse se procurer chez Baker's of Holborn . Ils m'ont duré pendant tout mon temps en mer et je n'ai jamais vu une meilleure paire. Dans la baie d'Algoa, le *château de Dunrobin* était au mouillage. Elle était commandée par Alec Winchester, qui était un excellent marin et un merveilleux manieur de son navire. Mon vieil ami Barnes y était également officier en chef, car M. Currie, tel qu'il était alors, était toujours heureux de recruter tout bon officier qui quittait notre service. À ce moment-là, les sentiments s'étaient un peu améliorés entre les deux services, et je sais qu'Alec Winchester m'a fait faire beaucoup de choses concernant un navire que peu de gens apprennent sauf par une expérience réelle, et je suis heureux de reconnaître cette obligation. Nous sommes allés à Natal, avons terminé notre déchargement et notre chargement, et sommes finalement arrivés à Table Bay pour le voyage de retour un dimanche après-midi.

Comme le crépuscule commençait à tomber et qu'il y avait plus qu'un léger vent de sud-est , j'aimerais passer sous silence cet incident, mais je ne le peux pas, par souci d'équité quant à la véracité de cette histoire.

L'entrée du quai du Cap ressemblait à l'époque à la patte arrière d'un âne, dans la mesure où elle contenait une crosse. L'intérieur de cette brèche était formé par l'extrémité d'un mur de pierre et une petite jetée, et il était convenu que nous resterions dans l'écluse ou l'entrée jusqu'à ce que nous appareillions. J'ai commencé à monter, mais comme les deux intérieurs de la crosse étaient sous le vent de moi, je me suis retrouvé à heurter assez violemment l'extrémité de la jetée en pierre tandis que la poupe du navire reposait gracieusement sur la jetée. L' *Africain* , j'en remercie la Providence, avait un arc tondeuse. « Avancez, dis-je au troisième officier, et voyez à quel point elle est brisée. » Il est revenu avec l'information que le navire était intact et indemne. Elle avait seulement remonté un peu le mur de pierre et déplacé une ou deux grosses pierres. À ce moment-là, nous avions sorti les aussières et l'avions mis au vent (où nous sommes restés jusqu'au jour du départ), et une heure après, nous étions assis à dîner. J'ai pensé à beaucoup de bonnes choses concernant la Providence, mais même alors, je crains de ne pas avoir pleinement réalisé quelles étaient mes obligations.

Le jour de la navigation est arrivé, le vent soufflait toujours fort du sud-est, et j'ai d'abord dû reculer le navire par l'arrière. Je n'envisageais pas ce travail avec le moindre degré de confiance, mais je gardais un visage d'airain envers tout le monde. Warleigh , qui était là à quai, est venu discuter juste avant que je commence, et a souligné avec une parfaite précision comment le navire se comporterait en route arrière. C'était très gentil de sa part et je le lui ai dit. Nous en sommes sortis sans accident ; en fait, j'étais satisfait, et j'ai souvent remarqué que si j'éprouve ce sentiment, la plupart des personnes concernées le partagent avec moi.

Une heure après l'heure fixée pour notre départ, le *Warwick Castle* , le navire le plus récent et le plus rapide de M. Currie, devait partir. Il était commandé par le capitaine Webster, qui, m'a-t-on dit, avait promis de faire une exposition de mon navire. Dès que j'ai franchi le brise-lames, j'ai mis la toile et j'ai plutôt l'impression que mon ingénieur en chef avait aussi l'aiguille, car bien que nous ayons vu le *Warwick* sortir de la baie, il ne pouvait pas gagner sur nous, et nous l'avons vu. en arrière pendant un jour ou plus, lorsque nous l'avons perdu de vue. La raison, bien sûr, était que nous avions un alizé foudroyant, et notre toile nous a aidés. Nous avons porté un bon vent jusqu'au Cap-Vert et j'ai alors su que notre avantage était terminé. Lorsque nous sommes arrivés à Madère, l'autre navire était parti depuis quelques heures, mais on nous a dit que le capitaine Webster avait passé quelque temps dans le conduit du *Warwick* et qu'il était furieux de son incapacité à nous dépasser.

Pour montrer les mérites relatifs de Southampton et de Londres en tant que ports pour les paquebots allant vers le sud, permettez-moi de mentionner que mon navire était à quai et déchargé, et que j'étais allé à Londres et que j'avais vu mes directeurs avant que le *château de Warwick* n'ait dépassé

Gravesend. Il ne s'est rien passé de particulier entre Madère et Plymouth, mais j'ai quitté ce dernier port à cinq heures un après-midi de décembre avec un brouillard qui se levait. Je l'ai maintenue et j'ai été justifié de le faire par le fait que je n'ai rien touché. Enfin, entrant dans je pense qu'il y avait neuf brasses d'eau, je l'ai fait demi-tour plein ouest et j'ai vu les aiguilles s'allumer en rouge sur mon travers tribord. Je n'ai besoin que de dire que la Providence a peut-être fait preuve de partialité jusqu'à la fin lors de mon premier voyage.

Je dois dire que lorsque j'ai rencontré mes directeurs, M. Mercer a eu la gentillesse de me dire que j'avais fait un passage remarquable à Madère.

CHAPITRE VIII

« C'est dommage... que la vérité, frère Toby, s'enferme dans des forteresses aussi imprenables . » — STERNE.

C'était un sentiment très confortable de me retrouver dans le cercle que j'avais admiré et envié si longtemps, mais il ne me semblait pas que j'étais en aucune façon une personne différente de celle que j'avais jamais été. Je veux dire que je n'éprouvais rien de ce sentiment de fière toute-puissance que j'avais toujours imaginé faire partie intégrante d'un maître. Peut-être que cela était dû en partie au fait que mon vieux copain Harry Owen était au port, se préparant à naviguer vers Natal aux commandes d'un remorqueur construit pour le service de la Compagnie. Certes, personne ne pouvait rester sérieux longtemps en sa compagnie.

L' *Union* , comme on l'appelait, était un bateau particulier, car il avait une hélice à chaque extrémité, avec un arbre s'étendant d'un bout à l'autre, le but étant d'empêcher la course sur les mers courtes de la barre du Natal en ayant toujours un hélice dans l'eau. Bernard Copp , maintenant capitaine Copp de Southampton, et l'un des derniers de la vieille foule, était l'officier en chef, et je pense que les événements de ce passage auraient pu être racontés avec avantage puisqu'ils m'ont été racontés, dans un langage d'une extrême dureté. . Je l'ai fait passer à Agullas lors du prochain voyage, et elle est arrivée à Natal en toute sécurité après bien des vicissitudes.

Cela ne faisait pas partie de mes affaires de me plaindre, mais j'ai eu envie de le faire lorsque j'ai appris que nous devions passer dix jours à la maison et naviguer le jour de Noël, entre autres. C'était un scandale, car cela n'était pas nécessaire ; ce n'était qu'une de ces plaisanteries sardoniques dont les réalisateurs se réjouissent parfois collectivement. Nous ne devions transporter aucun passager, mais devions faire un voyage un peu plus long que d'habitude, car après avoir monté et descendu de Natal, nous devions faire un voyage à Zanzibar avant de rentrer chez lui, en fait ce devait être un voyage de cinq mois. Je n'oublierai jamais ce matin de Noël. Nous devions partir à midi, et chacun semblait impatient de nous expulser et de retourner au coin de son feu. J'avais également l'impression que plusieurs membres de l'équipage n'avaient pas encore complètement surmonté la veille de Noël. J'avais un maître d'équipage nommé Barrett, un homme bon, mais qui avait besoin d'être manipulé. Nous sommes sortis des Needles et avons trouvé une forte brise qui soufflait, avec trop de vent pour transporter des voiles d'essai entières, le travail consistait donc à installer un ris et à les régler. À ce moment-là, la plupart des membres de l'équipage dormaient et mon second n'était guère physiquement apte à les déplacer. Je me dirigeai donc en premier lieu vers la cabine du maître d'équipage. Cela s'est déroulé de manière aléatoire, mais Barrett était suffisamment sobre pour conserver la fierté de sa virilité, et après cela, il n'y a plus eu de problèmes. C'était un homme au physique puissant, donc l'équipage apparut en un clin d'œil, comme les abeilles d'une ruche perturbée, et le travail fut bientôt terminé. Le médecin, qui s'appelait Ernest Walters et exerce maintenant dans l'Essex, s'est révélé un homme utile lorsque l'occasion s'en présentait, même en dehors de son propre travail.

J'avais essayé de voir ce que je pouvais faire pour améliorer les compas à quai, avec un résultat si insatisfaisant que je ne savais pas si je devrais prendre le départ ou Ouessant en descendant la Manche, car nous ne devions pas faire escale à Plymouth ce voyage. . J'ai dû remplacer à la première occasion une compensation tant détestée, mais nous nous en sommes plutôt bien sortis dans l'ensemble, en arrivant cependant à un bon dépoussiérage à la sortie de Finisterre. À cette époque, il y avait deux écoles de pensée quant à la meilleure façon de conduire un bateau à vapeur par mauvais temps. Les uns ont soutenu que le plan était correct : se diriger vers la mer, les autres ont varié dans les détails mais ont été d'accord pour dénoncer le principe de l'aboutissement. A cette occasion, j'ai essayé le plan final, mais je suis arrivé à la conclusion, que j'ai retenue depuis, que presque toutes les positions sont meilleures par mauvais temps ; bien entendu, la taille du navire y est pour beaucoup.

Autant que je sache, nous sommes arrivés au Cap et avons accosté le matin du 22 janvier 1879, jour où s'est déroulée la bataille d' Insandlwana . Nous avions une bonne quantité de marchandises à débarquer, et nous n'étions pas très pressés. Ce soir-là, j'étais en ville, en train de bavarder au club ou quelque chose du genre vers 23 heures, lorsqu'une rumeur s'est répandue concernant une grande défaite britannique. Tous les fonctionnaires à terre de la Compagnie étaient à la campagne ou au lit, et je me suis rendu compte qu'il y avait des troupes au Cap qu'il faudrait déplacer jusqu'au Natal, et que j'étais aussi l'homme qu'il fallait pour le faire en toute hâte. Je me dirigeai aussitôt vers le bureau du *Cap Argus* et, à force d'un exercice de modestie, je mis la main sur le rédacteur. J'aimerais pouvoir me souvenir de son nom. Il n'était pas populaire, mais à cette occasion il me montra toute la courtoisie. Sans donner de détails, il m'a dit qu'un désastre s'était produit et qu'il fallait d'urgence des renforts sur le front. C'était suffisant pour mon objectif. Je me dirigeai directement vers la Maison du Gouvernement, de là jusqu'au Château, puis je descendis vers le navire, sachant que j'avais obtenu la mission d'emmener les troupes qui se trouvaient à Natal. C'était d'autant plus satisfaisant qu'il y avait trois ou quatre navires Currie à quai qui auraient pu naviguer à bref délai, mais je doute qu'ils auraient pu aller aussi vite que nous. Quand le jour est venu, j'ai mis tout le monde au travail pour sortir la cargaison de l'entre- pont pour faire de la place aux troupes, et je dois dire que mes camarades travaillaient comme de bons hommes. Cet après-midi-là, je suis allé voir Sir Gordon Sprigg , qui était alors premier ministre, et je lui ai promis que je ne jetterais pas l'ancre entre le Cap et le Natal. Grâce à la courtoisie du capitaine A. D. W. Browne, capitaine et adjudant du 2e bataillon, The King's Own Regiment, je suis en mesure de citer des extraits des archives régimentaires.

« Le détachement de Capetown (*c'est -à-dire* les compagnies C, G et moitié E, avec le major Elliott, les capitaines Knox et Leggett et les lieutenants Bonomi et Ridley) fut amené quelques heures à l'avance à Maritzburg , naviguant à bord des vapeurs . *Africain* le 23 janvier et débarquant à Durban le 26. » Je me permets cependant de douter de l'exactitude absolue de ce dossier pour la raison suivante. Le désastre s'est produit le 22. Certes, un jour s'est écoulé, car c'est dans l'après-midi du 23 que j'ai vu Sir Gordon Sprigg , et je me souviens clairement de ma sortie du quai dans un épais brouillard avant le petit déjeuner, et de l'avertissement du capitaine du port selon lequel il y avait un gros voilier au mouillage tout près de l'entrée du quai. Cet écart n'a cependant pas une grande importance. Il y eut un petit incident dans l'embarquement des troupes qui me plut beaucoup. Le jeune Bonomi dit : « Avez-vous remarqué, major, lorsque nous sommes partis, que la caserne était en feu ? comme s'il s'agissait d'une affaire de la plus petite importance. S'ils brûlaient, du moins ils s'éteignaient bientôt.

Nous quittons les quais du Cap dans un épais brouillard, qui se dissipe cependant lorsque nous arrivons à l'entrée de la baie, et nous contournons au mieux la côte. Nous avons dû faire escale à Algoa Bay, mais je n'ai pas jeté l'ancre, comme je devais le faire (bien que pour quelques minutes seulement) à East London, et le soir du 26, nous étions tous très reconnaissants d'avoir fait le feu à Bluff à Natal où nous avons jeté l'ancre vers 20 heures. Je dois expliquer que, selon la rumeur générale, c'était une des menaces de Cetewayo qu'une nuit il viendrait et éteindrait la grande bougie sur le Bluff, c'est-à-dire le phare, de sorte que lorsque nous verrions la lumière cela nous soulageait, car nous savions en tout cas que le pire n'était pas arrivé. Il est facile d'y réfléchir tranquillement maintenant, mais à l'époque il y avait beaucoup d'incertitude quant à ce dont la puissance zouloue était réellement capable, et lors du voyage précédent, j'avais entendu le juge Lushington Phillips, qui connaissait le pays. à fond, faites remarquer que si nous nous attaquions aux Zoulous, nous aurions beaucoup de selles vides avant que l'affaire ne soit terminée, ce qui était malheureusement une prévision vraie.

Le capitaine Baynton agissait désormais comme directeur de la compagnie à Natal. Il descendit au premier moment et débarqua les troupes ; il m'a également donné l'instruction de faire atterrir un des canons de douze livres *africains* , avec tout son équipement nécessaire, pour la défense du laager de Pynetown . Cela a été fait et le canon a été dûment monté, bien qu'il n'ait jamais été utilisé.

Il ne fait aucun doute qu'à cette époque, Durban était très incertain quant à ce qui allait se passer. Il avait été décidé que si le pire arrivait, ils devraient tous embarquer sur les navires, et par conséquent de grandes barricades en bois avaient été érigées à la hâte à travers la pointe pour aider à résister à tout Impi victorieux qui pourrait se trouver sur ce point. une affaire particulière. De très nombreuses maisons robustes de Durban étaient percées de sacs de sable et la population masculine tout entière s'organisait pour la meilleure résistance possible. Le premier soir où j'ai atterri, je suis entré dans une grande salle, j'oublie de quoi il s'agissait, et j'ai vu l'inspecteur de police, Alexander, faire faire aux citadins leur exercice avec de vieux fusils Snider. Il n'y a jamais eu de classe plus attentive. Autant que je me souvienne, il n'y avait à cette époque aucun officier de marine pour surveiller la pointe ; tout ce genre de choses sont arrivés au cours du mois suivant environ.

Mais bien que Rorke's Drift ait été combattu et que la ruée zouloue soit restée, le commerce ordinaire devait continuer, et je fus bientôt renvoyé le long de la côte. C'est merveilleux, dans ces cas d'urgence, ce que l'on peut réaliser en faisant preuve de courage et d'expérience. Dans toute l'excitation qui régnait, Baynton restait impassible, sauf avec un peu de mépris, peut-être, pour ceux qui prenaient trop au sérieux les revers normaux de la guerre. Le 24e régiment, qui fut démantelé à Isandlwana , était l'un des grands favoris de tous, et j'avais connu intimement de nombreux officiers et j'avais apprécié l'hospitalité de leur mess. Aujourd'hui encore, la photo de Pat Daley est accrochée dans ma chambre en souvenir de l'une des amitiés les plus chères des premiers jours, car il était l'un des meilleurs d'entre eux, mais le vieux Ted était d'un sens pratique sévère et racontait au profit des non-initiés les leçons qu'il avait apprises. avait appris pendant la guerre de Crimée. Il se trouve que lors du précédent voyage de retour, j'avais avec moi, en tant que passagères, les épouses et les enfants d'officiers tués, et le désastre m'est venu avec un grand sentiment de perte personnelle.

L'expérience a montré que le travail du courrier à Zanzibar pouvait être mieux effectué par des navires plus gros que ceux que nous avions sur la côte, et l' *Africain* devait être le premier de nos intermédiaires à faire le voyage. Un de nos capitaines, H. De La Cour Travers, était à terre sur la côte Est depuis quelque temps pour les affaires de la Compagnie, et il a remonté la côte avec moi. Rien d'important ne s'est produit, mais notre séjour à Zanzibar a été très agréable. En quittant ce port, il y avait deux passagers intéressants. L'un était Archibald Forbes, l'autre Lord William Beresford. Il y a peu de choses nouvelles à dire sur le grand correspondant de guerre, mais l'anecdote suivante peut être admissible : Je n'aimais pas jouer aux cartes au salon le dimanche, et je le disais, mais quand j'étais dans ma cabine en train de somnoler après le dîner avec un œil ouvert, certains des autres sont venus voir Forbes, lui demandant de jouer et de m'ignorer. "Non", a déclaré Forbes, "le capitaine n'est pas un mauvais type, et il n'aime pas ça, donc il n'y aura pas de jeu", et il n'y en a pas eu. Cela était d'autant plus visible que j'avais dû lui adresser quelques remarques désagréables sur un certain sujet. En ce qui concerne Lord

William, c'était une autre affaire. La plupart d'entre nous ont une idée de l'énergie de la famille Beresford, mais en voici la quintessence. Je l'ai rencontré pour la première fois en descendant les marches de la boutique de De Sousa, comme le ferait un enfant, les deux pieds joints. Nous fûmes bientôt en très bons termes, et je lui dois mon initiation aux poèmes de Gordon et à quelques autres choses du même genre. Il était plein de romantisme et, pour avoir un aperçu de la guerre zouloue, il prenait des lettres de Lord Lytton, le gouverneur général de l'Inde, dont il avait été l'ADC. Je ne l'ai plus jamais revu après lui avoir dit au revoir au Durban Club, avec les mots « Chance et VC ». Il a eu les deux.

Natal Roads était un endroit différent en avril de ce qu'il avait été en janvier ou même en mars. Il y avait là une grande collection de bateaux à vapeur et tout le port était très fréquenté. Nous, les capitaines, avons trouvé un peu gênant d'arriver à terre et de repartir, car le remorqueur de la compagnie était presque le seul moyen de transport fiable, et il ne pouvait accorder une attention particulière à notre navire uniquement. Finalement, les Curry ont eu leur propre remorqueur, ce qui a amélioré les choses. L' *Africain* était maintenant rentré chez lui et les choses se passaient très bien. Cependant, en partant du Cap , nous sommes restés dans la baie pendant quelques heures pour récupérer des célébrités qui souhaitaient naviguer avec nous. Parmi eux se trouvait le révérend Charles Clarke, le célèbre élocuteur. Nous sommes devenus de grands amis et j'ai beaucoup apprécié sa compagnie. Le salon était plein de passagers et je me souviens bien des événements de cette journée de navigation. J'ai dû faire face, d'un côté, à des hommes poivrés qui défendaient leurs droits, et, de l'autre, aux supplications d'une beauté en détresse, tandis que je regardais avec une calme sérénité les yeux merveilleux qui, des années plus tard, seraient mes étoiles directrices. J'ai dû faire preuve d'une grande diplomatie pour arranger les choses, mais cela a finalement été fait et la paix a régné pour le reste du voyage. À cette occasion, nous avions une mère de navire vraiment vivante, et quiconque a beaucoup voyagé sait ce que cela signifie ; mais c'était une âme charmante et de bonne humeur, et son mari était l'homme le plus colérique que je crois avoir jamais rencontré. Au cas où ils seraient encore en vie et par hasard sur ces lignes, je voudrais dire que les souvenirs les plus aimables subsistent d'eux, car nous avons ensuite été camarades de bord à plus d'une occasion. Il y avait une période très juste à la maison à cette époque, et j'ai eu ma première expérience de témoin expert dans une affaire judiciaire. Cela concernait la perte d'un navire sur la pointe Padrone dans la baie d'Algoa , et les honoraires que nous avons reçus étaient reconnaissants et réconfortants, mais le résumé magistral de l'affaire par le maître des rôles de l'époque, Sir George Jessel , était une chose inoubliable. .

Nous étions toujours sur la route directe entre Algoa Bay, Natal et Zanzibar, qui allait vers Natal, puis vers le Cap, puis vers Zanzibar et revenait *via* Cape Town. Faisant escale à la baie de Delagoa lors du voyage aller, nous avons embarqué S. E. le gouverneur Castilho, qui se dirigeait vers le Mozambique. Il était officier de marine de profession (portugais) et était bien connu depuis quelques années comme consul au Cap. C'était un homme d'une grande capacité et parlait parfaitement l'anglais. Je lui ai demandé un jour comment il parlait notre langue avec une telle pureté. Sa réponse a été : « Vous avez appris à parler grâce à votre infirmière. J'ai appris mon anglais auprès du *Spectator* . Tout récemment, j'ai eu un agréable souvenir de notre ancienne amitié, car il m'a envoyé sa photo. Il est maintenant amiral et je dois le mentionner plus d'une fois dans ces pages. Il y a toujours une certaine rivalité entre les marins, et elle n'a pas manqué dans ce cas. Le Mozambique est un port auquel, à cette époque, on n'accédait pas pendant les heures d'obscurité, car il n'y avait pas de phares pour assurer la sécurité de la navigation. Il faisait nuit lorsque nous allumâmes la lumière sur l'île Saint-Georges, et Castilho me fit remarquer que je devrais mouiller dehors. L'esprit d'opposition m'a fait répondre que je devais entrer. Pour faire court, je suis arrivé un peu trop tôt et le chef de bâbord a donné « demi-quatre » juste au nord du feu de l'île. C'était une formation corallienne et cela signifiait très proche du fond. Castilho, qui était sur la passerelle, a dit : « Vous êtes du côté nord », mais je savais que ce n'était pas le cas, j'ai porté la barre, j'ai filé à toute vitesse et je me suis retrouvé en sécurité. Mais c'était du toucher et du départ. Cependant, à ce moment-là, j'avais repris confiance sur le pont et, Dieu merci, il ne m'a jamais quitté. J'ai laissé mon ami le gouverneur au Mozambique, car il m'a dit qu'il se rendait au Cap *en route* pour rentrer chez lui avec moi lors du voyage vers le bas.

Dois-je dire qu'il y a des moments où les capitaines des navires sont chargés de commissions délicates ? Le voyage sous préavis en est un bon exemple. L'agent d'une compagnie, s'il est dûment accrédité, est censé exercer les pouvoirs des propriétaires en cas de besoin, mais le capitaine est également le représentant des propriétaires en ce qui concerne son navire. Le point est intéressant, quant à savoir dans quelle mesure il appartient à un agent de supplanter l'autorité du maître, mais le problème n'est peut-être pas si difficile aujourd'hui, alors qu'il existe tant de possibilités de câblage de l'information. Cependant, à mon époque, nos maîtres ne recevaient pas plus de commandes des petites agences qu'ils ne pouvaient en gérer confortablement. Notre agent de Zanzibar était un homme plutôt délicat à gérer, mais il me consultait toujours avant de décider quoi que ce soit concernant un navire. Quand j'ai quitté Cape Town, j'ai été chargé par notre agent principal, plus tard Sir T. E. Fuller, KCMG (sur l'autorité duquel il n'y avait aucun doute), de conférer avec l'agent de Zanzibar sur les comptes de la société, qui étaient apparemment dans un état quelque peu arriéré. . C'était une affaire assez délicate, mais j'ai fait de mon mieux et l'affaire s'est très bien passée comme je le pensais, et j'ai reçu l'assurance que les comptes seraient rendus sans plus tarder. Le HMS *London* était le navire-station à Zanzibar pour la répression du trafic d'esclaves et, naturellement, nous étions en bons termes avec les différents officiers, et le matin de notre départ, je me rendis avec eux à la digue du sultan. La veille au soir, nous avions illuminé le bateau avec des lumières bleues, car c'était la période du Ramadan, et SS Seyyed Burghesh a eu la gentillesse de me complimenter sur l'apparence de l' *Africain* , car de sa tour de guet il pouvait voir tout ce qui se passait. La digue était levée à 10 heures et je montais à bord pour naviguer à midi.

Vers 12 h 30, l'agent est arrivé avec les papiers du navire et j'ai remarqué nonchalamment que j'aimais beaucoup la ponctualité et que je ne rêvais pas de la mine à laquelle j'étais en train de mettre le feu. Entre autres choses, il a dit qu'il souhaitait envoyer une sorte particulière de bœuf et de chèvre à Algoa Bay. J'ai jugé qu'il avait eu l'intention de le faire et je n'y ai plus pensé. Nous avons quitté le port et avons franchi la passe sans problème. Mais à mon insu, et alors que j'étais à la digue, le sultan avait envoyé à bord (comme il s'est avéré finalement comme un cadeau pour moi en reconnaissance de notre feu d'artifice) un bœuf et une chèvre, que j'ai imaginé quand je les ai vus. le bœuf et la chèvre mentionnés par l'agent devraient être débarqués dans la baie d'Algoa . Cette affaire peut en rester là pour le moment, mais il y a encore beaucoup à faire. Au Mozambique, nous avons récupéré l'ancien et le nouveau gouverneur de la baie de Delagoa ainsi qu'un major Da Andrade qui devait être débarqué à Quillimane . Je pense qu'il a depuis joué un rôle important en Afrique orientale portugaise. Quand nous sommes arrivés à Quillimane, il n'y avait aucun signe d'embarcation sortant, alors, après une longue attente, nous avons mis les passagers, le courrier et les espèces à bord d'une goélette arabe ancrée à l'extérieur et sommes partis pour la baie de Delagoa. Cela peut paraître de nos jours comme une manière peu contraignante de faire des affaires, mais à l'époque il n'y avait aucune aide pour cela.

À cette époque, Delagoa Bay était dans un très mauvais état politique. Il y avait un gouvernement autocratique, pas toujours avisé, et la gestion des indigènes était une source de profit considérable pour les soi-disant agents d'émigration. En fait, les affaires étaient dans une grande confusion et je ne pense pas que Castilho ait regretté de tourner le dos à la scène de son dernier mandat de gouverneur, car les événements avaient été un peu trop difficiles à gérer.

Nous sommes descendus vers les hauts-fonds alors que le crépuscule tombait et qu'une mer agitée se brisait sur de nombreuses zones de hauts-fonds. Il n'y avait ni marques ni lumières, alors je l'ai placée près d'une des zones d'eau sombres et elle s'en est bien sortie. En fait, c'était à peu près le plan le plus sûr qui aurait pu être adopté. Mais j'avoue qu'il s'agissait d'une navigation rudimentaire, adaptée aux besoins de l'époque et aussi aux circonstances de l'affaire. Nous sommes arrivés au Cap en temps voulu sur le chemin du retour. Là, à ma grande satisfaction, j'ai rencontré mon ami Herbert Rhodes et j'ai organisé un petit déjeuner à bord pour célébrer l'occasion. Je pensais avoir bien choisi mon groupe, car j'avais Castilho et Rhodes, assis l'un en face de l'autre et à côté de moi. Il y avait F. St. Leger, « le Saint », comme on appelait communément le cher vieux rédacteur en chef du *Cape Times* , Peter van Breda, et d'autres dont les noms ne me viennent plus à l'esprit maintenant. Je fus fort surpris de constater que Castilho ne parlait pas volontiers à Rhodes, et que celui-ci avait quelques raisons de rire qu'il ne me confiait pas sur le moment. Lorsque nous avons quitté la table, Castilho m'a fait remarquer : « Si j'avais pu arrêter votre ami à Delagoa Bay, il serait allé en prison pendant longtemps. » J'étais un peu étonné, mais la fête s'est ensuite interrompue. Voilà la raison de tout cela. Depuis quelques années, de nombreux jeunes Anglais venaient en Afrique du Sud à la recherche d'aventures, et il n'y avait pas grand-chose de trop chaud ou de trop lourd pour que certains d'entre eux puissent s'y attaquer d'une manière ou d'une autre. Certains étaient des soldats, je me souviens du major Goodall et du capitaine Elton au début des années 70 ; puis il y avait des jeunes hommes comme Dawnay , Reggie Fairlie , Campbell et d'autres comme Rhodes. Ils pouvaient chasser, voyager en transport ou explorer, mais on était assez sûr qu'aucun méfait n'était transmis qui pourrait par quelque moyen que ce soit être négocié. Or, quelque peu en amont de la rivière qui se jette dans la baie de Delagoa, vivait un potentat sombre dont l'âme avait soif de posséder une pièce d'artillerie, aussi petite soit-elle, et qui, comme preuve de son sérieux, offrait en échange un verre plein de diamants. . Je n'ai jamais entendu dire qu'ils devaient avoir une valeur fixe, mais ils auraient dû l'être, car les Portugais interdisaient strictement l'importation d'artillerie de quelque sorte que ce soit, et cela serait dur pour quiconque se livrait à la contrebande. Je ne suis pas sûr de l'identité des compagnons de Rhodes, mais certains de ceux que j'ai mentionnés étaient sûrement en poste. Ils ont affrété une petite goélette à Natal, nommée le *Pelham* , puis ont obtenu un vieux canon en laiton de six livres, qu'ils ont amené clandestinement à terre dans la baie de Delagoa une nuit et l'ont enterré dans les mangroves au-dessus de la ville. Ils ont obtenu leurs diamants et, ensuite, au lieu de monter à bord de leur embarcation comme des hommes sensés ou plus âgés l'auraient fait, ils ont commencé à peindre Lourenço Marques en rouge, avec la peinture la plus brillante disponible . Il y avait là une certaine dame aux oreilles très fines qui, en concluant, livrait le gibier aux autorités, et les jeunes aventuriers devaient leur liberté au fait qu'il n'y avait pas par hasard de canonnière portugaise dans la baie de Delagoa, comme là-bas. l'était habituellement. Mais sans doute cette absence a-t-elle été prise en considération. Ce fut la dernière fois que je vis mon ami Rhodes. La dernière fois, il est venu sur mon navire à Quillimane , peu de temps après, pour rapporter à la maison des défenses en ivoire, chercher du sel aux fruits d'Eno et, si possible, une brosse à dents, et surtout pour me voir. Il paraît qu'il avait obtenu d'un chef du pays une belle concession de tir et qu'il allait le lendemain en prendre possession. Nous avons eu une longue conversation sur des amis communs, et ce fut la fin de lui, car un accident s'est produit le lendemain au feu de camp, et il a été tellement brûlé que la mort dans l'agonie a été la fin d'un homme qui, dans mon esprit, est toujours debout. comme une incarnation de Charles Ravenshoe .

À peu près à cette époque, j'avais comme passager feu Arthur Sketchly , de « Mrs. Brown», en allant écrire les aventures de cette dame en Afrique du Sud. C'était un homme de grande corpulence et qui se déplaçait lentement. Un soir, au dîner, certains garçons étaient très heureux et joyeux. Il s'est tourné vers moi et m'a dit : « Jeunes hommes ! Les jeunes hommes! ils peuvent courir, sauter, rire, manger, faire l'amour, tout faire. Ugh, je les déteste !

Lors de mon prochain passage depuis chez moi, nous avons eu une très forte poussière juste au sud du golfe de Gascogne. Je découvre par mes notes que nous avons perdu un canot de sauvetage, que les rails du pont ont été brisés, que l'homme a été lavé de la roue et divers autres dommages ; mais ces choses arriveront parfois. Nous sommes arrivés à Algoa Bay le 25 décembre 1879, et c'est là que la plaisanterie a commencé concernant le débarquement non autorisé du bœuf et de la chèvre , et j'ai été passible de toutes sortes d'amendes. De plus, on m'a dit que l'agent de Zanzibar avait écrit à propos d'un « buffle et d'un veau » et que ceux-ci ne correspondaient pas à leur description. Dans ces circonstances, il peut y avoir beaucoup de correspondance et, comme dans ce cas, des conséquences graves. À cette époque, j'étais dans de graves problèmes domestiques, qui ébranlent un homme jusqu'à ses fondations, mais heureusement, peut-être, si vous êtes la roue dentée d'une machine, vous continuez à broyer et vous avez ainsi moins de temps pour ruminer les rouages du destin. . J'étais reconnaissant pour la compagnie de deux de mes passagers, l'un Herbert De La Rue et l'autre Fred Struben , qui sont tous deux maintenant des hommes bien connus. Nous sommes arrivés à Zanzibar, et là, on m'a rapporté que l'agent avait répandu des rapports sur ma sobriété lorsque j'avais quitté le port lors du voyage précédent. Je ne m'en suis pas préoccupé jusqu'à ce que l'agent fasse la déclaration à mon officier en chef. C'était partout autour du «bœuf et de la chèvre», car la déclaration était que l'agent m'avait dit dans un anglais simple et clair qu'ils étaient un cadeau du sultan pour moi, mais je n'étais pas en état de comprendre ce qui était dit. . Or, le matin en question, j'étais, comme je l'ai dit, à la digue du sultan et je n'avais pas touché de boissons intoxicantes au moment de quitter le port. La conclusion selon laquelle le café et le sorbet m'avaient influencé était bien sûr insupportable. Cependant, comme la déclaration persistait, il n'y avait pas d'autre choix que de porter l'affaire devant le consul. Il y avait un certain nombre de témoins indépendants du rivage pour témoigner en ma faveur, et l'agent a été condamné à une amende et à des frais multiples. Ils avaient une manière très rapide de traiter leurs affaires devant ce tribunal, car un accusé est sommé de comparaître « immédiatement ». Pour clore l'incident, on a parlé dans le port de la « joue » d'un maître mettant un agent au tribunal, mais je savais que si je n'avais pas pris des mesures immédiates, le mensonge aurait pu durer toute ma vie. La prochaine fois que j'ai fait face à mon conseil d'administration et que l'affaire a été soulevée, le président, Sir Benjamin Phillips, m'a dit : « Nous pensons que vous avez tout à fait bien agi, monsieur », et c'est tout ce que j'ai demandé. Je voudrais également exprimer ma gratitude pour la gentillesse de Sir John et de Lady Kirk, Sir John étant à l'époque agent politique à Zanzibar. Le reste de ce voyage, en ce qui me concerne, s'est déroulé sans incident, sauf que j'ai trouvé tout à fait nécessaire de vraiment pratiquer la navigation stellaire. J'avais alors avec moi, comme officier en chef, Franz K. Thimm , un vieux garçon de Worcester, et il seconda mes efforts par tous les moyens en son pouvoir. Entre nous, nous sommes arrivés à la conclusion que nous pouvions, si nécessaire, être indépendants des observations de jour, et que cet état de choses était utile sur une côte où les courants sont souvent à la fois forts et dans des directions incertaines. Mais, outre son utilité tout au long de ma carrière maritime, je n'ai jamais perdu un sentiment d'émerveillement que l'homme ait pu rédiger un livre tel que l'Almanach Nautique. Monter sur le pont, prendre trois ou quatre photos panoramiques des étoiles, puis entrer et placer le navire à un endroit précis, donne lieu à réflexion et à la gratitude pour le travail des grands découvreurs qui ont tant profité à ceux qui sont venus après. eux.

Quand nous sommes arrivés à la maison, quelques changements ont été apportés. Attendez, qui j'ai expliqué était mon aîné de quelques jours, était au port sur l' *American* , et il y avait alors une construction sur le Clyde the *Trojan* , à laquelle il fallait nommer un maître, pour enfin superviser son armement. , et emmenez-la à Southampton.

Un jour, Wait reçut l'ordre d'aller vers le nord - et moi vers l' *American* , puis Wait reçut l'ordre de retourner à son ancien navire et moi vers le *Trojan* . C'était plutôt une chance pour moi, car à la sortie, alors qu'il était en ligne, l' *Américain* a cassé son axe de vis et a coulé. Heureusement, toutes les mains furent sauvées, au crédit infini de son capitaine et de ses officiers. Le capitaine Hepworth, RNR, CB, du bureau météorologique, était alors le premier officier, et mon vieil ami Jones du *Basuto* était le second. J'ai appris l'accident de la manière suivante. J'étais dans mon logement un après-midi lorsque le messager du bureau, Fancourt , entra avec un visage très important : « Les compliments du capitaine Dixon, et il aimerait vous voir immédiatement. Ceux qui ont connu Fancourt comprendront la manière dont le message a été délivré, car je crois vraiment qu'il pensait diriger la Compagnie, de la même manière que l'homme des feux de la rampe domine la scène . Je suis allé au bureau de mon chef, qui m'a fait un grand compliment ou bien me tirait la jambe. La table était couverte de cartes et il dit : « L' *Américain* a coulé en latitude. - - long. ———. Toutes les mains sauvées dans les bateaux. Je veux que vous me disiez où nous devrions chercher ces bateaux, car j'en conclus que vous en savez plus que n'importe lequel d'entre nous. En fait, je me suis trompé dans mon estimation, car les bateaux ont été récupérés par des navires, mais les courants, tant guinéens qu'équatoriaux, ont peut-être joué un rôle dans leur destination. Certains des passagers ont eu un deuxième naufrage dans le navire qui les avait récupérés et il y a eu des morts. Je ne me souviens pas très bien de la manière dont la nouvelle est parvenue chez moi, mais plusieurs détails sont ressortis assez clairement. L'une d'elles était que le théâtre sur la dunette, où les représentations théâtrales avaient eu lieu la veille au soir, était bien visible au moment du naufrage, et aussi que le second officier avait été vu mettre le réservoir d'eau du boucher dans son canot de sauvetage. C'était typique de Jones, essentiellement un marin pratique. Je lui ai ensuite demandé de m'en parler et de me dire s'il avait eu des problèmes. « Quand je suis descendu dans le bateau, dit-il, pour mettre les choses en ordre, j'ai jeté plusieurs paquets de choses qui ne servaient à rien et prenaient de la place, dont un appartenait au cuisinier, qui m'en voulait. Je lui ai juste dit que s'il en disait plus, je veillerais à ce qu'il suive son paquet, et qu'il n'y aurait plus de problème. Cela a toujours été une question de félicitation pour moi d'avoir échappé à ce métier. Le capitaine Wait fut à juste titre félicité pour son action, et ses officiers reçurent également leur récompense .

Je suis dûment allé vers le nord pour reprendre le *cheval de Troie* . C'était un navire d'environ quatre mille tonnes, mais c'était énorme pour nous à l'époque. D'un point de vue global, c'était l'un des plus jolis petits navires avec lesquels j'ai jamais eu affaire et, curieusement, c'était le *deuxième* navire à transporter une lumière électrique. J'imagine que la *ville de Berlin* était la première, mais le *cheval de Troie* était la seconde. Ce n'était qu'une simple lampe à arc dans le salon, et le capitaine Dixon la qualifiait de « l'une des modes du président ». Une cabine spéciale était également en cours d'aménagement pour ramener du Cap l'Impératrice Eugénie. Elle avait voyagé en *allemand* . J'ai trouvé les deux frères Thompson, qui ont construit le navire, très agréables et ils ont fait de leur mieux pour rendre mon séjour agréable. En quittant Clydebank au sommet des hautes eaux, nous avons en fait franchi la Clyde, par accident c'était vrai, mais nous aurions facilement pu nous retrouver dans une situation très délicate. Nous sommes allés au Gareloch pour régler nos compas, et là j'ai d'abord eu le plaisir de rencontrer Sir William Thompson, plus tard Lord Kelvin. Les marins devraient lui en être éternellement reconnaissants, car en plus d'une boussole parfaite, il nous a également donné un appareil de sondage qui, s'il est utilisé à bon escient, est tout simplement d'une valeur inestimable. Je lui ai demandé un jour, quelques années plus tard, car je suis heureux de dire que j'avais conservé son amitié, pourquoi il ne pouvait pas nous donner un journal fiable qui enregistrerait avec précision la vitesse du navire. Il répondit qu'il n'y aurait aucune difficulté à le faire, mais comme cela engendrerait une fausse confiance, il pensait qu'il valait mieux laisser cela de côté, car des courants de surface dont on ne pouvait pas tenir compte falsifieraient l'exactitude de n'importe quel journal. Nous n'avons pas mené nos essais officiels dans le Nord, mais à Stokes Bay. Pendant le trajet, le capitaine Dixon était avec nous et j'appris que je devais faire sortir le navire. Ceci, pensais-je à l'époque, était un peu trop beau pour être vrai, car je savais qu'un senior viendrait me bousculer hors d'elle, et après notre essai de vitesse à Stokes Bay, bien sûr, Travers avait réussi à le faire. il est revenu en *Asie* et l'échange a été dûment effectué. Ma relation avec le *cheval de Troie* n'a pas été longue, mais pour de nombreuses raisons, elle a été extrêmement agréable. Par exemple, cela m'avait donné l'occasion de rencontrer, de manière officieuse, la plupart de mes réalisateurs, et cela m'avait convaincu qu'il y avait des moments où ils pouvaient se comporter comme des êtres humains. Je voudrais spécialement mentionner la courtoisie constante de M. Giles, qui lui a succédé à la présidence. Il était alors député de Southampton, et ses dîners à Radleys , auxquels tous nos capitaines du port étaient invités, étaient des réceptions très appréciées de ceux qui étaient invités à y assister.

Il y a eu de nombreux navires laids à flot – le *Basuto* , par exemple – mais pour sa laideur nue et sa brutalité sans honte, l' *Asiatique* doit recevoir la palme. Elle a été construite dans un port du nord du pays et avait une proue semblable à une botte de foin circulaire. Lorsqu'il était léger et qu'il y avait une brise, il fallait une très bonne manipulation pour éviter qu'il ne se prenne en charge lui-même. Mais elle avait ses bons côtés : d'une part, elle avait une boussole décente, et elle se comportait bien par beau temps ; pour le reste, il était assez à l'aise en mer, mais n'avait pas été bien entretenu quant à son entretien et avait un aspect négligé dans son ensemble. Je me mis immédiatement à remédier à ce problème, et elle présenta une apparence très différente la prochaine fois qu'elle revint à Southampton. Nous étions bien sûr sur le service intermédiaire, mais lorsque nous sommes arrivés à Zanzibar, pour une raison quelconque, il y avait une grande réjouissance à laquelle nous avons participé. J'ai donné un dîner et un bal auxquels ont assisté toutes les dames présentes, sauf deux : la femme et la sœur du consul de France. Elles étaient absentes, comme me l'a dit en toute confidentialité le capitaine d'un navire de guerre français, parce que la tenue de la sœur célibataire était plus jolie que celle de madame. Il n'en reste pas moins que nous avons réuni, je crois, huit dames, et elles ont été très contentes. Ce qui était plus important, cependant, à mon avis, c'était un match de tir organisé entre les officiers du navire câblier, le HMS *London* , et nous-mêmes. Le *London* trouva les fusils et les munitions, et P. G. VanderByl , l'un des lieutenants, était responsable de l' équipe *de Londres* . J'avais connu son peuple au Cap depuis des années et j'ai ensuite été camarade de bord avec lui dans l'ancienne *Dévastation* . Nous avons remonté le port à bord d'un des cotres à voile *de Londres* ; ils en avaient plusieurs, et ils portaient des noms très fantaisistes – d'après les noms alors en vogue sur les premières pages de la musique de valse. Celui-ci s'appelait *Olga* , et il était piloté et escroqué par VanderByl comme s'il s'agissait d'un cuirassé. Il est peut-être inutile de dire que nous étions également assez bien équipés pour un pique-nique. J'avais dans mon équipe un très gros quartier-maître que j'avais vu très bien sur le champ de tir à la maison, et je comptais sur lui et sur certains de mes officiers pour faire un bon spectacle. Pour faire court, les *Londons* ont tiré de façon abominable, et nous avons fait bien pire, le câblier étant un mauvais troisième. Mon quartier-maître a été un échec flagrant. Les *Londoniens* furent ravis de constater qu'ils n'étaient pas battus, car il s'avéra par la suite que leur capitaine aurait été contrarié s'ils l'avaient été. C'est à cette époque que je fis la connaissance du capitaine Ouless , RN, qui était navigateur à bord du *London* . J'ai toujours trouvé les officiers navigants les plus disposés à aider un capitaine de navire avec le temps ou toute information dont ils disposaient. Je crois que c'est également au cours de ce voyage que j'ai rencontré pour la première fois H. M. Stanley. J'ai été emmené par un des officiers du consulat, un gentil garçon nommé Holmwood , dans une grande pièce basse et assez lumineuse. Un petit homme blanc était appuyé contre le mur et, accroupis tout autour de la pièce, se trouvaient les hommes que Stanley engageait pour son voyage à l'intérieur. Ce fut une réunion assez remarquable, mais à vrai dire, ni à ce moment-là ni après, il ne m'a donné l'impression d'être l'homme remarquable qu'il était en réalité. Il y avait aussi dans le port ce magnifique yacht, le *Lancashire Witch* , acheté plus tard par l'Amirauté pour un bateau d'arpentage. Elle appartenait à Sir Thomas Hesketh , mais je ne me souviens pas avoir fait sa connaissance. Les forces du sultan étaient alors sous le commandement d'un officier de la marine britannique nommé Matthews, et le succès qui accompagna ses efforts fut très remarquable. Ses hommes le considéraient avec un immense respect et une immense vénération et auraient traversé le feu et l'eau pour lui. C'était tout un spectacle de les voir exercer sur la place devant le palais. Je dois également dire que le sultan était très généreux en fournissant des chevaux aux visiteurs qui souhaitaient monter à cheval. Il avait une sorte d'homme de main nommé Mahomet, qui parlait très bien anglais, mais qui n'était pas, si ma mémoire est bonne, un mahométan inébranlable , car il admirait parfois les vins de France. Bien que gravement atteint d'éléphantiasis, une affection très courante là-bas, il s'occupait toujours de toutes les petites affaires qui pourraient être nécessaires à terre, mais naturellement il aimait ses avantages et veillait à les obtenir. Si

le rapport parlait correctement, il aurait pu raconter comment
la mort du vaillant capitaine Brownrigg, RN, a été provoquée,
mais comme je ne peux pas énoncer les faits, il ne sert à rien
de parler de cette triste histoire.

Il y avait un assez grand nombre de passagers pour le voyage
de retour depuis Natal et le Cap, parmi lesquels un couple
nouvellement marié, la mariée étant une très belle Hollandaise.
Avant de quitter le Cap, il y eut une période assez gaie. Un jour,
nous sommes partis en traînée pour un pique-nique à
Newlands, mais il s'est mis à pleuvoir énormément. Je
connaissais un homme qui vivait près de chez nous, nommé
Raphael Bensusan , et c'était un bon gars, alors nous sommes
allés en voiture jusqu'à la maison. Il n'était pas là, mais son frère
ou un parent masculin était là, et il nous rejoignit pour notre
pique-nique sur le sol de la salle à manger, car par hasard la
maison était à moitié fermée. Ce fut un après-midi très joyeux,
et la journée se termina par un de ces bals au Exchange
Building qui contribuaient grandement à faire du Cap l'un des
endroits les plus agréables à connaître.

L'histoire suivante est absolument vraie et montre comment
les circonstances semblent parfois tenter d'aider le bourreau à
mettre la corde autour du cou de la victime. J'avais l'habitude,
lorsque je commandais, de dormir l'après-midi, puis de rester
jusqu'au milieu du quart. Dans l' *Asiatic,* ma cabine se trouvait
à l'avant du carré, à tribord. Un soir, vers midi et demi, j'étais
assis avec un capitaine Le Breton, fumant et filant. La porte
était ouverte, les fenêtres et les hublots aussi, car la nuit était
très chaude. C'était avant l'époque des lampes électriques, et
ma cabine était éclairée par une lampe modératrice, et une autre
était accrochée dans le salon, car les lumières ordinaires des
cabines s'éteignaient à 23 heures, sauf lorsque, sur ordre du
médecin, elles restaient allumées. Soudain, une jeune fille entra,
criant que quelqu'un regardait sa cabine par le hublot et
demandant qu'on la sauve, se jeta sur une chaise et s'évanouit.
Juste à ce moment-là, un souffle de vent a éteint ma lampe,
chose qui ne s'était jamais produite auparavant à ma
connaissance. Ensuite, j'allai chercher la lampe du salon, qui
s'éteignit également, après quoi j'obtins la cible du quartier-
maître et allai appeler l'hôtesse de l'air, qui ramena la jeune fille
effrayée dans sa cabine et remis les choses au clair. Lorsque
mon compagnon et moi étions de nouveau seuls, je lui ai
demandé s'il faisait partie d'un jury, croirait-il à un tel concours

de circonstances, et il a répondu non sans hésitation, et je peux certainement dire : moi non plus.

L' *Asiatique* est revenue à Southampton si intelligente qu'elle se connaissait à peine. C'est vraiment mal de se moquer de mon navire, mais lors de son premier voyage, alors qu'il était commandé par le capitaine Coxwell , le commodore, à son arrivée à Algoa Bay, il a été plaisanté par ses connaissances sur son habileté à ramener l'arrière de son navire en premier, car ils prétendaient croire qu'aucun navire existant ne pouvait avoir une proue comme l' *Asiatique* . On aurait presque pu leur pardonner cette croyance.

Revenons maintenant une fois de plus à l' *Africain* , car en ce qui concerne l'ancienneté, j'y étais à ma place. Les dirigeants étaient parvenus à la conclusion qu'ils exploiteraient une ligne mensuelle vers Hambourg, en liaison avec le service intermédiaire vers Zanzibar, et l' *African* fut le premier à se lancer dans cette affaire. Notre président, M. Giles, qui avait effectué des travaux d'ingénierie à Cuxhaven, a estimé qu'il était juste que les capitaines les envoient d'abord comme passagers pour leur faire voir à quoi ressemble l'Elbe avant d'y amener leurs navires. C'était un acte attentionné, car une rivière gelée était une expérience nouvelle pour moi, sinon pour les autres. Je pris donc passage sur l'un des navires de la General Steam Navigation. L'Elbe était gelée, et il était curieux de voir le paquebot charger une grande banquise, se fendre et se frayer un chemin à travers tout cela. La principale difficulté, cependant, semblait être que l'eau d'injection gelait parfois, et qu'il fallait alors utiliser un dispositif spécial pour souffler de la vapeur à travers la plaque d'injection. J'ai dûment télégraphié cette information à la maison, mais on n'en a pas tenu compte, et j'ai eu exactement le même problème avec l' *African* . On ne pouvait s'empêcher d'être impressionné par l'ordre de fer imposé à tout le monde à Hambourg. Les gens vivaient selon la règle, et ils vivaient bien ; les quais étaient en excellent état et bien mieux équipés que les nôtres, que ce soit à Londres ou à Southampton. J'ai été emmené par l'agent de la Compagnie à un bal où l'entrée coûtait six pence. Il était 2 heures du matin et il y avait environ trois mille personnes de la classe ouvrière présentes, mais aucun signe de chahut ou de personne en état d'ébriété. C'était en quelque sorte une révélation, mais il y avait bien plus à apprendre que cela. Je suppose que, comme la plupart des jeunes Britanniques de l'époque, j'avais l'idée fermement ancrée dans mon esprit que nous étions le seul peuple au monde et que personne d'autre ne comptait. Notre agent était un type très sympathique et nous n'avons jamais eu la moindre friction, mais d'une manière ou d'une autre, il a réussi à me faire comprendre qu'il existait une nation d'Allemands qui avait l'intention de devenir, comme ils le pensaient alors, les meilleurs chiens du monde. . J'en ai déjà mentionné un exemple antérieur.

J'ai vu tout ce que je pouvais et je suis retourné chercher mon navire, et si quelqu'un a l'impression que la mer du Nord est un endroit agréable pour naviguer, il est le bienvenu dans sa croyance. Ce n'est pas le mien. Je suppose qu'avec le temps, ceux qui y font le commerce s'y habituent, mais cela doit en faire des marins, et ce facteur doit être pris en considération lorsqu'on évalue la valeur de nos cousins teutoniques comme rivaux possibles sur mer.

C'est sans aucun doute une bonne chose de changer d'itinéraire. Faire constamment des échanges entre les mêmes endroits est agréable à bien des égards, mais on voit peu de choses fraîches et l'esprit a tendance à courir dans un rythme qui n'est pas sain. Et encore une fois, de nouveaux visages et de nouveaux lieux aiguisent votre esprit et suppriment l'impression que vous avez appris tout ce qu'il y a à savoir.

Une première remontée de l'Elbe en hiver était un bon correcteur à tout sentiment de stagnation. La Compagnie a bien voulu nous fournir un pilote de la mer du Nord, un capitaine connaissant ces eaux, mais je n'envisageais pas de le laisser faire autre chose que me consulter. Dans ce cas, il ne tenait pas à assumer une quelconque responsabilité, mais arrivant une nuit après la tombée de la nuit à l' embouchure de l'Elbe, nous embarquâmes comme pilote un petit vieillard qui nous donna l'idée de Rip Van Winkle. Il y avait beaucoup de glace qui descendait et j'ai été considérablement surpris lorsque le pilote m'a demandé de jeter l'ancre alors que le navire faisait au moins six nœuds dans l'eau. Mais tout s'est bien passé et le lendemain nous sommes arrivés à Hambourg.

Mes instructions étaient d'offrir un dîner et une fête à quelques-uns des magnats du transport maritime, ce que je fis en envoyant des invitations sur les conseils de notre agent. La soirée mouvementée arriva, et j'avais des doutes depuis environ un jour quant à la stricte sobriété de mon intendant en chef.

Pendant que le dîner avançait, j'ai regardé en arrière où je pouvais voir le garde-manger, puis j'ai observé l'intendant dans un état d'ébriété impuissant. Il surprit de moi un regard qui aurait suffi à flétrir une ancre, mais il était trop loin pour en être affecté. Cependant, mon propre domestique et le maître d'hôtel nous ont bien aidés. À peine le dessert était-il sur la table qu'un des invités se leva pour proposer la santé du Kaiser, et les autres se levèrent et crièrent « Hoch » suffisamment pour soulever les poutres du pont. Je restai assis sans rien dire, car la situation était embarrassante. J'étais l'hôte, mais c'était un navire britannique et notre reine devait passer en premier, alors lorsque l'ebullition nationale s'est calmée, je me suis levé et j'ai dit de porter le premier toast de la soirée : « La reine et le Kaiser." C'était peut-être une trop grande concession, mais dans les circonstances, c'était mieux que la discorde. Cela a été dûment honoré et le reste était harmonie, car j'avais fourni la musique. Mon serviteur à cette époque était un parfait serviteur ; Je n'avais guère besoin de lui dire quoi que ce soit, car il avait la faculté de devancer mes désirs. Il y avait un des invités qui s'est montré inutilement pro-allemand tout au long de la soirée, mais à la fin de la soirée, il a dû être mis dans un taxi et renvoyé chez lui. J'imagine que pour son dernier brandy et son soda, il a dû prendre du brandy et du gin. Je n'ai donné aucune instruction ni indice à ce sujet, mais j'ai eu l'impression que les honneurs étaient faciles à remporter à l'arrivée. Un jour ou deux après, il est venu me souhaiter *bon voyage* , mais il ne semblait pas très bien, et je doute qu'il le pense sincèrement. Il faisait si froid à Hambourg que les treuils à vapeur sur le pont devaient rester en mouvement toute la nuit lorsqu'ils n'étaient pas utilisés, pour éviter qu'ils ne gèlent, et comme le brise-glace n'était pas alors correctement en service, nous avons dû nous frayer un chemin à travers le glace descendant la rivière. À notre retour à Southampton, les flancs du navire au niveau de la ligne de flottaison étaient dépourvus de peinture, et le côté en acier était aussi nu qu'un couteau et de la même couleur .

Lorsque nous atteignîmes Natal au cours de ce voyage, nous apprîmes le déclenchement de la première guerre des Boers, qui commença par l'abattage d'un de nos régiments sans aucune déclaration d'hostilités. Je dirai seulement ceci, que les sentiments entre les Néerlandais et les Britanniques étaient alors, et pendant de nombreuses années après, si aigus que la dernière guerre des Boers en était l'issue inévitable, et pour cet état de choses, je pense, dans mon propre esprit. , ont toujours considéré M. Froude et ses amis comme responsables. Livrés à eux-mêmes, les Boers auraient accepté la décision de Sir Bartle Frere, si son administration dans le Transvaal avait été menée comme il l'entendait.

Mon officier en chef à bord de l' *African* était un homme dont j'ai déjà parlé, E. T. Jones, qui portait une barbe noire anormalement grande, d'où il avait acquis le surnom de « Black Jones ». J'avais pour lui la plus haute estime à tous points de vue. Lorsque nous sommes arrivés chez nous en février 1881, je me suis naturellement rendu à Londres pour voir les réalisateurs. A cette époque, le *Roman* avait été affrété pour transporter des troupes vers le Natal. Aucun maître ne lui fut alors nommé, et on me questionna sur l'habileté de mon premier officier, ce à quoi je répondis qu'il était un aussi bon homme que moi. Mais, a déclaré un réalisateur, "est-ce que c'est l'homme à la barbe noire qui ressemble à un pirate ?" et la conversation se termina par un rire et par l'annonce qu'ils viendraient à Southampton pour s'en occuper. Quand je suis revenu ce soir-là, j'ai contacté Jones et, bien contre sa volonté, je l'ai emmené chez un barbier et je lui ai coupé la barbe. C'était l'époque des mesures héroïques, car l'utilisation des cisailles a probablement décidé la situation en sa faveur . Mais comme il ne convenait pas d'envoyer des troupes avec un homme dont il commandait le premier voyage, il prit l' *Africain* et moi le *Romain* , avec ordre de se changer de nouveau sur la côte. Au moment où j'écris ces lignes, j'ai devant moi une lettre signée par les officiers qui ont voyagé dans la *voie romaine* , me remerciant d'un agréable passage. La première signature est Finch White, major du 85th Light Infantry, commandant les troupes. Il est suivi par F. Grenfell, lieutenant-colonel du 60th Rifles (aujourd'hui Field-Marshal Lord Grenfell). Parmi tant d'autres, on trouve R. B. Lane, brigade de fusiliers majeurs (aujourd'hui général Sir R. B. Lane), D. N. Stewart, sous-lieutenant du 92e Highlanders, qui obtint par la suite des honneurs dans de nombreuses régions de l'empire, et Charles E. Knox, capitaine du 85e régiment, l'un de nos meilleurs généraux de la fin de la guerre. C'était une foule agréable avec laquelle voyager, et le passage s'est déroulé sans accroc, mais en ce qui me concerne personnellement, j'ai eu un peu de mal, car sur la ligne, j'ai découvert que mon charpentier avait négligé ses devoirs, et nous avions seulement une journée d'eau à bord. Je n'en ai rien dit mais j'ai mis le condenseur en marche nuit et jour jusqu'à ce que nous ayons rempli nos réservoirs. J'en ai ensuite confié la responsabilité à un officier, mais mon ingénieur en chef s'est montré vaillant à cette occasion, car il n'était pas agréable d'avoir plusieurs centaines d'hommes dépendant entièrement de ravitaillements condensés. Le major Lane et moi sommes devenus très intimes. Il avait une personnalité merveilleuse qui attirait tout le monde, et je ne doute pas qu'il la conserve encore. Un soir, lui et moi avons attrapé un fou, et la question était de savoir quelle était la meilleure utilisation pour l'utiliser. Le colonel Grenfell dormait alors et nous avons pensé que ce serait peut-être une bonne idée de mettre l'oiseau dans sa couchette. Nous avons placé cette bête hurlante sur lui alors qu'il était allongé, mais il n'a jamais bronché, il a seulement dit : « Pouah ! enlevez cette chose bestiale », et nous l'avons fait. Ce n'était cependant pas une mince épreuve pour le courage d'un homme, puisqu'il a été testé et vérifié dans de nombreux virages serrés. Une chose m'a cependant frappé lors de ce voyage, c'est le grand intérêt porté par les officiers aux ouvrages théologiques de toutes sortes. Il y avait une belle collection à bord, et je me souviens en avoir lu une intitulée *The Approaching End of the Age* , de Gratton Guinness, qui prouvait sans l'ombre d'un doute que la fin du monde devait avoir lieu d'ici 1894.

En entrant dans le quai du Cap, il y avait un fort vent de sud-est et le navire gîte fortement sur tribord. Nous avons amené les troupes à bâbord et cela l'a remis debout en un clin d'œil. C'était très intelligemment fait, mais ils n'avaient besoin que d'un mot pour faire ce qu'ils voulaient. Puis nous avons appris que la guerre était finie. J'imagine que Lord Roberts était déjà arrivé et revenu, et il y avait de forts murmures de mécontentement tout autour. Nous continuâmes néanmoins notre route jusqu'au Natal et débarquâmes nos troupes. Feu l'amiral Andoe et Sir Edward Chichester étaient là, officiers au débarquement, et ils m'ont remis un très beau certificat pour la manière dont l'ensemble du travail avait été accompli. À propos, j'avais parié avec le colonel Grenfell que le gouvernement qui avait conclu la paix ne durerait pas six mois, mais je me suis trompé sur la suite.

Sur le chemin du retour vers le Cap, j'avais avec moi comme passager Sir J. H. De Villiers, Lord Chief Justice, qui m'a dit que si la paix n'avait pas été faite, l'ensemble de l'Afrique du Sud se serait révoltée, alors peut-être que les choses allaient

aussi bien. ils étaient. Je suis remonté sur mon propre navire à
Mossel Bay et j'ai repris mon travail régulier.

CHAPITRE IX

J'étais heureux de faire le transfert avec Jones à Mossel Bay. Pour une raison, cela lui donnait une bonne chance de conserver son commandement, car le *Romain* devait rester sur la côte, et je poussai aussi un certain soupir de satisfaction en revoyant le pavillon bleu à la poupe de l' *African* , car il C'était un joli petit bateau et je l'aimais beaucoup. Quand je suis monté à bord, j'ai découvert que Ballard et sa femme prenaient avec moi le passage pour rentrer chez eux. C'est une sensation curieuse après avoir été sous les ordres d'un homme de le rencontrer à des conditions d'égalité, et à ce jour, certains de mes anciens officiers, maintenant aux commandes, ne peuvent se remettre de l'envie de me dire « Monsieur ». Je me souviens avoir eu des remontrances avec l'un d'eux il y a peu de temps. Il a répondu : « Eh bien, je vous ai toujours dit monsieur, et je le ferai toujours. » C'était un Irlandais, et l'épisode s'est produit à la Chambre des Communes, où il m'avait entraîné pour rencontrer certains des dirigeants du parti irlandais. C'est à cette occasion que j'ai rencontré pour la première fois John Burns, aujourd'hui très honorable , qui, parlant de la guerre des Boers alors récemment terminée, a observé que nous avions battu « des hommes meilleurs que nous », d'où cette déclaration, guidée par mon expérience passée, J'étais légèrement en désaccord.

Lors de ce voyage de retour, j'ai perdu par-dessus bord mon maître d'équipage et, autant que je me souvienne, il était le seul homme à s'être séparé de moi de cette manière au cours de ma carrière en mer. J'ai connu un ou deux cas de personnes disparues à bord d'un navire, alors qu'on en déduisait qu'elles étaient passées par-dessus bord, mais c'était le seul cas où un homme tombait par-dessus bord et n'était pas récupéré . Cela s'est produit de cette façon. Nous étions à mi-chemin de la baie et le navire roulait, avec la promesse du mauvais temps, lorsque je donnai l'ordre de rentrer les ancres, car elles avaient été laissées à l'avant en quittant Madère. Ce n'était ni une opération dangereuse ni difficile, mais j'avais parlé à l'homme le matin même et, curieusement, j'avais remarqué à mon chef le regard lointain de ses yeux. Je pense maintenant qu'il était ce que les Écossais appellent « fey » et que la main du destin était alors sur lui. Quoi qu'il en soit, il débarquait un morceau de rail en fer lorsqu'il glissa par-dessus bord, s'accrocha au rail et coula comme une pierre. J'étais moi-même sur la dunette et j'ai immédiatement mis le bateau à l'eau, mais il n'est plus jamais remonté à la surface. Nous avons voyagé pendant au moins une heure, puis j'ai demandé aux hommes si quelque chose de plus pouvait être fait. Tous étaient d'accord que l' affaire était désespérée, alors nous avons continué notre route. Lors de mon prochain séjour à Southampton, j'ai envoyé une lettre circulaire aux capitaines de tous nos navires leur demandant de faire une collecte pour la veuve. Ils l'ont fait avec beaucoup de bonté, et on a obtenu une somme suffisante pour l'installer dans une petite boutique dans des conditions confortables, mais elle ne m'a jamais pardonné, m'a-t-on dit, car lorsqu'elle est venue chez moi avec une sœur prête à faire une scène, J'ai refusé l'entretien. J'ose dire que j'avais tort, mais j'avais eu assez de problèmes moi-même, et mon ancienne propriétaire, une personne très privilégiée originaire du West Country, en annonçant les appelants, m'a donné le conseil : « Je ne la vois pas, monsieur . », et j'ai trouvé le conseil bon.

Les voies de la conscience sont curieuses et elles se manifestent parfois de façon absurde – en voici un exemple. J'habitais dans la même maison un officier en chef avec qui j'avais été très ami dans le passé et avec qui j'étais en bons termes. Un matin, ma logeuse est venue me demander de monter voir M.... qui avait quelque chose d'important à dire. J'y suis allé et il y avait mon ami au lit, en train de pleurer. Il paraît qu'il était sorti la veille, qu'il avait hérité d'un violent mal de tête et qu'il m'avait fait venir pour lui dire qu'il allait voir son capitaine et lui avouer sa délinquance. Les mots ne servaient à rien dans un cas de ce genre. Une menace de coup de marteau, dûment traduite en fait, fit finalement revenir la raison à un bon garçon qui aurait fait un excellent vicaire, mais qui était trop doux pour réussir en mer.

Lors du voyage suivant, nous étions en train de rentrer chez nous lorsque l'instruction arriva que l' *Africain* devait rester sur la côte et assurer le service postal entre le Cap et le Natal. Le commerce sur la côte était bon et la politique n'était plus de dépendre des services de navires tels que le petit *Natal* . L' *Africain* était très bien adapté au travail, qui était relativement facile : en mer dix jours par mois au maximum, et le reste du temps au port du Cap ou du Natal. Malheureusement, nous n'avons pas pu franchir la barre à ce dernier port. En repensant à cette période de ma vie, je me rends compte que c'était une bonne chose et que je n'étais pas suffisamment reconnaissant à l'époque. Il y avait un excellent équipage ; mon chef, nommé Smythe , commanda ensuite de longues années et était un homme de premier ordre ; les autres officiers ne laissaient rien à désirer ; il y avait un cuisinier qui satisfaisait tous les passagers, et le navire était très bien entretenu et populaire sur la côte. Je me faisais construire une sorte d'abri rudimentaire sur le pont et, lorsque j'étais en mer, j'y passais toujours mes nuits, car j'avais largement le temps de dormir au port, mais lorsque le capitaine d'un bateau à vapeur le dirigeait selon les principes de un yacht, il est susceptible de s'avérer un peu cher. À cette époque, cependant, il semblait y avoir beaucoup d'argent en circulation, car les gens voulaient toujours que des commissions soient exécutées sans aucune infraction aux règlements de la Société. Je découvre, en me référant à d'anciens carnets de lettres, que dans mes lettres aux autorités nationales, je mentionne le fait que nous semblions exceptionnellement chanceux en ce qui concerne le temps, et en effet, la chance à cet égard semble fonctionner par cycles. Je ne me souviens pas qu'il y ait eu quoi que ce soit qui s'apparente au mauvais temps pendant notre séjour sur la côte. Mais j'ai eu un petit accident qui m'a coûté une perruque. Une nuit, en descendant la côte, j'avais déchargé une quantité considérable de sucre dans un grand briquet à l'Est de Londres, finissant vers 21 heures. Le briquet ne pouvait alors pas être ramené à l'intérieur, et les bateliers m'ont demandé si je pouvais leur faire remorquer le long d'un bateau à vapeur qui était devant nous. J'ai pensé que c'était bien de le faire et j'ai donc pris de la vapeur à une bonne distance du navire qui me précédait, en avançant très lentement et en arrêtant finalement les moteurs pendant que le allège s'éloignait . À ce moment-là, le courant nous dirigeait vers le *Balmuir* , le navire sur lequel je conduisais le briquet, et quelqu'un à bord chantait : « A bon port, capitaine, à toute vitesse. Une seconde plus tard et cela aurait été ma commande. Dans l'état actuel des choses, la colère face à l'interférence ou à l'impertinence a pris le dessus et j'ai ordonné : « Stabilisez la barre, à toute vitesse. » Cela aussi aurait remis les choses au clair, mais les moteurs s'étaient un peu coincés au centre et les deux navires roulaient l'un vers l'autre, mes quarts de tribord le rattrapaient à l'avant et souffraient sévèrement au contact.

C'était juste après la perte du *Teuton* , et de nombreuses personnes étaient devenues nerveuses en voyage, donc en plus des crashs de bateaux, les cris des passagères n'étaient pas agréables à écouter. Dès que la machine bougea, il n'y eut plus de problème, et le capitaine Gibbs, qui avait été chef de l' *Essex* lorsque j'étais à bord, et qui commandait maintenant un bateau à vapeur appelé le *Clifton* , a très gentiment abaissé un bateau et est venu à quai pour lui demander s'il pourrais tout faire pour moi. Il n'y avait rien d'autre à faire que de continuer, ce que j'ai fait. Bien sûr, les représailles allaient forcément suivre ; il m'est venu sous la forme d'une lettre du capitaine Dixon, à qui, bien entendu, j'avais signalé l' événement. En transmettant une suggestion des directeurs quant à la nécessité d'éviter à l'avenir ce « qu'on pourrait appeler une conduite quelque peu grossière », il a regretté que mon aide à d'autres personnes l'ait obligé personnellement à m'adresser une telle lettre, mais la « conduite grossière » était » souligné méchamment par lui, et je pouvais imaginer l'expression de son visage tandis qu'il le faisait, sachant parfaitement que cela créerait sur moi son effet calculé, tout en réalisant parfaitement que ce n'était que de la malchance. Cependant, ce n'était pas la seule fois dans mon expérience où un conseil inopportun produisait un désastre, car pour citer les mots d'A. L. Gordon : « Prenez-le gentiment ». "Non, je n'ai jamais pu."

C'est vers cette période (fin 1881) que la valeur des gisements aurifères du Transvaal commença à être découverte. Cela signifiait beaucoup et, à la fin de l'année, le général Sir Evelyn Wood quittait Natal avec une partie de son état-major. Si mes souvenirs sont bons, il occupait le poste de lieutenant-gouverneur du Natal. Il y a un ou deux incidents en rapport avec cette affaire que je pourrais tout aussi bien consigner au dossier.

Le bar de Natal était une quantité très incertaine. Le canal était parfois assez bon, car de petits travaux portuaires se poursuivaient pratiquement toujours, mais il y avait des occasions où il était très mauvais et très peu profond. Quand j'ai su que Sir Evelyn devait m'accompagner jusqu'à la baie de Delagoa, j'ai décidé de lui faire le meilleur accueil possible et de lui montrer toute l'attention que je pourrais, bien que je n'aie pas eu l' honneur de le rencontrer. Il devait y avoir un bal d'adieu à Durban au cours duquel il prendrait congé, il ayant déjà pris ses quartiers à l'hôtel Alexandra à The Point. J'ai pensé que si, au lieu d'aller du bal à l'hôtel, il pouvait monter directement à bord de l' *African* , ce serait une grande économie de temps et d'ennuis, car nous devions partir le matin à la lumière du jour.

En conséquence, j'ai obtenu que le capitaine de notre remorqueur, l' *Union* , qui avait été auparavant maître d'équipage avec moi, accepte de prendre le passage du bar dans l'obscurité dès que le groupe serait arrivé à la pointe, et j'ai également donné à mon chef l'ordre que lorsque le remorqueur s'approchait du navire, il devait éclairer les têtes de mât et les vergues avec des lumières colorées . Je comptais pourtant sans mon hôte. Dans l'après-midi, je débarquai et, en débarquant à la pointe, j'ai rencontré le général avec un officier — je pense que c'était le major Lane — qui me l'a présenté et il m'a immédiatement invité à dîner. Je lui ai répondu que je n'avais pas de vêtements de soirée à terre, ce à quoi il m'a répondu que je ferais mieux d'en trouver . A cette époque, il y avait à la Pointe un ancien lieutenant de marine nommé Woodruffe . Je me souviens qu'il avait été lieutenant général de Sir Harry Keppel en Chine. Nous étions de grands amis et avions consommé beaucoup d'huile de minuit - et d'autres choses - ensemble, car il était l'un des gars les plus gentils que j'aie jamais rencontrés et il était apprécié de tout le monde . On l'appelait communément « Chummy », et il se trouvait qu'il faisait à peu près ma taille. Je lui ai fait part de mon dilemme et lui ai emprunté ses vêtements, il a renoncé en ma faveur à son intention d'aller au bal, de sorte que je me suis présenté à l'heure du dîner, et en réponse à la question du général, je lui ai dit comment les vêtements avaient été obtenus. ce qui semblait chatouiller son imagination. Nous avons eu un dîner très joyeux et j'ai compris pourquoi ils rentraient chez eux *via* la côte Est, car ils voulaient jeter un œil à l'Egypte, car ils étaient très intéressés par un certain major Kitchener auquel ils semblaient tous beaucoup penser. . Le général a dit qu'il serait très heureux de s'embarquer à son retour du bal, dont j'ai demandé à être excusé et suis allé rendre les panaches empruntés et monter à bord de l' *Union* .

Ici, Nemesis m'a dépassé. Le dernier homme auquel j'aurais dû m'attendre était le capitaine Baynton . Selon tous les canons de la civilisation, il aurait dû passer confortablement sa soirée dans sa maison au fond de la baie, engagé dans cette gracieuse hospitalité pour laquelle il était célèbre, mais il semble qu'il ait eu vent de mon intention de traversé le bar dans le noir et était descendu déterminé à l'arrêter. Il ouvrit la conversation en disant que, comme le général devait partir de jour, il pensait qu'il dormirait lui-même à bord de l' *Union* , afin de rendre ses adieux plus faciles que d'arriver à la Pointe si tôt. En vain ai-je expliqué que le bar était facile et sûr ; il y avait le vieux regard sombre et l'éclat de pierre.

« Oui, allez coller le général sur le bar, et je serai un bon connard. On ne commence pas avant le jour. Et nous non plus

.

Lors de ce voyage particulier, j'avais avec moi, entre autres, comme passager le révérend E. L. Berthon , l'inventeur des bateaux portant son nom. C'était un homme remarquable à bien des égards. D'une part, bien qu'il ait soixante-neuf ans, il était aussi actif qu'un chat et était très affligé car lors d'un exercice de bateau en mer, juste pour lui montrer le temps qu'il faudrait pour récupérer une bouée de sauvetage , je ne le laisserais pas descendre dans le bateau Clifford, le navire naviguant un bon treize avant une brise fraîche. Je mentionne cet incident, car l'évolution s'est faite sur un coup de tête au cours d'une conversation avec lui, et en me référant à une lettre au capitaine Dixon quant à l'efficacité du navire, je constate que le bateau avec la bouée de sauvetage était en train d'être accroché en cinq minutes et demie.

Dans son livre intitulé *Rétrospective de huit décennies* , M. Berthon évoque les jours qu'il a passés à bord de l' *African* , mais ne se montre pas élogieux à l'égard de l'équipage. Je lui ai écrit à ce sujet et j'ai reçu une lettre en réponse dans laquelle il déclarait que je m'étais moi-même adressé collectivement à eux comme à une meute de chauffeurs de taxi, mais je soutiens qu'un homme peut prendre avec les siens des libertés auxquelles les autres n'ont pas droit. faire.

Le général et le major Fraser sont montés à bord avec moi à l'aube du matin, et le lendemain, ils ont été dûment débarqués dans la baie de Delagoa, où ils devaient être transférés sur un autre bateau-poste, et nous, le jour de Noël 1881, sommes repartis pour Natal. . Ce soir-là, nous avons eu une exposition de phénomènes électriques très remarquable, que je n'ai jamais vue égalée . Nous avions longé la côte avec un bon vent et toutes les voiles déployées, mais à la tombée du jour, de gros nuages se sont accumulés devant nous et comme un changement de vent semblait imminent, j'ai rentré toutes les toiles et j'ai bousculé un peu les hommes pour les récupérer. rangé rapidement. (C'est l'affaire à laquelle Berthon avait fait référence.) A peine cela fut-il terminé que le vent nous souffla avec force et que la pluie tomba à torrents, accompagnée d'un bel affichage de véritables éclairs sud-africains. En même temps, il y avait une pluie de corposants, et les têtes de mâts, les vergues et les haubans en étaient abondamment recouverts. L'effet était étrange à l'extrême, et bien que le phénomène soit souvent mentionné comme étant courant, je ne me souviens pas l'avoir vu à un degré notable plus de deux fois. Cette bourrasque a duré environ une heure, après quoi le temps s'est éclairci.

Après environ huit mois de ce travail en roue libre, nous avons été renvoyés chez nous, car nous avions un vilebrequin défectueux, au sujet duquel je pourrais indiquer une morale s'il était souhaitable de le faire, mais comme nous sommes arrivés à Southampton sans encombre, il vaut mieux laisser passer. - le révolu est révolu . Mes liens avec l' *Africain* ne furent rompus qu'en mars 1883, mais les douze mois précédents m'intéressèrent beaucoup. Je me suis marié pour la deuxième fois au Cap, et tous les navires du port arboraient autant de banderoles qu'ils en possédaient, le navire de M. Currie arborant le drapeau de l'Union à la place d' honneur . Mes directeurs m'ont également donné la permission de ramener ma femme chez moi en *Afrique* ; pour cette faveur, j'espère avoir été suffisamment reconnaissant, et comme nous courions maintenant régulièrement à Hambourg pour récupérer des marchandises pour le Cap, j'ai dû remercier M. Mercer pour plus d'une faveur similaire lors de ce voyage continental. Mais le moment est arrivé où je suis tombé sur un junior sur un meilleur navire que le mien, et j'ai changé pour le *Nubian* .

C'était un vaisseau beaucoup plus gros que mon précédent, mais il n'y avait pas de grande différence dans leurs vitesses respectives. Il possédait cependant deux cheminées et la cabine du capitaine était située entre elles, ce qui n'offrait pas de confort par temps chaud. D'une manière générale, c'était un bateau agréable et confortable. Nous transportions des armes et des provisions à Simon's Bay en plus de notre autre cargaison, et parmi nos passagers se trouvait le capitaine Warton (célèbre pour le cricket) et une très charmante dame de la profession théâtrale dont j'aimerais sincèrement parler à un histoire. Mais, comme une femme, peut-on dire, elle est sortie victorieuse d'une épreuve considérable, alors n'en parlons pas.

On m'a demandé de faire des essais de consommation de charbon, et je l'ai fait du mieux que je pouvais. Le voyage s'est déroulé sans incident et, le moment venu, nous avons quitté Cape Town à midi pour faire le tour de Simons Town. Un certain nombre de personnes avaient obtenu un passage pour le voyage, qui durait environ quatre heures, et je me souviens que j'ai emmené le navire à l'intérieur de Bellows Rock. Cela ne présentait bien sûr aucun risque, mais ce n'était pas habituel pour les gros navires. Nous avons pris un joli mouillage à proximité du HMS *Boadicea* , le vaisseau amiral de l'amiral Sir Nowell Salmon, VC, etc., commandant en chef de la station du Cap, de qui, comme de ses officiers, j'ai reçu la plus grande gentillesse. et la courtoisie. Sir Nowell , cependant, ne permettait aucun travail le dimanche, ce qui nous retarda un peu, mais le séjour fut assez agréable.

Au moment voulu, nous sommes arrivés à la baie d'Algoa , où le *Mexicain* , notre plus récent navire (alors à son premier voyage), a jeté l'ancre. Elle était commandée par le commodore de la flotte, le capitaine Coxwell , qui à ce moment-là était malade à bord. Je dois dire que mon passager blond était toujours à bord, à destination de Natal. Un soir, après le dîner, il commençait à se rafraîchir du sud-est et il y avait un méchant tourbillon de mer. Coxwell m'a envoyé un message me demandant d'aller le voir car il avait quelque chose de particulier à dire. J'ai procédé ainsi et, en réponse au souhait de la dame mentionnée ci-dessus, mais contre mon gré, je l'ai emmenée avec moi. Nous arrivâmes sans problème au *Mexican* , le vent fraîchissant tout le temps, mais quand il fut temps de rentrer , il y avait un peu de mer et la prudence nous aurait dicté de rester pour la nuit. Cependant, mon passager n'a pas voulu écouter, et m'a pris à part : « Si je me noie dans la tentative, vous devez me ramener ce soir, car je n'ai pas de craie pour me faire les sourcils demain. » Cédant à cette *force majeure,* nous nous sommes éloignés et, après un époussetage considérable, nous sommes remontés sains et saufs à bord de mon propre navire. J'étais content d'avoir vu le *Mexicain* . C'était alors le dernier mot en matière de beaux navires sur la route du Cap, et cela me donnait envie d'être le maître d'un si splendide vaisseau.

Nous avons fait un bon voyage de retour et, à notre arrivée à Southampton, nous avons constaté que le capitaine Coxwell avait été invalide et que le commandement du *Mexicain* était vacant. Mieux encore, il n'y avait personne de plus âgé que moi à la maison, et je n'ai pas tardé à comprendre que mes chances étaient roses. Effectivement, j'ai reçu le commandement, croyant à peine en ma propre chance. Ce navire était d'une beauté. Il est vrai qu'il n'avait qu'un gréement carré sur le mât de misaine, mais sa vergue inférieure mesurait quatre-vingt-dix-sept pieds de long, et cela suffisait pour donner une étendue de toile carrée d'une proportion non négligeable ; en fait, il y avait quatre ris dans son hunier. Comparé aux navires d'aujourd'hui, il ne se montrait peut-être pas en avantage, mais il était magnifiquement équipé et, lorsqu'il s'agissait de manœuvrer à la vapeur, il était un rêve de plaisir. Bien qu'il ne s'agisse que d'un vaisseau à une seule hélice, ses pouvoirs de rotation étaient merveilleux et je les ai utilisés au maximum. John Tyson était l'officier en chef. Il est maintenant l'un des capitaines supérieurs de la ligne Union-Castle, et c'est vraiment à contre-courant d'écrire ces mots, car il me semble que la Compagnie Union est absorbée par le nouveau venu et son ancienne identité perdue. Je n'ai jamais pu voir la nécessité de la fusion, et je pense que ce fut un triste jour lorsque le drapeau de l'ancienne compagnie fut fusionné avec celui de la ligne Castle. Ma lamentation étant absolument sentimentale n'a bien sûr pas le moindre poids à une époque où le commercialisme est de première importance, mais je pense qu'à la longue on s'apercevra que la punition sera à la hauteur du crime, car il n'existe aucun exemple de *une* grande entreprise réussit à conserver un service de courrier qui, sur le terrain public, devrait être partagé par deux. Pour ingénieur en chef, il y avait Charles Du Santoy, qu'il y avait peu d'hommes meilleurs à flot. Nous avions été camarades de bord dans l'ancien *Roman* et par conséquent j'étais très satisfait de tout. Le jour où nous avons quitté Southampton, il y avait tout un rassemblement de mes amis pour voir le navire partir et nous souhaiter bonne chance. Étant le navire vedette de la ligne, nous étions bien sûr pleins de passagers, et c'était une foule très agréable, mais sur le chemin de Madère, le navire a roulé à tel point qu'il s'est dans une certaine mesure déshonoré. Il y avait une houle transversale, c'était vrai, mais elle avait été mal arrimée et on lui avait donné une hauteur métacentrique trop grande. C'est une quantité de ciment qui avait été déposée assez bas dans le navire qui lui a valu un mauvais comportement à cette occasion. Pour montrer à quel point les navires sont affectés par leur traitement, je peux mentionner que lors de ce voyage de retour, un vieux monsieur est venu vers moi (c'était William Acutt de Natal, oncle William qu'il était communément appelé). « C'est un drôle de navire, capitaine, dit-il ; « quand je lâche la porte de ma cabine, elle ne claque pas », car elle ne bougeait presque pas.

Ce fut un glorieux passage depuis Madère vers l'extérieur. Le temps était beau, les passagers étaient contents et heureux, et dans l'ensemble nous étions désolés lorsque nous sommes arrivés au Cap et que chacun a pris son chemin. Au cours du voyage précédent, il y avait eu des discussions sur la question de savoir si le navire pouvait rester à quai de la compagnie ou s'il n'était pas trop gros pour le faire. Il n'y avait qu'un seul moyen de régler ce problème, c'était de l'y mettre et d'essayer. C'est ce que j'ai fait, et je me souviens qu'il y avait des avis élogieux dans les journaux du Cap concernant la transaction. Nous avons remonté la côte cette fois-là jusqu'à l'Est de Londres et avons eu la meilleure des chances pour nous débarrasser de notre cargaison. J'ai grandement profité de l'étude d'un petit ouvrage sur la météorologie de la côte sud-africaine par mon ami le capitaine Hepworth, qui en avait obtenu un merveilleux aperçu. Connaître le temps qu'il fera sur cette côte n'est pas un mince avantage pour mouiller. De plus, j'ai commencé à découvrir que Harry Escombe avait plus que raison dans ses remarques, et que pour suivre le rythme du temps, il ne pouvait y avoir de repos sur ses rames, mais une recherche et une acquisition constantes de connaissances. Sur le chemin du retour vers la baie d'Algoa , mes anciennes connaissances en matière de navigation côtière m'ont permis d'économiser quelques kilomètres, car le temps manquait pour sauver la lumière du jour. Elle faisait quatorze nœuds et je me suis glissé à l'intérieur de Bird Island avec des résultats heureux.

Le HMS *Boadicea* était là et nous avons repris connaissance, mais lorsque le jour du départ est arrivé, l'amiral Salmon a exprimé le souhait que nous ne partions pas avant minuit, car un bal devait avoir lieu et une de ses amies souhaitait en voir un peu. . Il promit de la mettre à bord avant minuit, observant que les capitaines des bateaux-postes n'étaient que « des chats apprivoisés », et comme l'agent était d'accord, nous restâmes jusqu'à cette heure-là, où nous partîmes pour le Cap. Mais au petit matin, nous avons eu un accident. La sangle de l'excentrique haute pression s'est échauffée et s'est accrochée à la poulie, ce qui a entraîné une panne qui aurait pu être bien pire. Cependant, ce n'était qu'un de ces cas où mon ingénieur en chef était à son meilleur. Il a accroché l'extrémité du maillon avec un morceau de chaîne et une vis pour ajuster sa longueur appropriée, et en peu de temps était prêt à continuer, mais n'était prêt dans aucune condition à faire tourner les moteurs vers l'arrière. Nous sommes arrivés à Table Bay le lendemain soir, mais nous avons dû nous y glisser très prudemment pour jeter l'ancre. Nous avons reçu la visite du rivage et des dispositions ont été prises pour réparer les dégâts, nous restant dans la baie jusqu'à ce qu'ils soient terminés. C'était épouvantable ; cela signifiait un retard dans le chargement final et le charbon, et signifiait également que les choses étaient en désordre le jour de la navigation. Je me suis couché en réfléchissant à la question. Le lever du jour apportait un de ces beaux matins où il fait bon vivre. J'avais eu toute la nuit pour réfléchir au problème et j'avais décidé de la bonne chose à faire. J'ai ordonné à la vapeur de se déplacer et j'ai envoyé chercher John Tyson, mon chef. Je lui dis : « Préparez l'ancre de poupe à larguer (nous avions un bossoir de poupe) et penchez-y la plus grande aussière que nous ayons ; veillez à ce que l'aussière soit portée au bitte pour qu'elle puisse être virée, et prévenez-moi quand elle sera prête. En temps voulu, cela a été fait, et en raccourcissant le câble de la tonnelle, j'ai fait tourner le navire sur son ancre jusqu'à ce qu'il soit pointé vers l'entrée du quai, mais comme il avait basculé un peu trop loin avant que j'aie l'ancre, j'ai dû le laisser. recommencez et répétez l'opération, cette fois avec succès. Dès que le nez du navire fut à l'intérieur de l'entrée, je lâchai l'ancre arrière et, virant sur l'aussière et nous tenant comme il se devait, nous arrivâmes à notre poste d'amarrage sans le moindre problème ni dommage. J'aurais cependant dû renflouer l'ancre de poupe, car elle donnait quelques difficultés à atteindre le bateau qui la récupérait. Tout se passait maintenant à merveille, et nous étions impeccables lorsque le jour de la navigation arrivait. Je pense que l'évolution que j'avais effectuée était considérée comme un peu risquée par les pouvoirs en place, mais comme elle s'est bien déroulée, on ne m'a rien dit. Cependant, le *Cape Times* , dans ses commentaires, a déclaré qu'à sa connaissance, c'était la troisième fois dans l'histoire qu'une telle chose se produisait, les deux autres cas étant Saint-Paul à l'occasion de son naufrage et l'amiral Lord. Nelson à la bataille du Nil ! Nous avons fait un très beau voyage de retour, en un peu plus de dix-huit jours ; ce n'était pas un disque mais quelque chose de très proche . Il y a maintenant sur mes étagères des souvenirs très agréables d'âmes bienveillantes qui m'ont aidé à faire un voyage délicieux et mémorable pour moi.

J'arrive à la conclusion qu'il est possible d'en dire trop à vos administrateurs, à moins que vous n'expliquiez très clairement le point que vous souhaitez faire ressortir. On m'a interrogé sur la cause du roulis excessif sur le passage aller, dont certains passagers avaient écrit, et j'ai essayé d'expliquer que lorsqu'un navire doté d'un grand faisceau commençait à rouler, il pivotait naturellement sur un grand arc. d'espace, et que par conséquent les gens le ressentaient davantage. Cela a été interprété comme une critique de ma part sur la construction du navire, qui n'était rien de plus éloigné de mes pensées, et on m'a dit par la suite que cela ne me servait à rien lorsque la question s'est posée de céder le navire à un homme âgé. C'est de tels accidents, si de telles choses existent, que dépendent les destinées humaines. Nous avons passé un très bon moment à Southampton. J'ai pu passer mes matinées à l'exercice sur le vieux *Trincomalee* et, un après-midi, j'ai réussi à remporter le prix de tous les participants à la réunion de tir du Hampshire. Cela me fit grand plaisir, car les volontaires étaient très mécontents d'avoir été battus par un marin.

Lors du prochain passage, nous avons fait escale à Sainte-Hélène, et j'ai eu ma première occasion de visiter Longwood. C'était une matinée que je n'oublierai jamais. Lorsque nous arrivâmes sur les hauteurs, le temps était brumeux, avec une bruine de pluie, et il ne m'était pas possible, du moins pour moi, d'éviter de penser à la torture que cela avait dû être pour ce grand maître qui a mis fin à son mandat. jours là-bas dans cet endroit balayé par les intempéries. La maison dans laquelle il avait vécu me donnait l'impression d'avoir été libérée depuis peu, et le buste du Grand Empereur de Thorswalden semblait dominer les lieux de sa personnalité. Aucune œuvre d'art que j'ai vue ne m'a impressionné de la même manière, car la grandeur du visage est des plus imposantes, et sûrement sans égal dans le marbre. Résistez à ce sentiment autant que vous le pourriez, l'endroit même semblait imprégné de l'être du puissant esprit qui jaillissait de l'intérieur de ces humbles murs.

Il n'y avait plus rien à commenter sur l'aller. Il y avait beaucoup de gens sympathiques et plusieurs sportifs qui organisaient toutes sortes de sports et de passe-temps. Je me souviens d'un match de boxe remarquable. Dans le combat final se sont rencontrés un gros gilet bleu et un petit homme poids plume, ce qui rappelait la rencontre de David et Goliath. Quand le mot d'ordre fut donné, le petit bonhomme se précipita au corps à corps et installa un moulin sans fin, le faisant avec une impunité extraordinaire, car le grand gaillard aurait pu le ridiculiser s'il était rentré chez lui. Une fois le combat terminé, l'arbitre, un officier militaire possédant des connaissances avérées en boxe, décerna le prix au grand homme comme étant le meilleur boxeur, le petit homme recevant le prix du bon combattant.

en *Nubie* une boussole qui avait fait ses preuves au cours de très nombreux voyages. Au *Mexique,* nous avions l'un des meilleurs, mais nous étions seulement en train de découvrir comment ajuster Sir Wm. Boussole de Thompson pour les changements de latitude. Au cours de ce voyage particulier, j'ai mis le mien en pièces dans la baie d'Algoa et je l'ai réajusté selon les azimuts stellaires. Ce fut une opération longue, mais elle en valait la peine, et personne ne peut apprécier la valeur d'une boussole vraiment bonne tant qu'il n'a pas été bien rodé en essayant de naviguer avec une boussole indifférente. Il y avait une autre petite question qui pourrait bien être mentionnée. Le *Mexicain* nous a toujours semblé être un navire brillamment éclairé, et les lampes à huile semblaient répondre à toutes les exigences, mais dès que la lumière électrique est arrivée, nous nous sommes tous demandé comment nous avions réussi à exister dans ce qui était en comparaison un état de pénombre.

De nouveau au Cap, en route vers la maison, et les événements à venir n'avaient pas projeté leur ombre auparavant, car je ne pensais pas, en la sortant du quai de la manière la plus approuvée, que ce serait la dernière fois que je devrais le faire. donc. Les journées de navigation au Cap pour les paquebots postaux étaient des journées marquantes, où tous les hommes intéressés descendaient pour critiquer la manière dont les différents navires étaient manipulés. À cette occasion particulière, j'ai réussi à conserver ma réputation, mais le lanceur va parfois au puits une fois de trop, et je crains d'avoir été ce que les garçons appellent « coxy » quant à ce que je pourrais faire avec ce navire. Ce fut en tout un des jours de ma vie où je me sentis content de moi, et on peut remarquer qu'il n'y en a pas eu beaucoup. La journée de navigation au Cap a été autrefois bien décrite par Leigh, qui, parlant des visiteurs en général, a déclaré : « Ils montent à bord avec une assiette de ballast et repartent en tirant à vingt-sept pieds par l'arrière. »

Peu de choses me feraient plus plaisir aujourd'hui que de revisiter les scènes anciennes et de voir comment l'école moderne des hommes traite les grands navires qu'ils commandent, mais les premiers négociateurs du port du Cap avaient un travail de pionnier considérable à accomplir. Nous avons appris au fur et à mesure.

Mon principal souvenir de ce dernier voyage de retour est que j'ai fait pour la première fois la connaissance des romans de Clark Russell et, à mon arrivée à Southampton, je lui ai écrit une lettre exprimant mon admiration pour eux, ce qui a abouti à une amitié toujours ininterrompue. Rares sont les hommes qui ont peint avec autant de fidélité la vie en mer telle qu'elle était réellement. Son *Épave du Grosvenor* est tout simplement une merveille de réalisme, n'ayant d'égal qu'à ma connaissance, *Deux ans avant le mât de Dana* .

Le quai de Southampton arriva enfin, et ce fut avec peu de plaisir que j'appris que le Commodore était chez lui sans navire et que je devrais lui céder la place. Il ne servait à rien de donner des coups de pied contre les connards ; L'ancienneté était la loi du service et il fallait la respecter, aussi je livrai le *Mexicain* à regret à Ballard et rejoignis de nouveau l'armée des « en attente » .

Mais c'était en réalité bien pire que de simplement se retirer. À la fin de l'année 1883, le commerce avec le Cap était dans un état très déprimé et il ne fut pas possible de garder tous les navires occupés. En conséquence, le « rang pourri » commença à se remplir, et il y avait de nombreux capitaines et officiers à terre à demi-solde. « Économie et licenciements » devint le mot d'ordre du conseil d'administration, et la Compagnie de l'Union n'était pas la seule à commencer sa politique de licenciements en voyant combien elle pourrait éventuellement économiser sur la rémunération du personnel navigant. Il y avait une question fréquemment posée aux maîtres par les réalisateurs. "N'avons-nous pas trouvé la différence de solde trop grande entre le second et le capitaine ?" et nous répondions toujours, à juste titre et religieusement, « non », car les chefs se contentaient d'attendre leur tour et les maîtres savaient parfaitement que si un nivellement devait être fait, ce ne serait pas vers le haut mais dans le sens opposé. Mais le coup tomba enfin car, profitant d'une indiscrétion d'un maître éminent, pour qui le salaire n'était pas un grand problème, la Compagnie lui donna le choix de signer un nouvel accord pour un salaire inférieur, ou d'être au chômage pour une durée indéterminée. . Le maître en question a été complètement surpris et a signé sans consulter aucun d'entre nous, et le chemin des réalisateurs a alors été facile, car nous n'avons eu d'autre choix que de suivre son exemple. Je me souviens cependant que lorsqu'il revenait du bureau et me racontait ce qu'il venait de faire, j'avais fait usage de remarques qui auraient pu mettre à rude épreuve une grande amitié de plusieurs années.

À cette époque, plusieurs de nos navires intermédiaires avaient été affectés au commerce nord-américain, parmi lesquels le *Nubian* , commandé par mon vieil ami Jones. Ils n'étaient en aucun cas aptes au métier. Pour montrer la difficulté de trouver deux marins qui partageraient le même point de vue sur n'importe quelle situation, je peux mentionner que lors d'une conversation au dîner un soir, j'ai dit à Jones qu'il était le seul homme de ma connaissance dont je m'en remettrais à l'opinion sur un point. de matelotage. Peu de temps après, il me racontait comment il avait couru vers Holyhead par mauvais temps et avait lâché les deux ancres à la fois pour faire remonter le navire. J'ai immédiatement commencé à affirmer vigoureusement qu'il avait entièrement tort en agissant ainsi, et que s'il était en vie aujourd'hui, ce qui n'est malheureusement pas le cas, ce point servirait à alimenter une divergence d'opinions sans fin.

Il y avait maintenant une chance de faire un bon exercice à bord du *Trincomalee* , et j'en profitai pleinement, mais le système de formation des officiers qui existait à cette époque n'était pas calculé pour donner les meilleurs résultats. Dans ce navire particulier, le commandant était toujours très soucieux de faire tout son possible pour promouvoir les intérêts des officiers en exercice, mais les canons étaient désespérément obsolètes et, en fait, le navire fut remplacé peu de temps après par un navire plus moderne. Je crois que c'est vers cette époque que j'ai réussi à obtenir pour les officiers le prêt d'un livre confidentiel dans lequel ils pouvaient tirer des renseignements utiles.

J'avais jugé nécessaire de prendre des mesures pour obtenir ma promotion dans la Royal Naval Reserve, car à cette époque, on accordait très peu d'attention à la composition des officiers de cette force. L'amiral sir Augustus Phillimore était l'amiral surintendant, et j'obtins avec lui une entrevue que je ne considérai en aucun cas satisfaisante. Il m'a informé qu'il considérait que le grade de sous-lieutenant était suffisant pour le capitaine d'un bateau à vapeur, et que je devais me contenter de cela, mais lorsque SAR le défunt duc d'Édimbourg est devenu amiral surintendant, j'ai renouvelé ma candidature par écrit et j'ai été il obtient rapidement le grade de lieutenant.

Entre une chose et une autre, le temps ne me pesait en aucun cas. J'étais en demi-solde, c'était vrai, mais c'était le pire, et sans doute j'aurais bientôt eu un autre commandement, mais on ne peut nier que la perte du *Mexicain* m'avait rendu mécontent, et cette situation de l'esprit n'est pas sain.

Un matin, j'ai reçu une lettre circulaire du capitaine Dixon, à laquelle était jointe une lettre du directeur de la New Zealand Shipping Co., demandant si l'un des membres du personnel de l'Union Company souhaiterait postuler pour le commandement de son nouveau navire, le *Ruapehu* . Je n'avais aucune envie de le faire et, après avoir parlé au capitaine Dixon, je n'y ai plus réfléchi. Par ailleurs, j'ai entendu les noms des capitaines Leigh et Griffin mentionnés à propos du commandement. Un matin, je crois que c'était la veille de Noël, je les ai vus tous les deux debout devant l'hôtel Kelways engagés dans une conversation animée, alors je me suis dirigé vers eux et je me suis joint à eux. Naturellement, j'ai demandé : « Et le navire néo-zélandais ?

On m'a répondu qu'ils avaient tous deux accepté le commandement et qu'ils y avaient tous deux renoncé. J'ai demandé pourquoi, et j'ai appris qu'ils désapprouvaient l'idée d'aller dans des régions où l'on pouvait rencontrer de la glace, et aussi qu'aucun d'eux ne se souciait d'envisager le passage du détroit de Magellan lors du voyage de retour. Eh bien, c'était très absurde de ma part, mais j'ai dit que comme le navire devait appareiller le 12 janvier, ils n'avaient pas joué le jeu avec la compagnie néo-zélandaise, et que l' honneur de la compagnie était en jeu, et je me suis immédiatement dirigé vers le bureau télégraphique et leur envoya un télégramme proposant de prendre le navire à leur place. J'ai reçu une réponse immédiate me demandant d'aller en ville et de les voir le plus tôt possible.

Quand je suis rentré chez moi ce jour-là, mon action n'a pas été entièrement approuvée, en fait elle a été fortement dépréciée, mais les dés étaient jetés et c'était la fin. Je suis allé en ville le lendemain, ce devait être le jour de Noël, car les rues de Londres étaient désertes et le bureau de la Compagnie n'était ouvert que pour me rencontrer. Le directeur de Londres m'a emmené dans le West End pour rencontrer le directeur général, M. Coster , et avant d'avoir eu le temps de faire demi-tour, j'avais promis d'aller à Glasgow et de ramener le navire à Londres. Je dois dire que mes nouveaux employeurs étaient des gens très gentils et manifestaient un fort désir de répondre à mes souhaits de toutes les manières possibles, mais ce fut un moment triste pour moi lorsque je suis sorti dans la rue et que j'ai réalisé que ce n'était plus le syndicat. Le pavillon de la compagnie sous lequel je devrais naviguer et que mes relations les plus chères devaient être rompues. Je considérais cela, à juste titre, comme l'ouverture d'une nouvelle page du livre de la vie que je n'avais pas encore eu l'occasion de parcourir, mais la seule chose était d'aller jusqu'au bout de l'entreprise et d'en tirer le meilleur parti ; je suis donc rentré à Southampton, j'ai passé le reste de mon jour de Noël de la manière conventionnelle et le lendemain soir, je me suis vu dans le courrier limité pour Glasgow.

J'ai trouvé le navire à l'extrémité de la berge au large de Greenock, et il était assez beau pour me plaire ; mais dès que j'eus mis le pied à bord, il devint évident que, pour un trajet aussi long, il était trop petit pour payer. Mais je n'avais pas tout à fait raison, car je ne connaissais pas encore le commerce de la viande congelée et ses possibilités. J'ai trouvé comme officier en chef un homme de la Compagnie de l'Union, et là aussi d'autres de la même source, afin que je ne sois pas au milieu d'étrangers. Le navire était bien équipé à tous égards et disposait, ce qui était alors rare même sur les navires de première classe, d'une installation d'éclairage électrique. Il y avait deux dynamos, mais dès la première elles causèrent beaucoup de problèmes. Pourtant, Fairfield avait eu les mains très libres pour fabriquer le navire, et ce chantier remarquable n'avait pas l'habitude de commettre beaucoup d'erreurs.

Le 28, le manager et d'autres sont venus de Londres et nous avons organisé un court essai. C'est à cette occasion que j'ai rencontré pour la première fois M. Pearce, plus tard Sir William, qui avait construit le navire. Nous étions, je pense, mutuellement satisfaits l'un de l'autre. Le navire naviguait bien et le lendemain nous partîmes pour Londres et atteignîmes Gravesend le dernier jour de l'année, où nous y passâmes la nuit. Aux petites heures du matin, un petit bateau à vapeur a attrapé un de ses pataras sur notre bout-dehors et a tiré son grand mât vers le bas, mais comme il ne s'est pas arrêté pour laisser une carte et qu'aucun dommage ne nous a été causé, j'ignore à ce jour comment à quel navire il s'agissait. Je sais cependant que le pilote écossais qui nous a amenés, ainsi que d'autres de ses compatriotes à bord, m'ont rendu visite à minuit pour s'assurer que j'accueillais convenablement la nouvelle année. Nous nous sommes amarrés au Royal Albert Dock le lendemain.

J'ai constaté dès le début, comme c'était naturel, qu'il y avait une grande différence entre mon ancienne compagnie et l'actuelle. Là-bas, les choses s'étaient déroulées selon des lignes bien définies, ici il n'y avait aucune ligne du tout et les machines qui devaient les tracer étaient à peine visibles. Mes instructions générales étaient que mon navire devait être mis au niveau du meilleur bateau à vapeur à flot, et je dois dire que toute recommandation que je ferais recevrait la plus grande attention ; mais quand on a vécu sous une discipline assez constante, la perte se fait beaucoup sentir. Notre surintendant maritime était le capitaine Underwood, qui avait été choisi parmi le personnel de l'Union Company of New Zealand, et j'ai toujours trouvé en lui un homme très agréable avec qui travailler. Comme ingénieur surintendant, nous avions Archibald Thompson, qui avait occupé le même poste dans ma défunte compagnie, dont on verra qu'il était un levain très fort. La New Zealand Company exploitait depuis de nombreuses années une ligne de voiliers entre Londres et la Nouvelle-Zélande. Ils avaient par conséquent à leur service de nombreux officiers expérimentés, parfaitement compétents pour commander sur des voiliers, mais dépourvus de toute connaissance de la vapeur. Certains d'entre eux, cependant, furent placés à bord des nouveaux paquebots comme sous-officiers et étaient naturellement plutôt enclins à considérer les nouveaux arrivants comme des intrus. De plus, lorsque M. Coster et les directeurs néo-zélandais ont décidé de commencer avec la vapeur, ils ont affrété des navires pour commencer le service jusqu'à ce que leurs propres navires puissent être construits, parmi lesquels le *Ionic* et d'autres appartenant à la White Star Line. Ces navires étaient équipés de chambres et d'installations frigorifiques et, une fois libérés par la société, ils furent affrétés par la Shaw Savill Co., de sorte que les gens de la société néo-zélandaise avaient fait de leur mieux pour populariser ces navires et que l'opposition récoltait une certaine récompense de leur efforts. Il laissait également entrer la White Star Line, ce qui n'était pas un élément négligeable. Quelque temps auparavant, la société Union avait eu l'occasion de soumissionner pour ce trafic particulier, mais je ne pense pas que les dirigeants aient pleinement compris l'avenir du commerce de la viande congelée. Je sais que le capitaine Dixon ne l'avait pas considéré avec faveur , mais c'était une grande occasion manquée. En fait, nous nous trouvons ici face à une situation qui n'est pas sans rappeler celle entre l'Union Company et Donald Currie, et on aurait pu prédire que les meilleurs hommes d'affaires gagneraient dans la lutte.

J'ai trouvé un accueil chaleureux qui m'attendait au bureau et une invitation pressante pour ma femme et moi-même à aller séjourner chez le directeur, M. Strickland. Au dîner ce soir-là, nous avons eu le plaisir de rencontrer mon vieil ami, le révérend R. Fair, qui, je l'ai découvert, avait dit à mon nouveau chef plus de mérite que ce qui était peut-être dû. Un nouveau navire et un nouveau voyage méritent cependant un nouveau chapitre.

CHAPITRE X

"Alors qu'elle soulève et fonce sur le Long Trail, le sentier qui
est toujours nouveau!" - KIPLING.

NZS CO'S. "RUAPEHU"

Le *Ruapehu* était un beau navire ; il n'y avait pas de lignes droites
autour de lui, car les constructeurs navals de Clyde se rendaient
pleinement compte qu'il était possible d'allier beauté et utilité.
Il y avait peut-être une suggestion des navires Denny dans la
première flotte néo-zélandaise, mais, quoi qu'il en soit, il n'y
avait aucun doute sur la proue du clipper qui était la marque
certaine qui indiquait un navire provenant de Fairfield. Je ne
peux pas dire qu'il était idéal, mais il était décidément bon pour
son époque, souffrant nécessairement un peu d'avoir été
construit dans la précipitation. Le *Mexicain* étant encore frais
dans ma mémoire, j'étais naturellement enclin à faire des
comparaisons, mais tout bien considéré, je ne trouvais aucune
grande raison d'être mécontent de la nouvelle situation. En fait,
en ce qui concerne l'apparence extérieure, il y avait toutes les
raisons d'être fier de mon nouveau commandement. Elle
représentait une nouveauté à bien des égards, l'une étant qu'elle
était éclairée à l'électricité, un avantage alors tout à fait

exceptionnel. Une autre caractéristique importante était l'installation de congélation, qui représentait en réalité la véritable *raison d'être* de toute la ligne. On pensait alors, et je ne suis pas sûr que cette idée soit largement répandue aujourd'hui, que la concurrence pour le trafic de passagers de première classe ne pourrait pas être menée avec succès avec les navires P. & O. Il n'en restait pas moins que nous pouvions acheminer notre courrier à Melbourne *via* Hobart plus tôt que ne pouvait le faire la société P. & O., et ce fait a dû avoir une influence importante en accélérant le contrat de courrier australien *via* le canal.

Parmi l'équipage, j'ai trouvé un solide levain de la Compagnie Union, comprenant un excellent maître d'équipage et des quartiers-maîtres, pour lesquels j'étais très reconnaissant ; et j'ai profité très tôt de l'occasion pour rassembler tout le monde afin de voir exactement ce que j'avais. Cette démarche a rencontré la forte approbation du capitaine Underwood, qui m'a chaleureusement soutenu dans toutes les mesures que j'ai suggérées pour assurer une discipline cohérente dans la nouvelle compagnie. Deux navires avaient précédé le mien, de sorte que l'on puisse considérer comme un procès équitable celui qui obtiendrait le meilleur résultat, mais j'avais décidé de travailler pour les anciennes modes qui s'étaient imposées à Southampton, et ce n'est pas le cas. Il était tout à fait facile d'importer à Londres toute coutume qui aurait pu exister ailleurs.

Il y avait une nouveauté distincte dans le *Ruapehu* . Nous transportions six aspirants, ou plutôt « apprentis de la compagnie », mais cette pratique fut abandonnée après avoir été essayée pendant plusieurs voyages. Il s'agissait d'une tentative louable visant à répondre à la demande inévitable d'installations pour former les officiers, mais c'était un peu trop tôt. En effet, la New Zealand Shipping Company s'était distinguée dès ses débuts par sa politique avant-gardiste et éclairée et par ses efforts constants pour utiliser les dernières améliorations jugées utiles après des recherches scientifiques.

Notre liste de passagers dans le salon n'était pas longue. Il y avait environ quarante personnes, mais disons tout de suite qu'un groupe plus agréable ne fut jamais réuni sur aucun navire. Nous fîmes escale à Plymouth pour embarquer courriers et passagers, et je reçus aussi un télégramme du directeur me disant de ne pas me laisser devancer jusqu'au Cap par l' *Athénien*

; mais comme nous n'y faisions pas escale, il a dû être envoyé sous l'effet d'un malentendu, que je pouvais facilement comprendre quand j'en venais à considérer la route que nous devions suivre pour faire le kilométrage le plus court jusqu'à Hobart. Choisir une piste composite n'est pas une tâche facile lorsque l'application de l'orthodromie est possible. Dans ce cas particulier, en prenant le Cap-Vert comme longitude la plus occidentale, la route orthodromique jusqu'à Hobart passerait quelque part près de Sainte-Hélène, mais la suivre aurait été aller à l'encontre du cœur même des alizés du sud-est, et je me suis mis à genoux. Ce serait une performance déchirante s'ils soufflaient fort. J'ai donc décidé de passer environ 600 milles à l'ouest du Cap, ce qui éliminerait entièrement toute chance d'être signalé de Cape Point, mais qui, je l'espérais, m'amènerait plus tôt dans la région des « vents courageux d'ouest ». et aussi à la latitude où les degrés de longitude étaient beaucoup plus courts en distance réelle, car selon les meilleurs conseils que j'ai pu alors obtenir, la latitude 45° S. était à peu près le meilleur parallèle sur lequel descendre l'Est. Lors de voyages ultérieurs, lorsque j'avais plus d'expérience, je me suis fait une opinion quelque peu différente.

En faisant escale à Santa Cruz à l'aller, nous avons été quelque peu malheureux, car Ténériffe avait récemment été visitée par un sérieux coup de vent du sud-est qui avait grandement gêné la centrale charbonnière. Je n'y avais jamais fait de charbon auparavant, et je crains grandement de me rendre très répréhensible auprès des frères Hamilton, nos agents, car je conduisais pour tout ce que je valais, et j'ai établi une comparaison entre leur procédure en matière de charbonnage et ce qui se faisait à Madère. , au grand dénigrement de Santa Cruz. Il s'est avéré que c'était une bonne chose que je les ai secoués, même si je sais que cela a dû être une rude épreuve pour les deux frères de supporter quoi que ce soit qui s'oppose à la critique. Cependant, ils comprirent bientôt que si leur port voulait obtenir sa part du commerce en pleine croissance, ils devraient moderniser leurs installations, et ils le firent aussi rapidement que possible. Notre petite divergence d'opinions n'a laissé aucune conséquence néfaste et n'a été que le début d'une agréable connaissance terminée par l'inévitable. Mais comme preuve que j'avais des raisons de me plaindre, cela m'a coûté quinze heures d'un voyage que je savais attentivement surveillé aux deux bouts du monde. Ce premier passage s'est déroulé sans aucun incident. Je ne me souviens même pas d'un quelconque désagrément, si ce n'est que nous n'avons pas ressenti les vents d'ouest que nous avions anticipés et que nous n'avons pas eu l'occasion de découvrir ce que le navire pouvait réellement faire avec un fort vent favorable et une toile tendue. Je peux trouver mention de fortes houles, mais seulement d'une brise occasionnelle de force 7, la course la plus élevée de la journée étant de 328 milles. Il faut cependant rappeler que la journée ne durait qu'environ vingt-trois heures et demie, de sorte que la vitesse moyenne pour la traversée était de 12,8 nœuds. Cela nous a amenés à Hobart le 21 février et ce n'était pas un passage aussi bon que nous l'avions espéré. Bien que le navire n'ait été construit que pour une vitesse de 12,5 nœuds, on s'attendait à ce qu'il fasse considérablement mieux que cela dans la pratique, et en fait, il l'a fait.

De nos jours, l'obscurité ne peut pas nous gêner. S'il n'y a pas de phares, les gens doivent s'en passer, comme l'ont fait tous ceux qui ont construit Hobart depuis l'ouest. C'était une navigation périlleuse que de se diriger vers cette terre dans l'obscurité, car il y avait plusieurs dangers éloignés qui pouvaient très facilement mettre un navire en difficulté. Cette fois-ci, j'ai débarqué à une heure du matin et par une nuit noire, mais lorsque j'ai ensuite vu à quoi ressemblait la côte à la lumière du jour, cela m'a encore moins plu. D'un autre côté, une fois la terre créée, la côte qui mène à la rivière Derwent et qui remonte la rivière est singulièrement belle, et de nombreuses parties de celle-ci portent de bons vieux noms du Kent, montrant très clairement l'origine de certains de ses premiers colons. Mes instructions étaient de faire du navire un navire « de démonstration » et d'offrir l'hospitalité aux citadins. En conséquence, après nous être réunis, nous nous préparâmes pour un grand déjeuner auquel étaient invités les membres du gouvernement et les dirigeants de la ville. Ce fut une cérémonie des plus réussies et, en répondant à un toast, j'ai profité de l'occasion pour souligner que si quelqu'un au cours d'un prochain voyage perdait sa femme ou sa famille alors qu'il se dirigeait vers Hobart en faisant naufrage sur la côte ouest, faute de lumière, il ils ne pourraient pas dire qu'ils n'avaient pas été prévenus. Le langage était peut-être brutal, mais je le ressentais profondément et je suis heureux de dire que les mots ont fait mouche. Nous avons eu une réunion des plus réussies et des plus agréables, que tout le monde a appréciée, et les bonnes gens de Hobart ont eu toutes les occasions de voir ce qui était décrit dans la lettre d'instructions du directeur comme « mon noble navire ». Autant dire que nous avions anticipé le courrier de Brindisi . Beaucoup de temps avait été perdu pour un passage rapide vers la Nouvelle-Zélande, d'abord à Santa Cruz puis à Hobart, mais nous n'avons pas perdu de temps lorsque le dernier de nos invités a passé par-dessus bord et nous avons profité de notre séjour. notre route vers Auckland. Le souvenir de mon entrée dans ce port est encore très vif, car même si j'y étais allé une fois quand j'étais enfant, cela ne m'a pas aidé à emmener un bateau dans des eaux pratiquement inconnues. Lors du voyage de sortie, j'avais bien sûr étudié attentivement mes cartes et je m'étais fait une idée de ce à quoi ressembleraient les différents endroits, et il s'est avéré que mes hypothèses n'étaient pas très éloignées de la réalité. En effet, j'ai tendance à penser qu'il est préférable de conduire un navire jusqu'au port en l'apprenant à partir d'une carte plutôt qu'en acquérant des connaissances locales par une véritable inspection. J'ai découvert dernièrement, même sur la route du Cap, qu'il valait mieux suivre des routes connues en entrant ou en sortant du port que de simplement escroquer le navire à vue. Et là j'ai vécu une expérience très curieuse qui tend à renforcer mon argument. J'ai suivi des routes parfaitement sûres mais serrées autour de divers coins, suis passé à l'intérieur d'une île vers l'entrée du port , après quoi j'ai récupéré un pilote qui m'a dit que les navires utilisaient rarement ce passage à cause des zones dangereuses qui s'y trouvaient. C'était tout à fait vrai, mais les dangers étaient cartographiés et ne faisaient aucun obstacle à la sécurité de la navigation, et un mile de distance aide souvent à sauver une marée ou à garantir la lumière du jour dans un mouillage. De plus, si un navire est surveillé attentivement, comme il doit l'être dans des eaux étroites, il est à mon avis beaucoup plus en sécurité que s'il emprunte de toute façon la partie la plus large du chenal. Je ne souhaite cependant pas dogmatiser , mais simplement souligner que, pour de nombreuses raisons, il est souhaitable d'être précis même lorsque l'on traverse des eaux bien connues.

Il n'y a pas grand chose à dire sur les beautés du port d'Auckland . Kipling a tout dit dans « Les Sept Mers ». Et certainement, tel que je l'ai vu cet après-midi-là, il méritait bien les éloges qui lui étaient accordés. Mais mon esprit est revenu à cet autre après-midi, vingt ans plus tôt, où j'étais là-bas dans des conditions très différentes. Dans mon esprit, je pouvais revoir ce magnifique navire *Tyburnia* ancré à l'ombre de ce merveilleux cratère Rangitoto , et le port rempli de transports de toutes sortes, dominé par la présence imposante du HMS *Miranda* . Et dans le même poste d'amarrage du Queen's Wharf où se trouvait le petit *Alwynton*, nous étions maintenant à bord du plus beau navire qui ait jamais été dans le port . J'avoue avoir éprouvé un sentiment de fierté, mais malheureusement de courte durée.

Il aurait été difficile de critiquer l'accueil réservé à la fois au navire et à moi-même. Peut-être que le premier sentiment de contrariété a été causé par l'entêtement des journalistes, car nous n'avions rien eu de tel au Cap, et je ne me suis pas alors rendu compte , comme je l'ai pleinement compris depuis, à quel point c'était très utile. pour obtenir toute la publicité possible. Mais on m'a gentiment laissé entendre que les entretiens étaient la coutume du pays et qu'il était souhaitable de s'y conformer. Ceci une fois compris, il n'y avait plus de problème.

Encore une fois, nous devions être un navire-spectacle et faire beaucoup de divertissements, et les directeurs de la compagnie venaient de Christchurch pour faire les choses correctement. J'attendais leur arrivée avec impatience, sans grand plaisir, car au mieux les réalisateurs sont du bétail à manipuler . Mais dans ce cas particulier, je me suis retrouvé confronté à un groupe d'hommes aussi sympathique qu'on pourrait souhaiter en rencontrer. En fait, l'impression générale que m'avaient faite les hommes néo-zélandais que j'avais rencontrés était qu'ils étaient dans l'ensemble largement supérieurs à l'homme colonial moyen que l'on avait l'habitude de rencontrer. En fait, il était facile de reconnaître un levain considérable d'écoliers publics du vieux pays. Le Northern Club d'Auckland m'avait ouvert ses portes hospitalières la veille de l'arrivée de mes directeurs du sud, et je jouais une partie de billard avec un type extrêmement sympathique que j'y avais rencontré. Il s'appelait John Studholm et, à la fin de notre partie, il remarqua avec désinvolture qu'il était l'un des directeurs de la New Zealand Steamship Company. Je suis heureux de dire que ce fut le début d'une amitié qui a duré.

Lorsque j'ai rencontré mon groupe de directeurs à bord du navire, ils étaient tous très satisfaits de ce qu'ils ont vu, car j'imagine que sur un ou deux des navires précédents, ils n'avaient pas été tout à fait satisfaits du choix de l'équipage. La Nouvelle-Zélande n'était pas un endroit très approprié pour maintenir une bonne discipline si un équipage était disposé à devenir un peu incontrôlable, car l'élément démocratique était très fort et Jack devait supposer qu'il était tout aussi bon que son maître. J'avais cependant eu la chance, dans l'ensemble, de réunir un groupe décent et, bien que la discipline du navire fût aussi stricte que ce qui était en harmonie avec son entretien, nous avions réussi à persuader la foule qu'elle devait se considérer comme appartenant à un navire intelligent. expédier et se comporter en conséquence. Un bon équipage moyen se trompe rarement si vous le manipulez exactement comme vous le feriez avec beaucoup d'écoliers ; en fait, ils sont beaucoup plus faciles à gérer. J'ai eu l'occasion d'entendre un curieux exemple de cet *esprit de corps* . Une nuit, le bateau postal de San Francisco gisait à nos côtés, l' *Alameda* , et dans l'obscurité, je suis sorti de ma cabine pour me rafraîchir avant de me coucher. Au-dessous de moi, j'entendais un de mes Jack parler à l'un des hommes de l'autre navire : qui a demandé quelle était la vitesse du *Ruapehu* . Mon homme a dit : "Oh, il en fera facilement dix-sept, mais nous n'allons pas le laisser faire ce voyage." Après ce morceau de broderie, il aurait été difficile de me persuader que Jack n'était pas fier de son navire.

Il y avait une chose que je détestais à propos du navire, c'était la couleur jaune hideuse avec laquelle les mâts et les vergues étaient peints. A Londres, il y avait autre chose à faire que de souligner sa laideur, mais c'était là une belle occasion. M. Murray Aynsley en était le président. Il avait un frère, un célèbre amiral du service, et avait lui-même vu le travail de nos navires dans la mer Noire, lors de la guerre de Crimée. En tant qu'autorité, je lui ai fait remarquer à quel point il serait plus agréable d'adopter un style de coloration différent et à quel point le navire aurait l'air plus intelligent. Mon raisonnement a pris effet et j'ai été autorisé à utiliser mon propre jugement sur la question. J'ai immédiatement mis mon chef au travail pour le transformer selon la mode la plus approuvée par l'Union Company, et en très peu de temps, il ressemblait à un yacht, avec des housses de voile, des vergues supérieures vers le bas et dans le gréement inférieur, et sans un mou de corde. ou mal. Elle était une image qui valait la peine d'être regardée. Tous les navires de la Compagnie furent ensuite peints de la même manière.

La timidité ou la modestie excessive ne peuvent être revendiquées comme un attribut de nos compatriotes coloniaux ; ils envahissaient simplement le navire chaque fois qu'ils en avaient l'occasion, et aucun endroit n'était sacré pour eux. Je n'ai jamais trouvé personne dans ma couchette, mais cela ne m'aurait pas surpris si je l'avais fait, et je crains que beaucoup de gens n'aiment pas la rigueur avec laquelle les passerelles étaient entretenues. Le premier dimanche, le bateau était ouvert à tous, et parfois la foule était si nombreuse que nous devions refuser l'entrée jusqu'à ce qu'il y ait de la place pour les gens qui partaient. La veille, il y avait eu un « At Home » auquel avaient participé beaucoup de jeunes, de richesses et de beautés d'Auckland, et un soir, nous avons donné un dîner auquel tous les notables de la colonie étaient invités et qui a réuni une très bonne assistance. . Certains doutes avaient été exprimés quant à la capacité du cuisinier du navire à mener à bien cette opération, mais ce scepticisme était infondé, car il s'agissait d'une performance de première classe et la fonction s'est bien déroulée. Je devais parler, ce qui était un peu gênant, mais je ne pense pas avoir marché très lourdement sur les pieds de qui que ce soit. Comme le navire devait rester quelque temps sur la côte, il n'était pas très pressé de s'en aller et je fis plusieurs connaissances très agréables. Un soir, je me rendis à ce qu'on appelait un spectacle de clairvoyance chez un certain professeur dont je ne citerai pas le nom pour des raisons évidentes. C'était une performance intelligente, saisissante et en même temps étrange, car les lumières me semblaient brûler en bleu, et si le malin était apparu avec une odeur de soufre, il aurait semblé en parfaite harmonie avec l'environnement. Une fois terminé, je me suis donné pour mission de rencontrer le professeur et de lui demander de déjeuner avec moi le lendemain, ce qu'il a fait. C'était un garçon très gentil, et quand je lui ai demandé de me raconter comment s'était déroulée sa prestation, il a observé que c'était une demande curieuse à faire, mais si je lui promettais le secret, il le ferait. Il l'a fait, avec pour résultat que depuis lors, je n'ai jamais vraiment fait confiance à mes propres sens, mais il a soutenu que son pouvoir hypnotique sur sa femme, qui faisait partie de la série, était réel et efficace.

Lorsque le jour de la navigation arriva, il y avait une grande foule sur le quai pour nous accompagner, et d'après les photographies prises, nous devions avoir l'air très bien, mais nous dussions alors découvrir que le charbon comptait aussi bien que l'apparence. Les directeurs descendaient avec moi la côte et souhaitaient naturellement faire un beau passage à Wellington. Nous avions fait le plein de charbon néo-zélandais

; ils ont dit que c'était Westport et du charbon vapeur de première classe. Quoi qu'il en soit, nos gens se sont montrés incapables de fonctionner correctement et la déception a été considérable. Cependant, je ne pouvais pas remettre en question la logique des faits avérés et j'ai dû faire de mon mieux face à une grave déception. Il me vint à l'esprit à cette époque que la salle des machines devait occuper une plus grande part de mes pensées qu'elle ne l'avait fait jusqu'ici : l'équipage du navire était généralement au meilleur de sa forme et mes chefs étaient ravis. Il semble qu'ils étaient curieux de voir comment un parfait étranger pourrait amener son navire à Wellington, et Murray Aynsley m'a dit par la suite que cela leur plaisait. Wellington est un endroit parfaitement facile d'accès, mais son apparence est défavorable à la lumière du jour, car les récifs et les rochers à l'entrée semblent méchants jusqu'à ce que le canal soit ouvert. Par mesure de précaution, je passai à mi-vitesse juste à l'entrée, mais j'avais tellement appris l'endroit d'après la carte que cela ne me causa pas la moindre inquiétude. Lorsque la tête du port fut atteinte, un pilote descendit pour conduire le navire le long du quai, et il faut avouer que pour manœuvrer par leurs propres moyens les grands navires, ces hommes de tous les ports de Nouvelle-Zélande montraient une merveilleuse aptitude. Ce pilote de Wellington en particulier était un homme extraordinairement bon.

Comme les navires précédents avaient été exposés ici, nous avons eu une période relativement calme. La question du bon ou du mauvais charbon s'est posée lorsque nous remplissions nos soutes, et je crains que quiconque d'un caractère moins parfait que le capitaine Rose, notre directeur là-bas, n'en ait été sérieusement contrarié. J'agissais pour le mieux, comme je le pensais, mais mes connaissances étaient limitées. À peu près à cette époque, la Compagnie d'Orient fit couler son navire l'*Austral* à ses amarres dans le port de Sydney . À ce moment-là, elle était en train de charbonner et, comme il faisait nuit, seul un adjudant était aux commandes. J'ai longtemps pensé qu'un officier devait toujours être de service de nuit comme de jour à bord d'un navire de valeur, et à partir de ce moment-là, avec l'accord de mes supérieurs, le troisième officier fut relevé de tout travail au port , sauf celui de s'occuper du navire entre les heures de 21 heures et de 5 heures du matin. C'était une décision nettement positive à bien des égards ; cela avait certainement pour effet d'amener les hommes en permission à revenir tranquillement et à ne pas attirer l'attention sur eux. De

Wellington, nous nous rendîmes à Dunedin, ou plutôt à Port Chalmers, comme on appelait alors le port. C'était là encore un échantillon du courage et de l'énergie des colons qui voulaient avoir des ports partout. On était déjà en train de draguer un canal par lequel les grands navires pourraient atteindre Dunedin, et c'est là qu'un malheur m'a frappé. Toute la partie avant du navire était aménagée en chambre de refroidissement pour le transport des moutons congelés. Nous avions commencé à en accueillir quelques-uns, quand tout à coup on nous a signalé que le moteur gelé était en panne. Un expert a été télégraphié à Christchurch et il est venu, a secoué la tête et a déclaré que rien ne pouvait être fait, car la plaque d'assise du moteur était cassée et aucune compagnie d'assurance ne prendrait le risque d'une cargaison gelée avec un moteur réparé. Il est inutile de dire maintenant toute ma pensée à ce sujet, mais je pensais que les dégâts auraient pu être réparés. Il fut convenu que nous devions rentrer chez nous avec une cargaison générale et pas de viande congelée. Comme le fret était alors de deux pence la livre, on verra qu'il s'agissait d'une perte sérieuse, due, comme je le crois encore, à un dommage intentionnel .

Notre dernière escale était Lyttleton , le port maritime de Christchurch, la ville cathédrale et la plus anglaise de toutes les villes de Nouvelle-Zélande. Ici se trouvait le siège social de la Compagnie, et il était considéré comme le port d'attache de la Compagnie. À l'époque, je ne me souviens pas si nous avions le mot Lyttleton ou Londres sur la poupe comme port d'immatriculation, mais je sais que peu de temps après, il y a eu une correspondance avec les constructeurs à ce sujet.

Comme nous continuions notre rôle de navire de démonstration et que le navire était retardé afin d'assurer une liste complète de passagers pour le retour, il a été jugé souhaitable de le mettre en cale sèche , et c'était certainement un grand avantage de repartir propre pour le retour. passage. J'ai jugé nécessaire, à cette époque, de resserrer un peu les rênes de la discipline et, comme un signe extérieur et visible, j'ai ordonné un rassemblement le dimanche matin. Cela a été dûment exécuté comme cela aurait été en mer, et cela a amené les grogneurs (surtout dans la salle des machines) à penser que j'avais derrière moi des pouvoirs plus grands que ceux que je possédais réellement. Mais le plan a répondu.

Nous avons donné une belle danse à bord, à laquelle les directeurs ont lancé des invitations. Ce fut un grand succès et rassembla un grand nombre de personnes charmantes. Lorsque nous étions prêts à repartir pour rentrer chez nous, je ne pense pas que quelque chose ait été laissé de côté qui aurait pu accroître la popularité du navire.

La question de la route à suivre pour rentrer chez moi me donna beaucoup de difficulté à trancher. Je n'hésitais pas le moins du monde à accepter des conseils, en fait, je les cherchais, mais ayant peu d'expérience dans la navigation sous les latitudes méridionales et gardant à l'esprit toutes les histoires que j'avais entendues sur la glace et des sujets apparentés, j'étais naturellement impatient de faire la bonne chose. Je savais d'ailleurs que nos deux nouveaux navires avaient fait d'excellentes traversées vers Rio. Par hasard, j'ai rencontré mon vieil ami, le capitaine Gibbs, et de lui j'ai reçu le conseil : « Écoutez ce qu'ils disent tous, et quand vous sortirez, agissez comme bon vous semble », ce qui m'a laissé exactement là où j'étais. Mais l'impression générale qui m'a été laissée était de descendre à Lat. 50° S. par la trace orthodromique puis descendre vers l'Est sur ce parallèle. J'ai dûment exécuté le plan dans la mesure où l'endurance humaine me le permettait (car je n'avais pas alors les connaissances pratiques de la navigation sur grand cercle que j'ai acquises par la suite) lorsque je l'ai tenté. Laisse-moi expliquer. Lat. 50° S. fut atteint en trois jours depuis Lyttleton , et de là jusqu'au Cap Horn par une ligne Mercator, il y avait une distance déterminée. Mais cette ligne a deux côtés : l'un le côté polaire, ou grand cercle, qui raccourcit énormément la distance, l'autre le côté équatorial qui l'allonge très considérablement. Maintenant, passons à l'Est en Lat. 50 devait le faire du côté équatorial de la ligne Mercator, et la chair et le sang n'étaient pas assez forts pour le faire. J'ai essayé pendant trois jours avec quelque chose comme le résultat suivant : une course de, disons, 320 milles, et en approchant de mon port seulement, disons, 280. Cela ne suffisait pas, alors glace ou pas glace, je me suis dirigé vers la piste Mercator, et après avoir réussi à gâcher mon En courant vers Rio, je n'ai pas vu un morceau de glace et je n'ai pas eu le moindre problème. Il faut cependant admettre que si un étranger examinait la carte des glaces, il penserait que les icebergs étaient aussi nombreux que les pommes de terre dans leur parcelle, et pourrait être enclin à ignorer le fait qu'il savait que des centaines et des milliers de voyages avaient été effectués en toute sécurité par des glaciers. des voiliers dans les hautes latitudes, et que ce qu'un homme avait fait pouvait être accompli par un autre. Cependant, la société et moi-même avons payé pour mon manque d'expérience, même si nous en avons tous deux profité à long terme. Il faut dire aussi que lors de ce voyage, la toile n'a apporté que peu d'aide. Le retour à la maison s'est fait à force de vapeur, grandement facilité par le fait que nous n'avions pas besoin de fournir de vapeur pour faire fonctionner le moteur gelé. Nous avons quitté Lyttleton pour le voyage de retour plein de passagers, et il ne serait pas difficile de donner tous les détails de la vie à bord s'il était souhaitable de citer les pages du *Ruapehu Satirist* , un journal hebdomadaire lu avec un intérêt considérable. . Son rédacteur était résolument indépendant et n'épargnait personne. On peut cependant affirmer qu'il serait difficile d'exagérer le mal que peuvent causer quelques feuilles de papier, un peu d'encre et une imagination vive. Je pense pouvoir dire que la suppression sommaire a été le sort de la plupart des journaux à bord avec lesquels j'ai été en contact.

J'étais assez inquiet à l'idée d'atteindre la terre près du Horn, car à mesure que les jours passaient, il était évident que ce n'est que par beau temps que nous pourrions voir quoi que ce soit avant la nuit. Cela peut paraître absurde aujourd'hui, mais courir au plus près, comme je le faisais dans l'obscurité, vers une terre que je n'avais jamais vue, n'était pas une tâche très agréable. Il fallait cependant le faire, et cela souligne particulièrement mes remarques précédentes quant à l'opportunité de ne jamais perdre un mile ou une minute lors d'un passage. Par chance, à cette occasion, nous avons atteint Ildefonso, ressemblant à une traînée de fumée sortant d'un entonnoir de bateau à vapeur, au moment où l'obscurité s'installait. Après cela, il n'y eut plus de problème et nous passâmes un mille au sud du cap Horn vers minuit. Il n'y avait aucune difficulté à reconnaître sa forme à partir des croquis sur les cartes et dans les instructions nautiques. Nous traversâmes le détroit du Maire et arrivâmes à Rio sans incident.

Sydney est peut-être belle, Auckland est reconnue pour l'être, mais à mon imagination, Rio est d'une beauté inégalée par tous les endroits que j'ai vus. Il n'est pas question ici d'essayer de le décrire, cela est au-delà du pouvoir de tout mortel ordinaire, mais jusqu'à ce que l'on ait vu le soleil se lever dans le port de Rio , il restait encore à expérimenter le plus beau spectacle du monde.

Naturellement, tous nos passagers débarquèrent, car le charbonnage devait durer vingt-quatre heures, et je me souviens très bien d'avoir emmené avec moi une foule très animée aux petites heures du matin. Je les avais récupérés dans un café en haut de la Rua D'Orviedor , où tout le monde semblait de bonne humeur et les Anglais extrêmement populaires. Le repentir, je n'en doute pas, était le sentiment prédominant le lendemain, car les boissons mélangées avec du tabac étrange et fort ont tendance à rendre un chapeau ordinaire un peu lourd le matin .

Le reste du passage n'était pas de nature à appeler un commentaire particulier. Ma tentative d'esquiver le commerce du Nord-Est n'a pas été le succès que j'espérais ; nous avons traversé le mouillage de Santa Cruz à minuit, faisant assez de bruit pour réveiller les morts, et laissant derrière nous des détails dans une sorte de lavoir pyrotechnique, afin que nous puissions être ramenés chez nous par télégramme, et sommes finalement arrivés à Plymouth après un passage dont la durée de cuisson était de 38 jours 8 heures et 37 minutes. Je trouve que les deux journaux de Plymouth appellent cela le passage le plus rapide jamais enregistré, et pour une raison quelconque, cela a fait sensation à Londres, car lorsque nous sommes arrivés en ville, j'ai rencontré mon vieil ami M. Trapp, et ses mots ont été : « Est-ce que c'est votre navire ? dont nous parlons tous ? J'ai dit oui." "Je suppose", remarqua-t -il , "vous avez couru toute la nuit et n'avez pas raccourci la voile dans les heures d'obscurité." Le vieux monsieur revenait en pensée aux us et coutumes qui régnaient au temps des guerres napoléoniennes, lorsqu'il était corsaire.

Quoi qu'il en soit, le passage fut un succès ; mon chef l'avait amenée à Londres en pleine forme, de la manière la plus approuvée par Southampton. Le président et le directeur attendaient de rencontrer le navire sur les quais, et ils étaient si satisfaits de son apparence qu'ils ont modifié la peinture de tous les autres navires selon la mode que nous avions définie. Dans le *Daily Telegraph* du 17 juin, Clark Russell avait un article sur ce passage. C'était à tous égards une bonne performance, mais jusqu'au jour de ma mort, j'y reviendrai toujours avec regret, car si j'avais pris un meilleur cap que je ne l'ai fait vers le Cap Horn, cela aurait pu être un passage qui aurait pu détiennent le record pour les années à venir. Je pense cependant qu'à l'arrivée j'avais le record des passages aller-retour.

Lors du voyage suivant, j'avais avec moi le président de la compagnie, M. J. L. Coster , qui était à sa manière un type du Néo-Zélandais en devenir. C'était un homme vif et intelligent, déterminé à ce que tout ce qu'il avait à faire soit le mieux possible, audacieux et ambitieux jusqu'au dernier degré. Il restait fidèle à ses amis et détestait ses ennemis avec une inimitié mortelle. Il avait été, je crois, directeur de la Banque de Nouvelle-Zélande, mais il était désormais certainement l'esprit dirigeant de la compagnie maritime et était déterminé à ce que personne ne lui arrache sa suprématie. J'avais vu beaucoup de mon président et d'autres personnes liées à la société à Londres, et j'attendais avec impatience un voyage très agréable, car Coster et moi nous entendions vraiment très bien.

À peu près au moment où nous devions naviguer, la Shaw Savill Company envoyait le vapeur White Star *Coptic* , ayant à son bord comme passager Sir Henry Loch, le gouverneur de Victoria, qui devait débarquer à Hobart. C'était le premier voyage du *Copte* sur cette route, et pour nous il était une quantité inconnue, mais je savais que, même s'il avait navigué trois jours avant nous, c'était mon affaire d'arriver d'abord à Hobart, et j'avais l'intention de ne ménager aucun effort. effort pour le faire. Le sort nous parut cependant défavorable et donna le pire temps que j'aie jamais vu. La route vers Madère fut bonne, mais nous y perdîmes neuf heures à charbonner. Nous avons passé le temps très agréablement lors d'une balade à l'intérieur des terres et avons apprécié l'hospitalité proverbiale de la famille Blandy dans leur belle villa. Nous sommes repartis remplis de charbon et de la meilleure humeur.

Je dois mentionner que j'avais maintenant comme ingénieur en chef mon ancien chef africain *et* que je savais que, bien que têtu comme un mulet, il était un homme de première classe et peu susceptible de me réserver de mauvaises surprises. En fait, il était plutôt sûr que brillant, et dans les circonstances particulières, je n'aurais pas pu faire mieux, car cette fois je n'avais pas pris de soin particulier dans le choix de mon équipage, l'ayant laissé se faire de la manière ordinaire. Alors que nous étions un jour au sud du Cap-Vert, c'était un beau dimanche après-midi, nous avons aperçu un bateau à vapeur venant vers nous, et par son gréement et la position dans laquelle il se trouvait, j'ai su que c'était l' *Athénien* qui rentrait chez lui, Warleigh étant son capitaine. Coster , qui était avec moi à ce moment-là, m'a demandé de lui parler et de lui demander si elle avait vu le *copte* . Et si oui, où ? car si nous avions cette information, nous serions capables de juger assez bien quelles étaient nos vitesses relatives. En conséquence, nous avons lancé un signal pour demander à l'*Athenian* de se rapprocher puisqu'il se trouvait à bâbord, mais au lieu de le faire, il s'est éloigné plus loin. Pour ne pas décevoir mon président, j'ai traversé sa poupe et suis arrivé sur son côté tribord, quand j'ai découvert, à ma grande surprise, que Warleigh avait arrêté ses moteurs, et sa manœuvre nous a rapprochés beaucoup plus que ce que j'avais prévu. Cependant, aucun mal n'a été fait et nous avons appris que le *copte* était parlé à 150 milles au sud du Western Breaker. Cela nous a donné les informations que nous souhaitions et, remerciant Warleigh, j'ai mis toute ma vitesse et j'ai repris ma route. Mais il y avait quelque chose dans cette affaire que je n'aimais pas, nous avions été trop près d'un accident pour me plaire, et rencontrant Warleigh quelques voyages plus tard au Cap, je lui demandai pourquoi il avait arrêté ses moteurs. Il y avait, je puis dire, un peu de sang-froid entre nous depuis quelque temps à cause d'un malentendu qui n'aurait jamais dû se produire. Il a répondu: "Je pensais que vous aviez l'intention de me contourner, pour montrer votre vitesse supérieure, et j'ai décidé que je m'arrêterais pour vous laisser le faire." J'étais plutôt blessé de penser qu'il aurait pu me croire capable d'une telle impolitesse et le lui dire, sur quoi nous avons enterré la hache de guerre pour de bon et pour tout.

Nous ne devions pas faire escale au Cap, il n'y avait donc pas lieu de débattre sur la route à suivre, car c'était les mois d'hiver dans le sud. Je résolus d'aller très au sud et d'économiser tous les milles que je pourrais, mais je comptais sans mon hôte à cette occasion. J'avais l'intention d'aller au sud des îles du Prince Édouard, mais j'ai dû faire face à un coup de vent du sud-ouest et à une mer très forte. Si j'avais tenu mon cap, je n'aurais pas fait de bons progrès, le navire aurait probablement été endommagé et la vie des passagers aurait été insupportable. La carte que j'ai utilisée lors de ce voyage se trouve devant moi au moment où j'écris. J'ai encore essayé de passer au sud des Crozets , et encore une fois j'ai dû faire demi-tour et courir. Comme le temps se modérait, j'essayai de nouveau de me diriger vers le sud, mais mon président, apprenant mon intention, observa que j'étais un homme obstiné et que si j'avais des ennuis, je ne devais pas attendre de son aide. En d'autres termes, il en avait assez des hautes latitudes méridionales. J'en suis certain : le temps dans le sud est cyclique ; pendant les quatre premières années où j'ai suivi cette route, le temps était souvent plus que moyen et mes traces sur la carte donnaient parfois l'idée d'une patte arrière de chien. En effet, lorsqu'un navire à passagers a beaucoup de place pour la mer, il vaut la peine, à mon avis , de s'écarter d'environ un point de sa route, si, de cette manière, le navire bénéficie d'un meilleur temps et avance confortablement. Certains maîtres de bateaux à vapeur expérimentés dans ce métier pensaient qu'il ne fallait pas s'écarter d'un cap une fois fixé. Cependant, je reste convaincu qu'il est payant de laisser le navire prendre la mer aussi facilement que possible, et qu'il n'est pas non plus nécessaire d'avoir aucune compétence pour mettre un navire en pièces.

J'ai été plutôt amusé par une observation faite par mon ingénieur en chef. Le temps était assez mauvais et je lui ai demandé comment il l'aimait. Il répondit : « C'est bien, j'ose dire, pour les voiliers, mais ce n'est pas une place pour les bateaux à vapeur. » Bien sûr, les moteurs exigeaient le plus grand soin, car parfois ils tournaient très mal. Cependant, nous avons eu la chance, à cette occasion, d'obtenir un très beau spécimen de coup de vent, et bien que tout soit comparatif, je pense qu'il n'aurait pas été possible qu'il souffle plus fort qu'il ne l'a fait ou que la mer soit plus grande. se lever.

C'était ma coutume, lorsque je descendais l'Easting, de porter habituellement un ris dans les huniers, en plaçant des huniers par-dessus ; c'était la survivance d'une vieille mode Blackwall provoquée par une longue expérience des huniers entiers, qui montrait qu'ils étaient difficiles à manier par très mauvais temps. On prenait rarement soin de prendre des ris aussi longtemps que le vent était bon, et si par la force du vent il devenait nécessaire de le faire, on perdait plus de temps dans l'opération que si un seul ris avait été en place tout le temps, car dans la plupart des coups de vent, un le hunier ris pouvait être transporté tant que le vent était favorable. Ajouté à cela, cependant, les passagers des bateaux à vapeur n'aimaient pas les perturbations au-dessus de leur tête, telles que celles qui seraient causées par un travail pénible de manutention de toile pendant la nuit, et toutes choses prises en considération, je suis certain que sous des latitudes orageuses, c'était un bon projet à adopter, car il ne valait pas la peine de souffler une toile dans un bateau à vapeur. Cette fois-ci, nous avions été confrontés à une série de conditions météorologiques anormalement mauvaises. Depuis quelques jours, le baromètre accusait une baisse constante et le matin du 1er juillet 1884, à 8 heures du matin, il était à 27,94, avec un violent coup de vent de l'WNW. Peu après 10 heures, il faisait 27,73, après quoi le temps s'est amélioré. Le temps paraissait si menaçant la veille, et il soufflait si fort, que j'avais fait mettre les ris serrés, avec un ris dans la voile d'avant, de sorte que quand le pire arrivait, il n'y avait plus qu'à rester sur le bateau. pont et spéculer sur ce qui allait suivre, évitant parfois une masse de neige qui était fréquemment soufflée hors du ventre du hunier principal . Nous savions tout le temps que de la glace pourrait être rencontrée, car nous avions dépassé des icebergs un jour ou deux auparavant. Dans la salle des cartes, que je visitais de temps en temps, je pouvais me tenir devant l'anéroïde et voir l'aiguille reculer ; en fait, j'ai maintenant les notes approximatives au crayon que je prenais de temps en temps sur ce qui était pour moi une expérience nouvelle.

Heureusement, le navire naviguait à merveille, et il n'était en aucun cas profond, car le charbon brûlé l'avait considérablement allégé, mais parfois, lorsqu'il descendait devant une vague, il jetait sa poupe vers le haut et les moteurs s'emballaient furieusement, donnant ces moments anxieux dans la salle des machines. Lorsque cela se produisait, à l'autre extrémité du navire, le bout-dehors et une partie du gaillard d'avant plongeaient vers l'arrière de la vague devant. Je pense que c'était la seule fois où j'ai vu un tel événement, car, rappelons-le, le navire mesurait 420 pieds au-dessus de tout, et par rapport à la taille des vagues, il se comportait comme une baleinière sur de grandes vagues. Comme je ne souhaite pas que ma véracité soit contestée, je m'abstiens de spéculer sur la hauteur des vagues du creux à la crête, mais j'ai souvent pensé depuis que l'on aurait pu avoir droit à une mauvaise surprise.

Comme c'était le cas, nous avons traversé la brise sans séparer un fil de corde, M. Coster exprimant son regret que le constructeur du navire ne soit pas avec nous pour voir à quel point il se comportait magnifiquement. Nous descendions notre direction Est en latitude. 47° S., et j'ai fini par conclure que c'était un mauvais parallèle et que plus au sud c'était bien mieux. Vers cette époque également, le chef mécanicien s'aperçut qu'il manquait de charbon et, par conséquent, nous dussions réduire nos dépenses, au détriment de notre vitesse. Nous avons de nouveau accosté en Tasmanie par mauvais temps et, au large de la pointe sud de l'île, j'ai distingué la silhouette d'un gros navire à l'extérieur de moi. Nous savions qu'il devait s'agir de deux choses : soit le HMS *Nelson* , le vaisseau amiral australien, soit le *Copte* . Lorsque le jour est apparu, nous avons découvert, à notre plus grand plaisir, que c'était ce dernier navire, et les pompiers du quart en dessous sont sortis d'eux-mêmes pour aider au ravitaillement. Nous l'avons dépassé facilement et avons jeté l'ancre à Hobart, signalant avoir dépassé le *Copte* au large du cap Connella . Tout cela était très bien pour nous, mais les autorités portuaires tenaient à conserver le meilleur emplacement pour le navire du gouverneur, et nous étions d'avis qu'il aurait dû être premier arrivé, premier servi. Elle est arrivée une heure après nous et je suis désolé de dire qu'elle a reçu la meilleure attention. Ce jour-là, à terre, j'ai rencontré le capitaine du *Coptic* et j'ai découvert qu'ils se trouvaient à proximité lorsque nous avions rencontré du mauvais temps, mais plus au sud. Il m'a dit qu'il n'avait jamais vu un temps pareil, même dans les pires conditions météorologiques de l'Atlantique. Trois grands huniers entiers avaient été emportés par le vent et, en réponse à ma question sur la raison pour laquelle il n'avait pas pris de ris, il m'a répondu avec un sourire condescendant que « ce n'était pas la mode du White Star de prendre des ris ; si une voile entière ne tient pas, alors lâchez-la. Je n'ai pas vu la beauté de l'argument. Nous constatâmes que nous manquions sérieusement de charbon dans nos soutes et que nous éprouvions de grandes difficultés à nous en procurer de nouveaux. Finalement, nous avons trouvé une barque de charbonnage à côté, mais il y a eu beaucoup de désagréments. M. Coster, avec son attitude autocratique, était furieux de perdre du temps, et je crains d'avoir été très impoli envers ce capitaine de charbonnier (qui était un très bon garçon) lorsqu'il a refusé de nous en laisser davantage, parce que son navire était aussi léger que possible. comme c'était sûr, alors que tout le temps j'ai cru qu'il le gardait pour les *coptes* . Nous sommes repartis le lendemain avec le strict nécessaire, comptant sur la chance. Heureusement nous l'avons eu, mais à vrai dire, nous sommes arrivés à Wellington avec moins de quarante tonnes de charbon à bord. Or, nous avions fait le passage jusqu'à Wellington en quarante-trois jours et demi, dont deux jours d'arrêt, à une vitesse moyenne de 12,99 nœuds, ce dont mon président était très satisfait, car il avait vu les difficultés. C'était l'hiver en Nouvelle-Zélande quand nous sommes arrivés, mais c'était très agréable. Des élections générales ont eu lieu et M. Coster s'est présenté et a été élu pour l'une des divisions de Christchurch. Il est peut-être inutile de remarquer que ce fut pour nous tous une période de grande liesse, mais elle ne dura pas longtemps puisque notre séjour dans le pays ne devait durer qu'une quinzaine de jours. Nous devions repartir pleins de marchandises, de viande congelée et de passagers, mais avant de partir, mon président est venu déjeuner à bord. Il m'a dit d'exprimer sa satisfaction à l'équipage du navire en général, mais il m'a dit qu'il ne pouvait pas m'en dire assez. Cependant, en signe de reconnaissance, il m'avait télégraphié que j'allais avoir le grand nouveau navire et que je pourrais toujours compter sur lui comme ami.

Il devait y avoir un mauvais temps à cette époque, car il fallut quinze jours pour arriver au Horn. Il y avait beaucoup de vent contraire et de mer, car je trouve dans mon résumé « le tangage de la proue et de la poupe », et un enregistrement de mauvais temps en général, tandis qu'avant de contourner le Horn, nous avons constaté que nous avions perdu une de nos pales d'hélice. . C'était un mauvais travail, car cela donnait aux moteurs une action très saccadée, et équivalait à gâcher entièrement le passage, car nous ne pourrions plus rattraper le temps que nous avions perdu. Depuis, j'ai pensé que la fonderie où ces lames particulières ont été coulées avait dû trouver une trace de mauvais métal, car il me semblait certainement avoir la chance de perdre des lames qui n'étaient partagées par aucun autre de nos navires.

Notre malheur nous a duré jusqu'à Rio ; mais avant d'y arriver, j'ai eu une petite excitation qui pourrait tout aussi bien être racontée. C'était l'habitude du navire, si le temps le permettait, que l'équipage sorte et aère la literie et nettoie ses quartiers pour que je les inspecte le samedi matin. Cela s'était fait jusqu'ici sans qu'un murmure parvienne à mes oreilles. Le temps avant de contourner le cap Horn était trop mauvais pour permettre la tournée hebdomadaire , mais lorsque nous approchâmes du beau temps, je donnai l'ordre habituel et fus étonné d'apprendre que les pompiers refusaient d'obtempérer. Je ne m'en souviens vraiment pas maintenant, mais je pense que les marins s'en souvenaient ; en tout cas, j'ai donné l'ordre de se rassembler sur la dunette, et les mécontents ont obéi à l'ordre. Maintenant, s'ils avaient obtenu leur diplôme sur un voilier tapageur dans les années 60 et avaient été sérieux, ils seraient restés au gaillard d'avant et m'auraient confié la responsabilité de les faire sortir. Mais ils étaient des recréants modernes et ne comprenaient pas les méthodes particulières par lesquelles un capitaine pouvait effectivement être défié. Dès qu'ils eurent quitté le gaillard d'avant et arrivèrent à la dunette, je fis fermer et garder les portes de leurs quartiers, leur coupant ainsi la retraite. Puis, appelant les noms qui figuraient sur les articles du navire, j'ai demandé au premier homme s'il avait l'intention de nettoyer ses quartiers. Sa réponse fut que ses amis à Londres leur avaient dit qu'ils ne devaient pas obéir à cet ordre particulier. Ma réponse fut qu'ils pourraient compter avec leurs camarades à Londres une fois arrivés là-bas, mais qu'en attendant ils devaient compter avec moi, ici et maintenant. Un nouveau refus et ma commande fut « aux fers », dûment exécutée. Cinq hommes ont appliqué la même formule, et les autres ont cédé ; ils étaient tous gardés à l'arrière et envoyés par lots pour faire leur part du travail.

Cette explosion d'insubordination n'aurait pas pu être réprimée aussi facilement si je n'avais pas eu un grand nombre d'officiers pour me soutenir, même si, comme les hommes le savaient, j'aurais dû prendre des mesures extrêmes s'il y avait eu une manifestation de violence. Là où ils auraient pu m'embarrasser, c'était que tout le monde ait continué à refuser, car j'aurais alors pu avoir des ennuis pour trouver un logement fermé pour eux tous, mais je savais que le passage était désespérément gâché, alors j'ai pensé que c'était le cas. aussi bien débattre une question de principe quand les circonstances étaient en ma faveur . Je me suis souvenu par la suite que lorsque nous avons quitté les quais de Londres, certains hommes sur le quai avaient fait des remarques bruyantes et colériques concernant l'importation de vêtements de Southampton à Londres et je ne doute pas qu'une certaine résolution de défi ait été dûment arrangée, bien qu'elle ait été très mal pensée. dehors.

Après cette petite brise, les choses se sont déroulées tranquillement et, le moment venu, nous sommes arrivés à Rio. Je me souviens avoir emmené quelques jeunes filles voir un cirque, ce qui était à certains égards nouveau, et je ne doute pas que si ces lignes croisent leurs yeux, elles se souviendront bien de l'incident et riront de ce souvenir. Il n'y a eu aucun autre incident notable et je suis dûment rentré chez moi, ne pensant pas que cela valait la peine de faire toute une histoire à propos de la perte d'une pale d'hélice, mais quelques jours avant d'arriver à Madère, nous en avons perdu une autre, et c'est alors devenu une affaire sérieuse. , alors j'ai télégraphié chez moi pour recevoir des instructions, estimant qu'il était tout aussi bien que quelqu'un d' autre prenne un peu de responsabilité. Car, bien qu'un navire *puisse* pagayer avec une seule pale ou même une partie de celle-ci, il était du devoir de tous ceux qui se soucient du bien-être du navire que le risque soit connu, afin que, si des problèmes survenaient, ils puissent être parés. On m'a répondu de procéder « avec prudence », et il m'est venu à l'esprit que les deux derniers mots étaient plutôt superflus bien que tout à fait naturels. Nous avons terminé le voyage en toute sécurité, car le temps était favorable et notre progression était bonne, bien qu'il y ait eu une vibration des plus désagréables. Ce qui était très satisfaisant, c'est que les passagers ont quitté le navire très satisfaits de tout, malgré nos mésaventures.

Ce fut la fin de mes relations avec les *Ruapehu* . J'avais acquis beaucoup d'expérience auprès d'elle, cela m'avait sorti du vieux rythme et je m'étais réconcilié avec mon sort. Le pire des affaires était les voyages plus longs et la connaissance que dans un avenir proche notre séjour à Londres serait sensiblement réduit, la Nouvelle-Zélande devant être considérée comme le port d'attache. Mais avec tout cela, il y avait un sentiment d'exaltation. On utilisait suffisamment la toile pour tirer le meilleur parti des navires - cela rappelait quelques-unes des meilleures traditions de la mer - et nous perpétuions autant que nous le pouvions celles des anciennes coutumes qui voulaient ou pouvaient coexister avec la vapeur. Les navires étaient bien trouvés et rien n'était nécessaire pour les mettre à un niveau vraiment de première classe. Cependant, comme on aurait pu s'y attendre dans le cas d'une nouvelle compagnie à vapeur, il devint nécessaire, au bout d'un certain temps, de procéder à une étude plus minutieuse de ce qui se faisait réellement. En disant adieu à mon navire, j'ai maintenant transféré mon intérêt vers le nouveau navire *Kaikoura* .

CHAPITRE XI

"Elle a marché sur les eaux comme une chose de la vie."

NZSS « KAIKOURA »

(D'après un tableau de Willie Fleming de Cape Town)

Je suppose que tous les marins ont nourri un goût particulier pour tel ou tel navire sur lequel ils ont navigué ; une longue association semble établir une sympathie entre l'esprit qui contrôle et l'acier terne qui donne effet à la tâche qui lui est demandée. Kipling avait une telle idée en tête lorsqu'il a écrit « Le navire qui s'est retrouvé », et presque insensiblement, l'idée est imprégnée que le navire est une chose sensible dont le comportement peut être prévu avec précision dans toutes les conditions données. Je n'ai jamais vraiment eu ce sentiment pour le *Mexicain* - ma connaissance n'était pas assez longue pour lui permettre de devenir une confiance absolue, ce qu'elle aurait certainement fait si le temps m'avait été accordé, mais pour mon nouveau navire, c'était tout à fait différent. Je lui ai fait vingt-trois voyages autour du monde, et elle ne m'a jamais déçu ni à aucun moment n'a répondu à mes attentes. Elle pouvait faire tout ce qu'on lui demandait raisonnablement, et j'ai la vanité de penser qu'elle a boudé quand elle a perdu sur elle la main à laquelle elle s'était habituée, car elle n'a jamais fait grand-chose par la suite. Comme me l'a dit un éminent fonctionnaire : « Elle n'a jamais semblé avoir un seul jour de chance après que vous l'ayez quittée. »

En route vers Glasgow, j'étais enchanté à l'idée qu'il y aurait un très grand navire pour moi. Je savais qu'il devait mesurer quarante pieds de plus que mon précédent, et à cette époque, un navire de cinq mille tonnes était considéré comme une assez bonne taille. Quoi qu'il en soit, beaucoup d'entre nous avaient l'idée qu'avec plus de quatre cents pieds de longueur, le mal du tangage serait réduit au minimum. *Le Mexican* et *le Ruapehu mesuraient* tous deux 390 pieds et, parfois, sous la provocation, ils pouvaient vraiment se distinguer, mais on pensait que ces quarante pieds supplémentaires donneraient un aspect entièrement différent au comportement d'un navire dans une mer forte. C'était un espoir vain, car j'ai connu le *Kaikoura* , quand il s'allumait, tangait et montait selon un arc vertical de treize degrés, ce qui éprouvait à la fois l'estomac et l'humeur, car même si je n'ai jamais vraiment eu le mal de mer après mon deuxième un voyage en mer, un combat intense ou une période de tangage me mettaient toujours mal à l'aise.

Du train, en approchant de Fairfield, j'ai vu deux navires côte à côte dans le chantier ; l'un paraissait grand, l'autre petit, et je me disais que le gros était le mien. C'était une vaine supposition : le grand était le Cunard *Etruria* et le petit le *Kaikoura* , mais c'était néanmoins un bon navire. Sa construction était trop avancée pour que je puisse suggérer des modifications autres que mineures, mais j'étais heureux de constater que de nombreux défauts que j'avais signalés sur les navires précédents avaient été corrigés. Elle n'était cependant pas aussi avancée que la date annoncée de son départ me laissait supposer qu'elle le serait, et après avoir passé quelque temps avec elle, j'écrivis à Londres pour lui dire qu'il était totalement impossible pour nous de quitter la Clyde sur la date mentionnée. Une réponse leur est revenue disant que Sir William Pearce (le chef de la société Fairfield) leur avait assuré qu'elle serait prête à l'heure indiquée. Alors commença un travail merveilleux : une petite armée d'ouvriers envahit le navire, chacun emportant avec lui une partie des aménagements internes du navire. Par exemple, on voyait s'agrandir à mesure que l'on regardait les boiseries des salons, les pièces ayant toutes été montées en atelier, et ne demandant qu'à être fixées ; De plus, le travail était bien fait, car jusqu'au moment où je quittai le navire, il ne montrait aucun signe de travail précipité. Les moteurs avaient tous été montés et essayés dans le hangar à moteurs avant d'être placés à bord du navire. Elle est arrivée à son terme sans accroc, et le jour fixé, nous sommes allés faire nos essais à vapeur sur le mille mesuré et avons fait, autant que je me souvienne, près de quinze nœuds. M. Bryc e Douglas, l'ingénieur de la firme, représentait les constructeurs, et M. Strickland la société. M. Bryce Douglas et moi nous entendions très bien et, pour ma part, j'ai beaucoup regretté sa mort peu de temps après.

Il ne faut pas supposer que le salon ou les quartiers des passagers étaient achevés de quelque manière que ce soit. Nous avions, en fait, des dizaines d'ouvriers qui se rendaient à Londres pour terminer le travail avant son arrivée. Il y avait aussi avec nous une douzaine de messieurs, pour la plupart des scientifiques qui avaient bénéficié d'une tournée gratuite. Sous un certain rapport, il y avait un progrès marqué par rapport aux anciens navires, car l'installation d'éclairage électrique constituait un grand progrès et ne posait presque jamais de problèmes ; en fait, on peut considérer qu'à cette époque le problème de l'éclairage électrique des navires avait été résolu de manière satisfaisante. Nous avons quitté le Clyde le matin du 20 octobre, ayant à bord un pilote de canal en qui les constructeurs avaient la plus grande confiance, car je ne pense guère que la compagnie devait prendre livraison avant qu'elle n'arrive aux Docks de Londres dans un état terminé. Sur ce point, je ne suis pas sûr. Il n'y avait aucun doute que j'étais le maître, mais le pilote n'était nullement soucieux d'obtenir des ordres de ma part. Je n'avais cependant aucune grande raison d'être insatisfait. Tout s'est bien passé jusqu'au soir du 21, lorsque nous sommes au large de Portland, une nuit sombre et claire avec un léger vent d'ouest. Nous croisions de nombreux voiliers debout au large sur tribord amures et, en tentant de dégager une barque danoise , il y eut malheureusement une divergence d'opinions sur notre pont quant à ce qu'il fallait faire, et nous la heurtâmes très durement. Heureusement, il était chargé de bois et n'a pas coulé, bien que son équipage l'ait quitté et soit monté à bord de mon navire, voyant rouge, à la manière des Scandinaves excités. J'étais un peu perplexe sur ce qu'il fallait faire, car je n'avais pas de temps à perdre, alors pour la première et la dernière fois, j'ai convoqué un conseil de mes officiers, leur demandant des suggestions. Il a été décidé que nous enverrions un canot de sauvetage avec un équipage pour se tenir à ses côtés, maintenir une lumière allumée pour avertir les autres navires et voir s'il pouvait rentrer au port. Lorsque nous avons commencé à exécuter le plan, le capitaine et l'équipage de là barque ont demandé qu'on leur donne le canot de sauvetage et qu'ils partent eux-mêmes, et moi, très faiblement comme je le pense maintenant, j'ai fait ce qu'ils voulaient. En tout cas, cela nous a permis de continuer, et c'était là l'essentiel à ce moment-là, car nous n'étions en aucun cas endommagés et la peinture de notre proue était à peine rayée. La barque a dûment traversé les Needles et je pense s'est rendue à Cowes , d'où notre canot de sauvetage a été renvoyé. Nous sommes arrivés à Londres sans autre aventure et j'ai de nouveau fait l'expérience du droit. Le court séjour que nous avons eu a été entièrement occupé par des dépositions et des consultations, mais comme j'ai déjà exprimé mon point de vue sur ce sujet, je n'ai pas besoin de récapituler plus loin que de dire que c'était « le même vieux jeu » pour tirer cette affaire au clair. Lorsque l'affaire a été jugée, elle a été portée contre nous, la vérité, à mon avis, étant qu'ils ont eu peur de notre proximité et ont viré de bord sous nos étraves, pensant que nous ne leur cédions pas le passage. Je pense que le tribunal était également de cet avis, mais je peux imaginer que notre navire (un éclat de lumière maintenu pour les ouvriers) et s'approchant d'un voilier à grande vitesse, était peut-être une épreuve pour les nerfs faibles. Quoi qu'il en soit, ils étaient tous en état de hurlement quand je les ai vus. C'était la collision n°1. Nous avions tout du pain sur la planche pour préparer le navire pour le jour de navigation. Elle était pleine à craquer de passagers, et il y avait un flot apparemment incessant de magasins et d'équipements jusqu'à la dernière minute. Il est à l'honneur de la Compagnie que le travail ait été fait et bien fait. Je ne me souviens pas que quelque chose ait été omis.

Le pire, c'était que j'avais pour l'essentiel un nouveau groupe d'officiers, même si mon ingénieur en chef du dernier navire était avec moi. Il est du plus grand avantage dans un cas comme celui-ci d'avoir avec vous des personnes sur lesquelles vous savez pouvoir compter, et avec les meilleures intentions du monde, vous ne pouvez pas éprouver ce sentiment avec des étrangers. Il ne faut pas oublier qu'un nouveau navire est toujours quelque chose qui ressemble à un paquet surprise. Dans l'après-midi du 25 octobre, nous avons quitté le quai et, au moment où nous sommes arrivés à Gravesend, il faisait assez sombre avec une forte marée descendante et le bief était plein de navires, pour la plupart au mouillage. Comme nous devions y passer la nuit, il fallut faire demi-tour au navire, et lorsque nous traversâmes la rivière, il n'y avait pas beaucoup de place pour que quoi que ce soit puisse passer devant nous. Cela a été découvert par l'un des bateaux à vapeur d'Aberdeen appelé *Ban Righ*, car en passant devant et sous notre poupe, il a dégagé tout le côté tribord du pont, les roufs, les pavois, etc., et il a également cabossé notre poupe et emporté le gouvernail. chaînes et certains de nos travaux dorés ornementaux. Il y avait des circonstances liées à cela qui auraient fait rire un chat, mais il fallait garder la lèvre supérieure très raide, et j'ai beaucoup admiré la manière admirablement froide avec laquelle l'incident a été traité par M. Strickland, le directeur de Londres, qui avait descendre la rivière avec nous et a fait allusion à la collision comme à « une bosse de rivière ». J'ai descendu la rivière en remorqueur pour constater l'étendue des dégâts sur l'autre navire, et le lendemain nous sommes partis pour Plymouth. Cette collision n°2 a été, je crois, réglée par les deux parties qui ont supporté leurs propres dommages, car même un collège de juges n'aurait pas pu correctement répartir le blâme dans cette affaire. Je constate par résumé que nous avons quitté Plymouth à 7 h 30 le matin du 28, après une semaine de travail assez pénible.

Le navire, comme je l'ai dit, était plein de passagers. Dans le salon, nous avions un certain nombre de représentants de Christchurch, et c'était très agréable de s'entendre avec eux. Dans chaque communauté, il y a presque toujours un esprit dominant qui donnera l'exemple aux autres, et c'est particulièrement le cas à bord d'un navire lors d'un long voyage. À partir d'une observation approfondie, j'oserais dire que dix-neuf jours est à peu près la période maximale pendant laquelle les gens demeureront ensemble dans l'unité. Passé ce délai, il faudra beaucoup de patience et de tact pour que les choses se passent bien et sans heurts. Comme on peut l'imaginer, il y avait dans cette affaire de petits défauts qui auraient pu, avec un certain degré de justice, être critiqués, mais il y avait un homme qui était déterminé à ce que tout se passe bien. Il s'appelait Tom Acland et nous sommes devenus de grands amis. Il est désormais, hélas, parti rejoindre la majorité, mais son souvenir reste agréable pour beaucoup. Il assurait la tranquillité dans le carré, mais dans la seconde cabine c'était une autre affaire. Il y avait beaucoup de vieux Australiens à destination de Hobart, et rien n'allait pour eux. À plusieurs reprises, il a fallu parler très franchement à certains des meneurs, et finalement ils ont envoyé une lettre aux administrateurs pour se plaindre de ma conduite à leur égard, ce qui a abouti à un vote unanime de confiance de la part du conseil d'administration. Nous arrivâmes au Cap sans aucun incident digne de mention, car c'était la première fois que j'y venais depuis mon arrivée dans la nouvelle Compagnie. C'était agréable de revoir les vieux visages et, plus encore, de constater qu'ils étaient heureux de me voir. Comme nous devions charger beaucoup de charbon, les voyageurs avaient de belles chances de se rendre à terre, et le navire naviguait bien et donnait toutes satisfactions. Malheureusement, cela ne devait pas durer, mais quand nous nous sommes éloignés une fois de plus, elle a commencé à me montrer ce qu'elle pouvait vraiment faire lorsqu'elle a mis la toile sur elle. Je découvre qu'il y a eu une journée de course de 369 milles pour une journée trente-six minutes en moins des vingt-quatre heures, et c'était un voyage plus rapide que je n'avais jamais fait auparavant. Un jour, pour une raison quelconque, il devint nécessaire d'ouvrir le cylindre haute pression. J'étais allé dans la salle des machines pour observer ce qui se passait et je n'avais rien vu de très inhabituel pour un nouveau navire, mais j'avais remarqué que quelque chose était en train d'être fait avec la soupape d'échappement située à l'extrémité inférieure du cylindre. . Lorsque les moteurs remarquèrent, il y eut un grand fracas et ils s'arrêtèrent immédiatement. Ce fut un travail de vingt-quatre heures, car un morceau s'est cassé du bord du piston haute pression, et l'explication que j'ai acceptée pour l'accident était qu'une petite clé avait été laissée dans le port à vapeur par les constructeurs et que il venait juste d'être déployé. Il y a certaines explications qu'il est bon d'accepter même si elles ne sont pas entièrement satisfaisantes. Je pensais que dans ce cas, l'essentiel était de réparer les dégâts et de laisser les personnes directement concernées se battre une fois de retour chez elles. Les ingénieurs ont fait du bon travail de réparation et, le moment venu, nous avons procédé gaiement. Il y avait eu un beau vent favorable lors de l'arrêt des moteurs et nous avions parcouru 155 milles.

Entre lui et Hobart, il y eut divers incidents plus ou moins désagréables, un en particulier. Un jeune couple marié a eu le malheur de voir un de leurs enfants mourir d'une maladie infantile et il a fallu l'enterrer le soir même. Il y avait dans le salon une dame âgée très charmante, douée pour l'évangélisation et la prédication, faisant appel aux émotions à la manière de l'Armée du Salut. Pendant que je lisais le service funéraire, cette dame avait réuni un public de femmes dans le salon et faisait rapidement une scène. L'enterrement avait été gardé aussi calme que possible, mais une fois terminé, le médecin est venu vers moi et m'a dit : « J'aimerais que vous descendiez au salon, monsieur, et que vous disiez quelques mots, sinon Mme... toutes les femmes du navire sont hystériques. Je l'ai fait, et beaucoup se sont rapidement rétablis suffisamment pour suggérer que j'étais une brute pour arrêter les débats – c'est très drôle les idées qui frappent les gens dans certaines conditions.

Je me suis toujours efforcé de préparer les hommes aux situations d'urgence, et beaucoup ont parfois pensé que j'étais trop exigeant dans ce domaine. L'équipage, par exemple, ne savait jamais quand il serait appelé au poste de tir. Le samedi était bien sûr le jour le plus pratique, mais l'objection à un jour fixe était que chacun avait l'impression que la cloche ne sonnait que pour l'exercice, ce qui n'était pas la même chose que d'appeler des gens à l'improviste. En ce qui concerne le test proprement dit, mon plan a bien fonctionné. De plus, lorsque les bateaux étaient occupés, ils étaient toujours approvisionnés, car les provisions étaient conservées dans un état portable afin de faciliter cette affaire. J'ai constaté que les bateaux pouvaient être approvisionnés et mis à l'eau, prêts à être mis à l'eau en quatre minutes, et cela en général sans prendre de risques excessifs ; Je n'ai vu qu'un seul homme passer par-dessus bord lors d'un exercice en bateau. C'était dans l'*Africain* par une brise fraîche, mais nous l'avons bientôt retrouvé. Une hâte excessive fait plus de mal qu'un retard insignifiant dans la vérification préalable de la bonne préparation du travail à accomplir. Un autre très bon esprit à introduire est de donner à l'équipage l'impression d'être fier de son navire. Il m'a semblé que ce plan fonctionnait également à merveille.

Il n'y eut aucun autre incident sur ce passage, mais en arrivant à Port Chalmers, nous découvrîmes que nos malheurs n'étaient pas tout à fait terminés. Un remorqueur du gouvernement nous aidait à accoster la jetée et, à cause d'une mauvaise gestion de sa part, il heurta notre hélice, qui lui coupa le côté comme s'il s'agissait d'un morceau de papier. Le remorqueur a donc fait de son mieux pour se rendre à la plage, s'enfonçant dans l'eau au fur et à mesure de sa progression, mais il a finalement atteint le rivage. C'était le troisième smash que j'avais en un peu plus de sept semaines. J'en avais presque marre d'être ridiculisé, et cela n'avait généralement pas amélioré mon sérénité.

Lorsque nous fûmes amarrés, je me rendis sur la jetée et, après avoir fait mettre le vireur, j'observais les pales de l'hélice pour vérifier si elles avaient été endommagées, lorsqu'un homme âgé que je ne connaissais pas est venu vers moi en me demandant : « Qu'est-ce qu'il y a ? Je répondis, je le crains, assez brièvement, que je ne voyais pas de quoi il s'agissait, ce à quoi il m'informa qu'il me ferait bientôt part de tout cela et s'en alla. J'ai alors découvert qu'il était un ingénieur géomètre du gouvernement, mais de la très vieille école. Il n'y a eu aucun dommage majeur et nous avons rapidement pris des dispositions pour réparer les dommages causés lors du passage, mais je n'ai pas considéré qu'il s'agissait d'un accident et je n'ai pas jugé nécessaire de le signaler comme tel à la douane. Mais les rumeurs se répandent, et le lendemain je reçus un petit mot du percepteur des douanes me demandant d'aller le voir à Dunedin. Je le fis et retrouvai dans la chambre mon ami de la veille. Le collecteur, qui était un homme très gentil, aimé et respecté de tous , m'a dit qu'il avait entendu dire que j'avais eu un accident à l'aller et qu'il ne l'avait pas signalé. J'ai répondu que je ne considérais pas qu'il y avait eu de victime et qu'il n'était donc pas nécessaire de signaler quoi que ce soit, car les dégâts étaient légers et faciles à réparer. Là-dessus, l'ingénieur a déclaré qu'il considérait qu'il y avait eu une victime et "Qu'est-ce que j'en savais de toute façon ?" Cela m'a valu de répondre, comme je l'ai considéré sous une extrême provocation, que « j'avais un certificat de vapeur et lui pas ». Cela a mis fin à la conversation et je n'ai plus été agressé. Comment cela a finalement été réglé, je l'oublie vraiment, mais mon adversaire ingénieur et moi étions ensuite de très bons amis. J'écris à propos de cet incident parce que j'ai souvent été confronté à des ennuis considérables de la part des fonctionnaires des douanes qui ont insisté pour obtenir des détails inutiles et m'ont en fait dit que si une chose aussi minime qu'un ressort de piston se brise, elle devrait être inscrite dans le registre. officiel comme victime, mais j'ai toujours refusé catégoriquement de le faire, prétendant en cela faire preuve d'une certaine discrétion. Et encore une fois, dans les ports coloniaux, le nom d'un navire est presque aussi délicat que celui d'une femme et aussi facilement endommagé. Un rapport sur un accident à la douane est une bonne copie pour tout journaliste qui peut s'en procurer, embellissant ce qui a pu se produire avec toutes les idées fantaisistes qu'il peut éventuellement supporter. Il y a encore un aspect plus grave sous lequel ce sujet peut être considéré : il réduit le pouvoir discrétionnaire du capitaine du navire, et cela m'a paru être une chose pour laquelle il valait la peine de se battre.

Pendant le reste de notre séjour en Nouvelle-Zélande, nous avons fait le tour des grands ports et avons finalement quitté Wellington pour rentrer chez nous. Je constate que je n'avais pas alors adopté une route haute au sud vers le Horn, car bien que nous ayons fait une vitesse moyenne de 13 nœuds et demi, nous n'avons pas fait un bon passage jusqu'à Rio. Nous passâmes cependant le Horn en plein jour et je parvins à la conclusion qu'il y avait plusieurs questions liées aux détails hydrographiques qu'il serait préférable d'examiner. Les anciens organisateurs avaient continué leur chemin, prenant pour acquis tout ce qui figurait sur la carte. Je naviguais aussi loin que possible pour apprendre. Voici un exemple concret. Je passais le cap Horn à ce que je croyais être à un mile de distance. J'ai pris l'angle de danger à sa hauteur enregistrée et j'ai immédiatement remorqué, car l'angle nous rapprochait apparemment trop près et je pouvais faire confiance à mes yeux. Cela a été noté pour une enquête future, tout comme mes déviations de boussole à l'approche du Horn, que, si les lignes de variation sur la carte étaient correctes, je ne pouvais pas expliquer. Nous avons fait le voyage de retour en moins de quarante jours au total, soit trente-huit jours de navigation réelle, mais j'espérais que nous ferions un jour beaucoup mieux que cela. Cette fois-ci, nous avons eu un bon sort à la maison, car il y avait beaucoup de choses à mettre de l'ordre et, justement, notre affaire de collision a dû être jugée. Je n'ai pas aimé cette épreuve et je ne pense pas non plus m'en être bien sorti. Nous avons perdu le procès, mais on ne m'a pas dit un seul mot de reproche. À peu près à cette époque, Sir W. Pearce commença à s'intéresser davantage à la compagnie et divers changements commencèrent à se manifester, mais ils ne nuisèrent en rien à l'efficacité du navire ni ne causèrent d'inconvénients.

Lors de notre prochain voyage, nous avons commencé avec la meilleure des chances et avons fait une belle traversée jusqu'à Santa Cruz. Nous avions à bord un grand nombre d'émigrantes célibataires, qui étaient amarrées tout à l'arrière du navire et qui s'occupaient réellement de la matrone et du médecin. Je n'étais pas censée avoir quoi que ce soit à voir avec eux, sauf inspecter leurs quartiers une fois par jour et régler les différends si la matrone et le médecin ne pouvaient le faire. Lors de plusieurs voyages que celui-ci, il arrivait que la matrone et le docteur incitaient les femmes à la rébellion pour une bagatelle, et lorsqu'elles devenaient ingérables, m'envoyaient chercher pour mettre les choses au clair. J'avais appris par expérience qu'on pouvait diriger une foule comme celle-là à force d'une petite fumisterie judicieuse, mais qu'on ne pouvait pas les conduire. Au bout de dix minutes de discussion, la querelle était toujours terminée, mais c'était nécessairement au prix du sacrifice d'une certaine dignité apparente ou imaginaire de la part des fonctionnaires qui en avaient directement la charge. Cela n'a rien d'étonnant, car les matrones sont plutôt autoritaires et les jeunes médecins sont pour la plupart verts comme des choux en dehors de leur propre travail.

Il y a eu un autre événement au cours de ce voyage. On m'avait permis de choisir mon propre officier en chef, et j'avais convaincu un homme de venir avec moi qui avait été troisième dans l' *Afrique* — Tom East — le fils de Quartermain East de la renommée du réclamant. Il était de race bouledogue, bon marin, bon officier et fidèle jusqu'au fond du cœur. Nous avons parfois eu des désaccords, mais nous nous aimions et nous respections, et lorsque la séparation est survenue, ce fut avec un regret mutuel. De plus, j'ai le regret de dire qu'il a désormais rejoint la majorité. La moitié des ennuis sont soulagés des épaules du maître s'il dispose d'un chef sur lequel il peut compter pour exécuter ses ordres. Car si la voix du maître se fait entendre, elle devrait indiquer clairement que l'attention de chacun est requise et que la routine ordinaire est abandonnée.

A deux jours de Santa Cruz, nous avons perdu une pale d'hélice et nous sommes donc descendus vers le Cap à vitesse réduite, reconnaissants de ne pas avoir rencontré de très mauvais temps, car nous ne filions qu'environ onze nœuds à l'heure. En arrivant au Cap, nous avons longé la jetée extérieure et pris des dispositions avec un plongeur pour enlever la lame cassée et en mettre une de rechange. On m'a assuré que l'opération était réalisable et qu'elle avait été réalisée avec succès dans d'autres cas similaires. Cela ne m'a cependant pas semblé très prometteur. En un peu moins d'une journée et demie, le travail a été fait pour ce qu'il valait. Je savais que c'était un risque, mais je souhaitais économiser les frais de mise en cale sèche du navire. D'un autre côté, je n'aurais pas dû être justifié de retirer le navire d'un lieu sûr avec une hélice endommagée, de sorte que la solution adoptée, j'espérais, constituerait un heureux compromis. En cela, je me trompais, car dix jours après, la nouvelle lame tomba complètement. À ce moment-là, nous étions à mi-chemin vers Wellington avec un bon vent et, en ralentissant considérablement les moteurs, nous pouvions faire une course très raisonnable. En effet, malgré nos incidents, notre vitesse moyenne sur toute la distance était de 12,94 nœuds et le temps de navigation était de quarante et un jours et demi. Nous sommes allés vers le sud jusqu'à Lyttleton en temps voulu et avons été de nouveau remis en état de marche, mais nous n'avions pas beaucoup de temps dans le pays, car en moins de quinze jours nous étions de nouveau sur la bonne voie pour rentrer chez nous, le voyage aller-retour prenant trois mois et six jours. À ce moment-là, je m'acclimatais aux environs du sud et je faisais des raccourcis vers le Cap Horn à chaque passage. À cette occasion particulière, même si c'était au plus profond de l'hiver antarctique et qu'un peu de glace était visible, nous avions du bon vent. Toutes les personnes concernées étaient ravies du navire, et le retour à la maison s'est effectué en un temps total de trente-sept jours neuf heures, soit un temps de navigation de trente-six jours quatre heures - une vitesse moyenne de 13,3 avec les moteurs gelés tous. fonctionnement. Pour régler cette question une fois pour toutes, on peut dire que sa meilleure sortie a été de trente-neuf jours, huit heures au total.

« KAIKOURA » DANS LE PORT

Je n'ai épargné aucun effort pour faire de ce navire un spécimen aussi beau que possible d'un paquebot de première classe, et il était toujours une question de certitude qu'à notre arrivée au port, nous serions le plus beau navire. Grâce à une petite astuce, j'avais réussi à faire fabriquer des vergues factices pour le mât d'artimon. Ils n'étaient utilisés qu'au port, et ils sont descendus avec le Blue Peter lorsque nous avons commencé les voyages de retour, car bien qu'ils aient été utilisés une ou deux fois à Londres, il n'a jamais été possible de rendre justice à l'apparence du navire sans un équipage approprié à bord. . D'un autre côté, dans les ports coloniaux, cette question retenait une attention particulière, et j'imprimais tellement mon point de vue aux officiers qu'avec le temps, ils furent aussi attentifs que moi à repérer une corde détendue ou une vergue pas tout à fait carrée. J'ai des raisons de savoir que cette particularité du navire a été remarquée de tous côtés, et ce n'est que récemment que j'ai reçu une lettre d'affaires d'un parfait inconnu qui me rappelait incidemment qu'il avait vu le navire il y a des années et se souvenait de son apparence et de ses caractéristiques. élégance.

Il arrive parfois que les choses tournent mal, même avec les meilleures intentions, comme le montre le cas suivant. Le gouverneur de la Nouvelle-Zélande était alors Sir William Jervois , un officier qui avait servi son pays de nombreuses manières avec une grande distinction. Un jour à Lyttleton, il accepta une invitation à venir voir le navire et à déjeuner à bord. J'étais très désireux de faire les choses avec un style de premier ordre, alors, avec deux officiers de la Réserve navale et un équipage de réservistes, il m'a semblé que nous pourrions former une garde d' honneur décente . Mon second officier fut chargé de cette affaire, car je savais qu'il était très au fait de son métier. Nous avons emprunté les armes et les hommes étaient très convenablement habillés. Lorsque Son Excellence est montée à bord, il y a eu un « cadeau » décent, le drapeau du gouverneur a été brisé à la grand voile, et tout s'est passé très gaiement, le déjeuner était excellent et tout le monde était content, mais ici c'était le désastre. De nombreuses dames et citadins étaient venus à bord en visite et bavardaient gaiement avec l'officier de la garde, qui avait laissé ses hommes se disperser pour dîner ou rester tranquilles. Le gouverneur se leva assez brusquement de table pour partir, et avant que mon officier ne rassemble à nouveau ses hommes, le besoin d'eux avait disparu. Je ne crois pas m'être jamais senti aussi en colère, mais un sentiment de ridicule réduisait ce sentiment à quelques remarques sarcastiques dont je n'aurais pas aimé être l'objet. Son Excellence, cependant, n'a fait aucune remarque sur l'incident, mais je ne doute pas qu'il ait apprécié de rire tranquillement du *contretemps* . Il a été uniformément gentil avec moi, et je garde un souvenir reconnaissant de l'hospitalité et de la courtoisie manifestées envers moi et les miens par Lady Jervois et lui-même.

À cette époque, le regretté amiral Sir George Tryon, KCB, était commandant en chef de la station australienne, et sa personnalité était inoubliable. Il a eu la gentillesse de me traiter avec beaucoup de considération et a même fait tout son possible pour encourager un développement de bons sentiments entre la Royal Navy et le Merchant Service. Je l'ai vu beaucoup, et autant que j'ai pu le discerner, il ne faisait aucune distinction entre moi et l'un de ses propres capitaines.

Je pense pouvoir dire avec vérité que ce sont principalement mes relations avec lui qui m'ont amené à étudier les questions navales et qui m'ont amené à rédiger les divers articles que j'ai sur les possibilités de service de guerre sur les bateaux à vapeur marchands.

C'était juste après la peur de la guerre à Pendjeh , lorsqu'un croiseur russe était arrivé de manière très inattendue à Wellington. Mon navire avait été pris par le gouvernement, mais pour une raison quelconque, il m'a été restitué et le *Copte* a été pris à sa place. Il y a eu quelques difficultés à amener l'équipage de ce navire à prendre des risques de guerre, mais après avoir rassemblé mes hommes et leur avoir posé la question, ils ont convenu qu'un homme ferait comme moi. Fort de cette assurance, je suis allé voir le gouverneur pour lui demander de réquisitionner mon navire, mais pour une raison que je ne connais pas, cela n'a pas été fait, à ma grande déception.

Il y avait un grand nombre d'officiers à bord du vaisseau amiral HMS *Nelson* , mais une question de trente ans constitue une grande clairance. Il n'y a pas si longtemps, cependant, que j'ai rencontré un homme qui m'a rappelé un incident concernant beaucoup d'entre eux qui, après avoir été au bal, étaient venus à bord de mon navire pour passer la nuit et voulaient savoir ce que je pourrais faire pour les amuser. J'avais alors à bord comme invités deux pasteurs, dont l'un était le révérend Eliot Chambers, lui-même un vieux marin, alors je répondis qu'il y avait deux pasteurs à bord et qu'ils étaient libres de les attirer s'ils le voulaient. Chambers entendit cela, se glissa hors du lit et verrouilla sa porte, mais l'autre homme fut amené en tenue légère pour se joindre aux festivités générales, et ce fut un moment très agréable.

Le capitaine du pavillon était Atwell Lake, maintenant amiral, et il était un bavard infatigable. Un soir, le général Sir George Whitmore, qui commandait en Nouvelle-Zélande, invita deux membres du gouvernement, Lake et moi, à dîner avec lui, et il nous offrit également un très bon dîner. Mais Sir George était aussi un bavard infatigable, et j'imagine que Lake s'y rendit prêt à le vaincre au jeu, car il commença à parler au début du dîner, il nous maintint tous intéressés, et Sir George ne parvint jamais à entendre un mot pendant le dîner. tout le temps.

Il ne faut pas croire que la Nouvelle-Zélande n'était absolument pas préparée à la peur de la guerre russe. Il y avait à la fois des forts et des champs de mines, et ces derniers étaient très bien équipés. Quant aux forts, ils avaient été construits, je crois, sous les directions de Sir W. Jervois lui-même, qui était un ingénieur qualifié, même si, comme je le savais, lui et le commandant en chef de la marine avaient des estimations différentes quant à leur état. à leur valeur spécifique. À plusieurs reprises, je pense avoir visité presque tous ces forts avec Sir George Whitmore et j'ai eu l'impression que le matériel était excellent, car ils semblaient avoir commandé le meilleur de tout. À une occasion, quelques années plus tard, je visitais les forts d'Otago Heads en compagnie du ministre de la Défense de l'époque , plus tard le très honorable. Richard Seddon, et cela semble être le lieu approprié pour raconter une anecdote assez caractéristique de cet homme. L'officier commandant a exprimé le souhait qu'un autre canon soit monté à un endroit particulier qu'il a indiqué. Après quelques hésitations, Seddon a accepté de donner cela, mais a déclaré que le gouvernement ne pouvait pas se permettre de luxe. Quelqu'un a ajouté : « C'est ce que dit le *Quotidien* à propos de votre train spécial pour aller de —— à ——. "Oh," répondit Seddon; "Ils disent ça, n'est-ce pas ? Eh bien, à l'avenir, j'aurai un train spécial beaucoup plus souvent qu'avant. Il comprenait très bien la manière de traiter ses compatriotes, et la plupart d'entre eux l'admiraient énormément pour sa personnalité autoritaire.

Les clubs sociaux des principales villes étaient de grandes institutions et des tendances les plus hospitalières pendant tout le temps où j'étais au service du courrier. J'étais libre de tous en tant que membre honoraire, et il me semble plutôt dommage que nous ne rendions pas beaucoup cette hospitalité aux visiteurs coloniaux qui viennent à Londres. Il existe bien sûr une réciprocité entre certains clubs du monde entier, mais d'une manière générale, c'est une chose difficile à obtenir pour un ami colonial dans ce pays. Les clubs de Fernhill, Northern, Wellington, Canterbury et Christchurch étaient des plus aimables et j'en garde d'agréables souvenirs. Peut-être que ce dernier nom m'a attiré plus que tout autre, mais Christchurch lui-même était l'endroit le plus anglais où j'ai jamais mis les pieds. Il avait développé sa propre atmosphère, ses us et coutumes. Il y avait aussi une autre institution célèbre connue sous le nom de « Coker's Hotel ». Ici, la personnalité du propriétaire était décidément un atout, et Jack Coker était apprécié et respecté par tous ceux avec qui il entrait en contact. Il avait été marin, je pense un vieil homme de guerre, mais il avait l'instinct de bonne éducation qui le rendait le bienvenu dans n'importe quelle compagnie. Je me souviens qu'un jour, à Christchurch, un grand bal avait été donné aux officiers de l'escadre australienne. Beaucoup d'entre eux résidaient chez Coker, et quand nous sommes revenus au petit matin, il a été présidé en reconnaissance de quelque chose qu'il avait fait par deux capitaines de poste, un premier lieutenant et moi-même, et comme il l'a exprimé plus tard : « C'était le moment le plus fier. de ma vie, mais un peu risqué », et ça l'était. Mais il y avait dans cet hôtel une atmosphère familiale que je n'ai jamais retrouvée ailleurs et qui a disparu avec l'homme qui l'avait créé.

Il y a eu un incident lié à un dîner pour célébrer la création du Midland Railway, qui est remarquable à la lumière des événements récents et ne serait plus possible. La cérémonie a eu lieu le 21 octobre et j'ai été appelé à répondre au toast de la Marine, après avoir été dûment informé de ce qu'on attendait de moi. Je l'ai fait d'une manière ou d'une autre, mais lorsque je suis allé déjeuner à bord de mon navire le lendemain, mon chef a observé avec franchise que j'avais fait un beau gâchis la veille au soir. "Comment?" J'ai demandé. « C'était l'anniversaire de Trafalgar, dit-il, et vous n'en avez pas parlé. Il est bon de se rappeler qu'une erreur similaire ne serait plus possible, car grâce au génie d'Arnold White en suggérant qu'une couronne devrait être déposée sur les colonnes Nelson le jour de Trafalgar, et aux efforts de la Ligue navale pour donner effet à la idée, l'événement est désormais célébré d'un bout à l'autre de l'empire. Il n'y a certainement aucun enfant en Nouvelle-Zélande aujourd'hui qui ignore que le 21 octobre est le jour de Trafalgar et qui y attache en conséquence l'importance qui lui est due.

LE MAÎTRE DU « KAIKOURA »

C'était plutôt la mode en Australie et en Nouvelle-Zélande à cette époque de s'intéresser beaucoup à tout ce qui ressemblait à une course entre deux paquebots bien connus. En fait, cela m'a rappelé les histoires de course sur le Mississippi de Mark Twain. Il y avait sur la côte deux navires dont la vitesse faisait l'objet de toutes sortes d'histoires. L'un était le *Takapuna* , un navire express transportant le courrier de Wellington à Auckland *via* la côte ouest ; l'autre était le *Rotomahana* , un beau navire construit par Denny's et crédité d'une vitesse de dix-sept nœuds. Quoi qu'il en soit, il était censé être l'engin le plus rapide de la côte et j'ose dire qu'il l'était. Mais nous, à bord du *Kaikoura,* avions plutôt l'idée que nous pourrions faire un peu de navigation à la rigueur, et c'est ainsi que ces deux navires se trouvaient dans le port de Wellington un bel après-midi, tous deux à destination de Lyttelton et pour naviguer à peu près en même temps. . L'idée de la course ne m'était pas venue à l'esprit au moment où je quittai le quai, et comme les spectateurs le dirent plus tard : « J'ai descendu le milieu du port comme d'habitude avec un guide dans les deux chaînes. » C'était de la paille, bien sûr, mais je n'ai jamais pris de raccourcis indûment. À cette occasion particulière, le *Rotomahana* est parti peu de temps après moi et, à mon grand étonnement, est venu se faufiler entre moi et le premier tournant. Elle était remplie de passagers qui se rendaient aux courses de Christchurch, et ils nous hurlaient dessus avec dérision, brandissant les extrémités des cordes et nous proposant un remorquage si nous en voulions un. Nous avions démarré facilement, comme c'était l'habitude en cabotage, et nous avions en fait été remis en route très rapidement, mais l'indignité de la procédure m'a plutôt contrarié, alors j'ai envoyé chercher mon mécanicien en chef et lui ai fait remarquer qu'il n'était pas souhaitable que nous il faudrait en faire la risée. Il a répondu qu'il « supposait que c'était Elder (c'est-à-dire Fairfield) contre Denny », ce à quoi j'ai accepté, et il est descendu, mais je serai toujours d'avis qu'il y avait eu des discussions à terre entre les ingénieurs rivaux. Quoi qu'il en soit, l'avance de la *Rotomahana* à ce moment-là n'a pas augmenté, mais elle a toujours traîné ostensiblement son manteau. Il n'y avait aucun doute que, dans des conditions de navigation ordinaires, notre rival d'alors était le navire le plus rapide, car il avait proportionnellement une puissance bien plus grande que la nôtre, mais cette fois-ci, il avait une pleine charge et nous volions léger. Notre déplacement, en fait, était insignifiant, et comme l'eau était douce comme un étang de moulin, cela équivalait à avoir notre puissance en chevaux dans un navire deux fois moins grand. Pour faire court, nous avons laissé partir mon navire et nous avons simplement dépassé notre ami *Rotomahana* , sommes arrivés à Lyttelton une heure et demie avant le bon, et avons été amarrés et amarrés en toute sécurité avant qu'il n'atteigne le quai. La course a suscité de nombreux commentaires, car le résultat était surprenant. Tout le monde ne voyait pas que nous devions la victoire à notre légèreté et à la chance d'une eau calme, mais il n'en restait pas moins que nous avions à notre actif le trajet le plus rapide entre ces ports depuis de nombreuses années, jusqu'à ce que le HMS *Orlando* nous le prenne. . Le capitaine du *Rotomahana* était un très splendide skipper nommé Cary. Il avait fait nombre de belles choses sur la côte, et on en parlait communément sous un sobriquet quelque peu enflammé. On m'a informé qu'il n'aimait pas être battu, mais il n'était pas le premier challenger à échouer.

J'ai eu deux incendies qui méritent d'être relatés. L'un s'est produit en mer et l'autre au port . La première fois, c'était à mi-chemin entre la Nouvelle-Zélande et le Cap Horn, lorsqu'on m'apprit qu'une des soutes à charbon était en feu. Cela m'a fait une sensation désagréable pendant un moment, mais il faisait nuit, il n'y a pas eu de bruit et quelques heures ont mis fin aux ennuis. Cela me fatigue d'entendre des hommes parler du mauvais comportement des marins marchands britanniques dans des situations d'urgence de ce genre. D'après mon expérience, sauf pendant les périodes de grève ou de troubles sociaux généraux , vous pouvez tout faire avec eux.

L'incendie suivant fut une affaire plus grave, car il y eut des complications qui rendirent l'affaire plus difficile. C'est une excellente maxime que d'entretenir de bonnes relations avec les autorités portuaires où que l'on se trouve, mais on rencontre parfois des personnalités avec lesquelles une bonne collaboration est impossible. Le capitaine du port de Lyttelton s'était un jour heurté à mon second officier, qui exécutait un ordre que je lui avais donné, et mon homme avait rétorqué dans un langage peut-être plus énergique que poli. C'était, à proprement parler, tout à fait faux, bien que naturel, car tous mes gens savaient très bien que même si j'exerçais leur droit de liberté d'expression à leur égard, je ne permettais à personne d' autre de le faire et j'étais toujours prêt à prendre leur parti. si c'était nécessaire. Dans ce cas, le capitaine du port s'est plaint au siège social de Christchurch et j'ai reçu une lettre écrite sur ordre des directeurs me demandant de réprimander sévèrement l'officier en question pour son langage imprudent envers le fonctionnaire du port. Je regrette d'avoir détruit cette correspondance, car je me souviens avoir répondu aux directeurs que j'avais exécuté leurs instructions, mais que les « discours de cavalerie » auxquels se livraient les deux côtés n'étaient pas originaires de mon navire, et ainsi l'incident s'est terminé. avec un souvenir irritant de la part du capitaine du port et une sorte de sentiment de *civis Romanus sum* de la part de l'équipage de mon navire.

Eh bien, un dimanche soir à Lyttelton Dans le port, nous venions de terminer le dîner lorsque East est venu me voir et m'a signalé qu'il y avait un grand incendie dans la soute à charbon avant et que la cloison de la chambre frigorifique était très chaude. Nous devions rentrer chez nous dans trois jours, nous étions mobilisés et avions à bord une grande quantité de viande congelée arrimée à proximité immédiate du foyer de l'incendie. Je ne serai jamais assez reconnaissant d'avoir eu l'habitude de passer le dimanche à bord, car si je n'avais pas été là, cela aurait été très gênant. Sans problème, nous avons fait fonctionner les pompes. Les hommes, étant heureusement les plus à bord, tombèrent rapidement à leur place, et ayant mis un officier dans la passerelle pour empêcher quiconque de monter à bord, je crus que les choses étaient dans un état assez satisfaisant. Mais à cette époque, deux choses se produisirent. L'une d'entre elles fut l'entrée en scène du capitaine du port, qui exigea l'admission, ce que, après mûre réflexion, je ne pouvais pas refuser, car, comme il le soutenait, on ne démarre pas une pompe le dimanche soir à moins qu'il y ait quelque chose qui ne va pas. L'autre événement était l'indication que le pont du deuxième salon devenait chaud et fumait. Le capitaine du port a souhaité appeler les pompiers locaux et prendre les commandes ; Je n'ai pas voulu écouter cette proposition, mais j'ai dit que j'accepterais les services de la pompe de son remorqueur si elle pouvait accoster, ce qu'elle a fait avec le temps. À ce moment-là, on savait à Christchurch que quelque chose n'allait pas, mais comme aucun train ne circulait aussi tard dimanche, le directeur de la compagnie, M. Bennett, a fait, je crois, un temps record sur les collines jusqu'à Lyttelton , arrivant à temps. pour voir la fin de tout cela.

Sous le pont en bois du deuxième salon se trouvait un pont en acier maintenant chauffé au rouge et des flammes apparaissaient. Mon effort était de percer le pont en acier afin d'envoyer de l'eau directement sur le feu, mais c'était plutôt difficile, et pendant un moment horrible, l'idée m'est venue à l'esprit : « Vous avez refusé de l'aide. Est-ce que le travail va vous battre ?

Maintenant, le HMS *Rapid* était au port et le lieutenant. Sparks, RN, son premier lieutenant, un de mes amis, commandait, je le savais, à ce moment-là. J'envoyai vers lui mon second officier pour lui demander de m'envoyer des moyens pour faire un trou dans le pont. En bon garçon, il a fait exactement ce que je lui demandais, ni plus ni moins, car il aurait été facile pour lui d'obtenir beaucoup de félicitations s'il avait fait plus que ce que je demandais. Il m'a envoyé son mitrailleur et une ou deux galettes de coton pour fusil, et avec cela en réserve, je savais que tout irait bien. Il s'est avéré que nous n'en avions pas besoin, car les charpentiers avaient réussi à percer l'acier, et nous avons alors pu jeter un grand jet d'eau en plein cœur de l'incendie, et nos ennuis furent bientôt terminés.

Mes camarades avaient travaillé à merveille : Clifford, le troisième officier, s'était retrouvé dans une telle atmosphère de fumée et de chaleur pour tenter d' éteindre les flammes avec un tuyau, que j'ai dû lui ordonner de s'abstenir, et il a été traîné vers le haut par un une corde qui lui entourait la taille. Aucun groupe d'officiers et d'hommes n'aurait pu donner une meilleure performance, car à minuit, l'incendie était entièrement maîtrisé et les dégâts causés se limitaient à quelques ponts en acier et boiseries tordus qui pouvaient être réparés avant qu'il soit temps de rentrer chez eux. Les directeurs firent écrire une lettre nous remerciant ainsi que les officiers de nos efforts, et envoyant une somme d'argent à partager entre les hommes de l'équipage du navire qui étaient effectivement employés à éteindre l'incendie.

Lors du voyage suivant vers Lyttelton , mon ami, le capitaine du port, essaya d'inciter la compagnie à me faire comparaître devant un tribunal du Harbour Board, au cours duquel les questions concernant la ligne d'action que j'avais prise devaient être examinées, mais la compagnie répondit qu'elle ne l'était pas. avec l'intention de jouer à ce jeu, et comme les puissances en place étaient également soucieuses d'éviter tout désagrément, on n'entendit plus parler de l'affaire. Je suppose que techniquement j'avais tort, car un navire au port est dans une certaine mesure sous les ordres des autorités locales. Mais j'ai toujours été très jaloux de toute tentative d'empiéter sur mes prérogatives de « maître ». Il s'agit d'une appellation et d'un titre très intéressants, mais qui, à mon avis, implique l'obligation de conserver sa signification. Je n'ai jamais été particulièrement désireux de prendre le titre de courtoisie de capitaine que revêtent communément à terre les chefs des navires marchands. M. ———, maître ss . ———, ça a l'air plutôt bien sur une carte de visite.

Cette même année 1889, on m'a demandé d'assister à une réunion de la Chambre de Commerce de Hobart afin de recevoir les remerciements de la Chambre pour avoir amené mon navire le long du quai de Dunn Street. Cela m'a rappelé un peu un vieil épisode *mexicain* . Une résolution des plus flatteuses fut adoptée et je fus félicité du fait que la lumière sur les terres occidentales que j'avais préconisées sept ans auparavant était maintenant en cours de construction. Ce genre de chose était gratifiant, même si mon action ne méritait aucun mérite particulier, car la jetée était suffisamment grande pour accueillir un navire beaucoup plus gros que le mien.

Parmi les intimes que j'avais en Nouvelle-Zélande se trouvait le capitaine Edwin, RN, météorologue, qui résidait à Wellington. Nous avions de nombreux goûts en commun, car il était de la vieille école et avait parfaitement appris son métier, à commencer par le bombardement de Sébastopol, alors qu'il servait comme aspirant sur l' *Albion* , et ses histoires sur les vareuses bleues de l'Albion. Période de combats entre les hommes sur le pont inférieur, d'hommes mourant du choléra demandant à un officier de leur tenir la main, ces sujets et d'autres étaient extrêmement graphiques. Pour *illustrer* ses pouvoirs de conteur, voici un extrait d'une de ses lettres :

« À propos, j'ai fait un rêve curieux ces derniers temps ; J'avais quitté cette vie et je me suis retrouvé couvert de plumes et équipé d'une paire de trois ailes repliables comme un albatros, et j'étais parti vers l'extérieur ; n'étant pas habitué à voler, et dès ma première lettre, je ne m'en sortais pas très bien ; et j'ai constaté que je mettais ma queue trop fort, ce qui me mettait souvent en travers. Au bout d'un moment, je me suis calmé, mais j'ai fait un temps assez difficile ; et beaucoup de gars de Clipper m'ont croisé en chemin. Après avoir été dehors environ un mois, j'ai entendu un type arriver à l'arrière, et peu de temps après, il m'a hélé et il s'est avéré que c'était vous : « Bonjour, Crutchley », dis-je ; "Où vas-tu?" « Gabriel pour les ordres », as-tu dit. « Idem ici, dis-je ; et nous avons battu ensemble. Après un bon moment, nous avons aperçu une sorte de lumière pâle devant nous et vous avez remarqué que vous pensiez que nous nous heurtions à de la glace ; au bout d'un moment, nous avons constaté que cela ressemblait à un banc de brouillard, avec un endroit lumineux à l'intérieur, et en nous approchant, nous avons vu que dans cette partie lumineuse il y avait une porte haute, alors nous avons ralenti et avons travaillé un peu avec notre queue pour que pour être sûr que nous avions tout prêt ; car n'étant pas habitués à être sous les plumes, nous étions un peu inquiets ; Cependant, tout s'est bien passé et nous nous sommes tous deux perchés sur la porte d'une manière magistrale et avons replié nos ailes très soigneusement. A peine avions-nous débarqué, pour ainsi dire, qu'une cloche sonna deux fois, et aussitôt une voix nous héla et nous demanda qui nous étions ; quand nous eûmes répondu, la voix dit : « Dites au Recorder que deux types sont venus chercher des ordres ! À un moment donné, nous avons entendu quelqu'un dire : « Quel nom s'appelait-il ? Ah ! Oui je vois; Crutchley , Master Mariner, Lieutenant Naval Reserve, plutôt mauvais style tous les deux. Cher moi! Un bilan épouvantable ! J'ai bien peur qu'il doive continuer. D'après vous, qui était cet autre type ? Edwin : Je l'ai ! Eh bien, mon Dieu ! C'est très triste! Officier de marine, et mauvais en cela ; envoyez-le *immédiatement*! Alors nous avons entendu le premier nous héler. « Dehors, là-bas ! Vous Crutchley ! Edwin ! Faites immédiatement le tour par la gauche. Mais nous ne l'avons pas vu, étant marins et prêts à contester ce point ; alors nous avons crié que nous voulions nous reposer, étant très fatigués et assoiffés – ne pouvaient-ils pas nous laisser entrer et nous asseoir un moment ? (vous voyez, cette porte ne tenait pas bien le terrain), mais une voix forte a dit : « Partez ! partez immédiatement ! Nous en aurons d'autres ici avec qui traiter directement. Mais nous avons tenu bon ; Bientôt, une longue perche est sortie du brouillard et a commencé à nous repousser et, ce faisant, nous a donné des coups assez violents. Nous avons quand même tenu bon ; mais à la fin nous reçumes chacun un coup de poing très affreux avec le bout de la perche qui nous fit lâcher prise, et nous nous oubliâmes jusqu'à dire des gros mots ; sur quoi il y a eu un coup de tonnerre et nous nous sommes retrouvés à basculer de toute façon. Lorsque nous nous sommes approchés de nouveau et que nous avons pu voir, nous avons constaté que mon aile tribord était roussie et que les plumes de votre tête étaient gravement brûlées. Nous avons consulté ce qu'il fallait faire, et comme nous pouvions à peine voir la lumière, nous savions que nous avions dû être projetés très loin au large ; nous avons donc décidé de nous y remettre et, même si nous avons fait de notre mieux et essayé tout ce que nous pouvions, nous n'avons pas pu élever la lumière du tout et avons dû y renoncer. Nous remarquâmes alors que nous semblions être dans un groupe fort, car la lumière était large sur la proue tribord, tandis que sur la proue bâbord il y avait une lueur rougeâtre qui nous faisait un peu peur, et nous remarquâmes tous les deux que nous étions entrés dans une sorte de brume qui avait une sorte d'odeur de poudre brûlée. Nous avons vu la lumière blanche baisser, mais cela nous a un peu réconforté de voir que l'autre ne devenait pas plus rouge. Nous nous sommes maintenus à vitesse lente avec une vigie lumineuse tout autour, et pour être sûr, l'un de nous portait un navire. toutes les heures, en descendant juste un peu sous le vent et en remontant. Le temps s'écoulait lentement, mais nous ne nous souciions pas d'avancer beaucoup « vers la gauche », et finalement nous aperçûmes quelque chose qui bougeait et nous nous dirigeâmes prudemment vers lui en ordre ouvert. En nous rapprochant, nous avons vu qu'il avait des ailes et nous avons compris qu'il s'agissait d'un vieux type blanchi à la tête résolument égyptien, mais il n'y avait aucune erreur sur lui, car c'était un vrai vieux marin bleu par la façon dont il actionnait ses ailes. ce qui montrait qu'il était à flot depuis longtemps, et on ne pouvait qu'admirer son style. Alors que nous arrivions, il s'est détaché , mais nous étions un de chaque côté de lui et avions évidemment beaucoup de puissance d'aile en réserve, alors il s'est arrêté et a tiré longuement sur une bouteille qu'il a sortie de sous son aile bâbord, puis pousse un profond soupir. Maintenant, la vue de cette bouteille nous a fait du bien et nous l'avons salué en lui disant que s'il ne voulait pas tout cela, nous serions heureux d'en avoir une goutte, car nous avions *parcouru un long chemin* ; il nous regarda avec compassion et secoua la tête : « Pas de chance », dit-il ; 'Eh bien, je suce cette bouteille depuis près de quatre mille ans et je n'arrive pas à en extraire une goutte !' Même si cela semble être une bonne chose aussi ! Mais là, dit-il, *c'est votre boulot*. C'était un vieil homme aimable et nous racontait qu'il commandait une escadre de bateaux de guerre sur les lacs africains sous le roi Ramsès Ier, et qu'il déplorait justement la dégénérescence des marins d'aujourd'hui, lorsqu'il dit soudain : « Voici venir le vieil homme », et la façon dont il déployait ses ailes était un spectacle à voir.

Il y a eu un incident qui mérite d'être signalé ici. Cela se rapporte à la période de troubles qui s'est manifestée dans le monde maritime, tant au pays qu'à l'étranger, en 1889. Une partie de cette période, nous étions en Nouvelle-Zélande et, en ce qui nous concerne, l'affaire a culminé dans le port de Lyttelton. . Le 31 août, j'avais organisé un dîner pour le soir, mais un message urgent arriva de Christchurch m'informant que je devais assister à une consultation au siège social ce soir-là à huit heures. La grève battait alors son plein et, la veille, nous avions vu des officiers quitter un des navires de la Compagnie de l'Union, sous la pression exercée sur eux par les hommes. Ils laissèrent cependant les capitaines de tous les navires tranquilles. Par grand bonheur, ma femme faisait ce voyage par la courtoisie des directeurs, afin que je puisse laisser mon chef faire les honneurs à mes invités, et la dame me représenter. Quand je suis arrivé au bureau, la question à discuter était de savoir si nous pouvions amener le navire à son rendez-vous malgré les problèmes de travail , et j'y ai répondu par l'affirmative sans hésitation, à condition que je sois autorisé à gérer l'affaire à ma manière. . C'était un dimanche soir et c'est sur cette base que nous nous sommes séparés. Le lundi passa, le mardi aussi, avec divers incidents, et comme je ne quittai pas le navire, j'eus l'impression que le lendemain risquait d'être problématique, aussi me levai-je très tôt. Je savais que nous étions prêts à intervenir dans la salle des machines et que ma seule chance résidait dans une surprise. Le directeur de la compagnie et moi-même parcourions le pont arrière, qui était la seule passerelle, lorsqu'un pompier est arrivé et se dirigeait vers le rivage, lorsque je l'ai arrêté et lui ai interdit de quitter le navire. Il voulait savoir pourquoi il ne pouvait pas y aller, et on lui a répondu que personne ne pouvait quitter le navire. Cela, bien sûr, a laissé le chat sortir du sac, mais j'étais prêt et eux ne l'étaient pas, alors avec l'aide des officiers, nous avons gardé l'équipage à bord jusqu'à ce que nous arrivions dans le ruisseau, où ils se sont vite retrouvés , beaucoup plus à leur dégoût. Ils y ont laissé une certaine liberté d'expression, les pompiers étant les plus lésés. Il y avait une chose gratifiante dans tout cela. L'un des quartiers-maîtres, un homme qui était avec moi depuis de nombreuses années et que j'avais sauvé une fois d'une fin douloureuse avec l'aide d'un autre homme, est venu subrepticement vers moi et m'a dit que nos hommes lui avaient demandé de dire que s'il y avait des ennuis avec les pompiers, je n'avais qu'à dire le mot et ils les prenaient en charge et leur donnaient une cachette. Cela m'a fait rire, mais il n'y a plus eu de problème et nous avons navigué à l'heure le lendemain. Cette fois-là, lorsque nous sommes arrivés à Londres, nous avons dû charger le navire du mieux que nous pouvions, les officiers conduisant des treuils et des grues hydrauliques. C'est alors que la rumeur se répandit que John Burns descendait avec une foule de dockers pour arrêter les travaux, mais heureusement les rumeurs ne se cristallisèrent jamais , et je sais que la réputation du navire à cette époque facilitait grandement la tâche de constituer un équipage. pour le prochain voyage.

CHAPITRE XII

« Et je t'ai aimé, Océan ! et ma joie
des sports de jeunesse était sur ta poitrine pour être
portée, comme tes bulles, en avant. »- BYRON.

SECOUER UN RÉCIF

Feu Clark Russell et moi étions autrefois de grands amis et
consommions beaucoup d'huile de minuit et d'autres choses,
discutant de la mer et de ses divers incidents. C'était un marin
plus par instinct que par expérience. Il avait, bien sûr, servi en
mer, mais pendant quelques années seulement, et pourtant il

semblait être l'incarnation de la tradition marine pour toujours. Des bagatelles qui seraient ignorées par l'observateur ordinaire, étaient absorbées par lui et mises à leur place dans sa conception de la grandeur de la mer et de tout ce qui s'y rapporte. Aucun homme d'après son expérience n'a jamais vu la moitié des incidents relatés par Clark Russell, mais son instinct était infaillible et quant à son pouvoir de description, il ne fait aucun doute. Permettez-moi de donner un exemple. « Un glissement de lune vers l'ouest » peut ne pas plaire aux non-initiés , mais pour un esprit marin, il est très éloquent et exprime exactement le sens qu'il était censé transmettre avec le moins de mots possible. À mon avis, cette phrase n'a d' égale que celle de Kipling dans la mesure où « pied après pied, nous rampons sur les profondeurs sans vue et sans odeur , jusqu'au sanglot du conducteur en quête ». Ces deux citations se démarquent comme étant uniques dans la compression d'une vaste matière.

Il y avait un point sur lequel Clark Russell et moi n'étions pas d'accord. Il soutenait qu'il était possible d'avoir à la fois un brouillard dense et un coup de vent. J'affirmai le contraire, car à cette époque je n'avais jamais vu cette combinaison, et je croyais, comme la plupart des gens, que le vent était l'ennemi du brouillard et le dissipa bientôt. En fait, j'avais tort, car lors de mon voyage suivant, j'avais une preuve très convaincante de mon erreur, que j'ai dûment reconnue. Nous descendions vers l'est sur le parallèle 46° S. et depuis Lon. 62° E. à 140° E. nous n'avons eu aucune observation du soleil, de la lune ou des étoiles. Je trouve que la distance entre les observations est enregistrée à 3 216 milles pendant dix jours ; pendant une grande partie de cette période, il soufflait un violent vent et un épais brouillard. Pour arranger les choses, nous avons également retiré une pale d'hélice, mais ce n'est qu'un incident qui a légèrement allongé le passage. Le point vraiment intéressant de cette expérience a été la démonstration des qualités inestimables de la boussole de Lord Kelvin.

Dans un article que j'avais lu à la Royal United Service Institution, j'avais mentionné sa valeur pour la navigation, et peu de temps après, l'inventeur, alors Sir William Thomson, m'a demandé si je pouvais en témoigner dans un cas où il était traduit devant les tribunaux pour faire cesser la violation de son droit de brevet. J'ai pu déclarer ce qui suit...

Entre les longitudes, j'ai mentionné la variation de la boussole ou variation magnétique qui change d'environ 30° W. à 10° E., car la localité est au voisinage du centre d'où rayonnent les lignes de variation. Il était donc nécessaire de modifier le cap compas à des heures déterminées pour maintenir la direction plein est que nous souhaitions prendre, et à certaines heures le changement de degré se faisait toutes les deux, trois ou quatre heures. Ma dernière observation a montré Lat. 45 ° 58', le suivant 45° 53', de sorte qu'en dix jours, courus sans visibilité, nous n'étions qu'à cinq milles de notre latitude.

Être appelé comme témoin expert dans une affaire aussi intéressante que celle-ci n'est pas une expérience désagréable. C'est alors que j'ai rencontré pour la première fois Sir John Fisher, aujourd'hui Lord Fisher, qui, avec l'amiral Hotham et deux capitaines d'état-major, avait été assigné à comparaître pour représenter la Marine. J'imagine que Sir Charles Hotham était alors l'un des Sea Lords, et Lord Fisher était alors capitaine. Le capitaine Squire Lecky, l'auteur de *Wrinkles in Navigation* , et moi-même représentions le service marchand. C'était l'époque du procès Parnell, et l'actuel Lord Chief Justice, qui représentait la Couronne dans cette enquête, fut engagé par Sir William Thomson pour prendre en charge son cas. Je dois avouer que nous tous, les marins, attendions avec une sorte d'intérêt amusé ce que les avocats feraient face au magnétisme des navires de fer, et comme par hasard j'ai eu l'un des plaisirs de ma vie. Sir Richard Webster, tel qu'il était alors, revenant tout juste de l'affaire Parnell, entreprit d'expliquer, en termes compréhensibles par tous, la théorie de la déviation du compas dans les navires en fer ou en acier, les défauts des compas avant à Sir Wm. Thomson et les avantages auxquels son invention avait donné naissance, tout cela dans le langage le plus clair et avec la maîtrise la plus convaincante. Il a parlé une journée entière et une partie de la journée suivante et, en ce qui me concerne personnellement, il m'a appris davantage sur ce que je considérais comme un sujet spécial qui me était propre que je n'en avais jamais connu auparavant. Assis près de Lord Alverstone au dîner il y a peu de temps, je lui ai rappelé l'affaire, et il a dit que c'était un changement agréable, à l'époque, par rapport à l'autre affaire sur laquelle il s'occupait. Sir William Thomson a obtenu gain de cause et m'a écrit une lettre de remerciements cordiaux pour l'aide que je lui avais apportée dans cette affaire. La chose la plus drôle de ce procès fut le spectacle du capitaine John Fisher à la barre des témoins au crépuscule d'un après-midi d'automne, ressemblant à un écolier et suggérant par son attitude que, pour autant qu'il sache, l'herbe verte était sa couleur . Mais il se souvient d'un épisode de jeunesse où un morceau de ficelle était attaché à une boussole pour la maintenir vivante en la secouant. Il a également rappelé comment, lors du bombardement d'Alexandrie, il regardait l'un des compas Thomson pour voir comment il était affecté par les tirs *de l'Inflexible* , lorsqu'un gros canon tiré a soulevé sa casquette mais n'a pas sérieusement affecté le compas. Ces journées passées à la Cour étaient d'un extrême intérêt, car c'était un combat de ding-dong entre des scientifiques de premier ordre.

En ce qui concerne la navigation précise, je voudrais dire qu'un complément inestimable à un navigateur performant est un « instinct » fiable. Chez certains hommes, cela est très fortement développé. Je l'ai vu pour la première fois dans Craigie du *Seigneur des Îles* . C'était aussi un excellent navigateur, et à plusieurs reprises je l'ai entendu dire en se penchant sur la carte : « Notre calcul nous place ici » (montrant du doigt), « mais je sais qu'elle est ici », désignant un tout autre endroit. . Lui aussi avait toujours raison. J'en avais le sens dans une certaine mesure, et cela m'a évité des ennuis plus d'une fois.

Lors de la navigation à des latitudes méridionales élevées ou relativement élevées, il existe toujours une possibilité de rencontrer de la glace en grande ou petite quantité. Il y a, bien entendu, certaines localités où il y a plus de chances de le rencontrer que d'autres ; par exemple, de manière très inhabituelle, des icebergs ont été aperçus depuis le cap de Bonne-Espérance lui-même ; mais personne ne s'attendrait jamais à les revoir là-bas, ni à prendre des précautions contre eux par temps brumeux. Pendant les mois d'été austral et d'automne, il y a plus de chances de voir de la glace n'importe où qu'à tout autre moment, et encore pendant les mois d'hiver, vous rencontrez occasionnellement des icebergs errants qui ont dévié de leur trajectoire bien identifiée et errent sans but, un nuisance pour tout le monde . Un tel exemple de glace déplacée peut être trouvé dans *Two Years before the Mast de Dana* , où il raconte son expérience au mois de juillet au large de Horn. Je devrais penser que cet événement était tout à fait anormal, mais il est mentionné pour montrer qu'il n'y a jamais aucune certitude quant à l'endroit où la glace peut ou non se trouver, et par temps épais, le capitaine doit décider si le risque de glace est tel qu'il justifie à prendre des précautions qui allongeront le temps de son passage. Or, en matière de navigation dans le brouillard, il existe certaines règles établies selon lesquelles vous serez jugé par un tribunal si vous rencontrez un problème, mais ces règles s'appliquent principalement aux eaux où les navires se rassemblent le plus souvent, bien que dans la mesure où Je sais qu'ils sont applicables partout. D'une manière générale, la règle est qu'en cas de brouillard, de brume ou de chute de neige, tous les navires doivent avancer à une vitesse « modérée », ce qui entraîne certaines absurdités. La « vitesse modérée » d'un Maurétanie pourrait être d'environ neuf nœuds, ce qui dans un bateau à vapeur de faible puissance serait la pleine vitesse. D'un autre côté, si, dans un brouillard dense, tous les navires s'arrêtaient, ils ne pourraient pas se nuire les uns aux autres, même s'ils pourraient dériver hors de leur position.

Dans le sud, bien sûr, le danger de collision avec les navires était infinitésimal ; avec la glace, c'était une autre affaire, et je résolus donc dans mon esprit que si je ne pouvais pas voir, je devais soit aller à toute vitesse, soit m'arrêter. Un jour, à mi-chemin de l'océan Indien, un épais brouillard s'est formé. Je n'avais vu aucune glace et je n'avais aucune raison particulière de supposer que je devrais le faire, mais le brouillard était si dense que je ne pouvais voir aucune des extrémités du navire depuis le pont. Je n'aimais pas m'arrêter, mais finalement, vers 20 heures, j'ai arrêté les moteurs et je suis resté allongé toute la nuit sans bouger. Bien qu'il soit inutile de dire que j'avais déjà couru des dizaines de fois dans le brouillard, cette fois-ci je ne l'ai pas fait et je ne pouvais pas non plus donner de raison précise pour mon action. Mais quand le jour est venu et que le brouillard s'est dissipé, nous avons vu autour de nous, à différentes distances, une douzaine ou une quinzaine de gros icebergs. Bien sûr, nous aurions pu les franchir en toute sécurité, mais, d'un autre côté, s'il y avait eu une divergence d'opinions entre nous quant au droit de passage, nous aurions probablement ajouté une autre aux mystères de la mer.

J'ai couru jusqu'à l'un de ces icebergs pour voir si je pouvais capter l'écho du sifflet de la vapeur. Le temps était alors clair et l'écho était tout à fait parfait, mais je ne saurais dire s'il en serait ainsi dans le brouillard. Clark Russell a écrit un article sur cet incident dans le *Daily Telegraph* .

Je pense que la seule autre fois où j'ai été retardé par la glace, et c'était encore une fois de la glace perdue, c'était lors d'un voyage de retour, et c'était l'hiver. Le temps était sale quand, en fin d'après-midi, on signala de la glace, et en grande quantité. Un autre cas de chien sans abri, mais il a fallu s'en occuper. Le vent soufflait fort du nord-ouest avec la brume et la bruine habituelles, la nuit devenant aussi sombre que la poix. Encore une fois, j'ai décidé que je ne pouvais pas naviguer avec un quelconque degré de sécurité, alors j'ai mis le navire au vent sous ses voiles d'essai, en direction NNE avec les moteurs tournant aussi lentement que possible. Vers dix heures, le verre tombait rapidement et une terrible rafale tombait. Le quartier-maître m'a observé, ou plutôt a crié : « Elle se redresse contre son heaume, monsieur. C'était plutôt intéressant, alors je dis à l'officier de quart : « Si elle sait mieux que moi quoi faire, qu'elle le fasse ; arrêtez les moteurs. Il l'a fait. À ce moment-là, la voile d'essai principale avait été arrachée des cordages, mais dans le rugissement du temps, je ne l'ai pas entendu partir. Le vent était maintenant passé à l'ouest, mais le navire se trouvait en bord de mer sans embarquer d'eau. C'était parce que j'avais mis mon équipement de poche à huile en marche et que mon expérience en était des plus satisfaisantes. Après quelques heures, le temps s'est suffisamment éclairci pour que nous puissions lever la barre et continuer. Nous n'avons plus vu de glace après cette nuit.

Avant de quitter le sujet de la glace antarctique, il peut être intéressant de noter certaines de ses caractéristiques. Tout d'abord sa taille. Un jour, nous avons dépassé une masse au sommet plat qui, à une distance de quinze milles, sous-tenait un arc horizontal de vingt-quatre degrés, et nous avons dépassé un autre iceberg comportant une arche assez grande pour qu'un navire puisse le traverser. D'après ce que nous avons pu calculer, l'arche mesurait environ 270 pieds de haut.

Un jour, tout au sud, près des îles Nimrod, traversant le grand courant glaciaire, nous vîmes des icebergs très remarquables en ce sens qu'ils paraissaient stratifiés et, lorsqu'ils étaient placés dans une certaine position, rappelaient d'énormes tulipes. J'ai incarné les expériences de ce voyage dans un article lu devant le Congrès scientifique australien, et j'espère toujours que la source de ce courant glaciaire particulier sera étudiée par l'une des expéditions antarctiques.

À l'époque où j'ai fait le tour du Cap Horn pour la première fois, les cartes laissaient beaucoup à désirer. Pour illustrer ce que je veux dire, le cap Horn lui-même a été noté à environ 500 pieds de haut. D'après mes propres observations, j'étais certain que ce n'était pas exact, et un jour, en appelant l'hydrographe, Sir W. Wharton, KCB, je lui ai assuré qu'il faisait au moins 1 200 pieds de haut. Il répondit que c'était impossible, « car Fitzroy avait une station au sommet du Cap Horn », c'est-à-dire l'amiral Fitzroy, qui avait fait le levé original à partir duquel notre carte était tirée. C'était en 1885, et quelques jours après cet entretien, je reçus une lettre écrite par ordre de l'hydrographe me remerciant des observations qui lui avaient permis de corriger les lignes de variation près du cap Horn, et précisant que le levé français de 1882 –3 avait fixé la hauteur de ce promontoire à 1 394 pieds. Mes observations furent ensuite vérifiées par le capitaine Clayton, RN, du HMS *Diamond* , car les observations magnétiques faites sur un navire en fer sont toujours considérées avec une certaine suspicion. Je dois dire, cependant, que j'ai toujours trouvé Sir William Wharton très disposé et même impatient de recevoir toute information qui pourrait être utile, et le surintendant des boussoles, le capitaine Creak, RN, FRS, s'est montré très utile et encourageant, même en arrivant. monter à bord du *Kaikoura* et m'aider à compenser l'erreur de gîte du compas. Avant cela, il y avait toujours eu un certain mystère quant aux soi-disant caprices des compas des navires au large du Cap Horn, la vérité étant que les lignes de variation indiquées sur les cartes étaient par endroits erronées jusqu'à cinq degrés. Il m'appartenait de procéder à la correction, car je ne tenais rien pour acquis que je ne pouvais vérifier.

J'ai eu une fois la grande chance d'avoir un vent favorable entre le Cap Horn et Rio qui me satisfaisait même, et à cette époque également, j'étais convaincu que le chemin le plus rapide pour rentrer chez soi était en dehors des îles Falkland. J'avais régulièrement emprunté le détroit du Maire , mais, sauf circonstances exceptionnelles, je suis convaincu que ce n'est pas la bonne route pour un navire à destination de Rio. Il est vrai que l'on rencontre parfois du beau temps au large du Cap Horn, mais c'est rare, et les instructions nautiques commentant le sujet disent « qu'il faut accueillir chaque beau jour avec reconnaissance lorsqu'il vient ». Car lorsque le mauvais temps s'installe, il arrive soudainement, souvent accompagné d'une neige abondante et dense. Un jour, j'entrais dans le détroit vers minuit lorsque la neige tomba abondamment. D'après les meilleures orientations que j'ai pu obtenir alors que le temps était encore assez clair, je croyais indiquer le milieu du passage au juste, mais je ne me sentais pas du tout heureux de cette affaire, car les marées ou les courants à proximité sont forts et incertains. , influencé en grande partie par le vent dominant. J'ai dû me décider assez rapidement aussi. Si je ralentissais ou m'arrêtais, je ne pouvais pas savoir où je pourrais me trouver, alors j'en suis venu à la conclusion qu'il valait mieux assumer le risque et la laisser partir. Je l'ai fait et tout s'est bien passé, mais j'ai pris la résolution mentale de ne plus me faire prendre de cette façon.

UNE GRAND-VOILE PRATIQUE QUI NE FUMÉE PAS SUR LE PONT

Le vent favorable phénoménal dont j'ai parlé était au mois d'avril. Nous avions fait un passage assez convenable jusqu'au cap Horn et sommes passés hors des îles Falkland jusqu'à Lat. 44° S. lorsque le vent commença à souffler fort du nord-est, avec un verre tombant, et montra en même temps une tendance à se déplacer davantage vers l'est. Il y aurait là, pensai-je, la possibilité d'en tirer un certain bénéfice si, comme je l'ai conclu, un système cyclonique passait vers l'est et que nous nous trouvions à l'angle sud-est de celui-ci. Il y avait pas mal de mer, mais je l'ai laissé partir et j'ai fait des allers- retours . J'ai été récompensé par le vent qui s'est libéré encore plus, de sorte qu'avant la nuit, j'ai mis sur le hunier et la voile d'avant à ris unique, ce qui était à peu près autant qu'elle pouvait supporter, car la mer était juste derrière le travers, augmentant tout le temps, et le navire faisait de très fortes embardées. Cette nuit reste l'un de mes plus beaux souvenirs de navigation , car il y avait une mer claire devant nous, autant de vent que nous le souhaitions et la nécessité d'une bonne conduite pour en tirer le meilleur parti. Vers minuit, nous avons reçu une nouvelle pression sur les bracelets météo, et les hommes de quart ont constaté que cela mettait toutes leurs énergies à rude épreuve, car elle titubait horriblement. L'ingénieur en chef est venu vers moi en titubant pour me demander si je pouvais faire quelque chose pour la maintenir plus stable, car elle avait plus d'une fois roulé son aspirateur. Cela signifiait que sa plaque d'injection était hors d'eau, et je pouvais facilement le croire. Je lui ai dit que ça allait de mieux en mieux, qu'il devait donc en tirer le meilleur parti et qu'il devait s'en contenter. Au matin, le navire était de nouveau sur sa route, le vent arrière, et nous, avec les voiles de haut galant, naviguions à environ 16 nœuds. En trois jours, nous avons parcouru 1 064 milles, une moyenne de près de 15 nœuds, et cela avec tous les moteurs gelés en marche, mais le *Kaikoura* était aussi reconnaissant pour la toile qu'un homme assoiffé de boisson, et se délectait de la véritable danse marine. Je me sentais plutôt content de cette affaire, mais ce n'était que vanité, car nous sommes arrivés à Rio avant qu'ils ne nous attendent, et il n'y avait pas de charbon prêt. Le temps de navigation réel entre Wellington et Plymouth était de trente-sept jours et trois heures, soit une vitesse moyenne d'un peu plus de 13 nœuds.

Quant à cette question de route, il faut nécessairement parler du détroit de Magellan, dont le passage figurait en grande partie dans la publicité destinée aux passagers. Cependant, avec beaucoup de sagesse, aucune instruction stricte ne fut jamais donnée aux maîtres pour qu'ils adoptent cette voie ; cela était laissé entièrement à leur discrétion. À cette époque, il y avait une grande rivalité pour faire le passage le plus rapide, tant entre nos propres navires que ceux de la ligne adverse, et à ce jour, je ne sais pas vraiment qui a fait le retour le plus rapide , même si je crois l'avoir fait. Naturellement, dans ces circonstances, lorsqu'un navire était en bonne position pour contourner le cap Horn, il fallait un argument puissant pour qu'un capitaine s'efforce d'augmenter sa distance et entreprenne ce qui est au mieux la navigation risquée de ce magnifique voie navigable. En termes de grandeur absolue, la partie ouest du détroit est inégalée, mais lorsqu'un navire est pressé, il est peu enclin ou incité à s'arrêter pour admirer le paysage. Or, dans mon cas, l'« argument puissant » a été avancé. En quittant l'Angleterre en novembre 1885, nous avions à bord un effectif complet de passagers, parmi lesquels se trouvaient le général Sir Patrick et Lady McDougall ainsi que le comte et la comtesse de Dalhousie. Ils avaient l'intention de faire le « voyage aller-retour » en bateau, et le passage du détroit était, j'imagine, un événement qu'ils attendaient tous avec impatience. Je n'ai jamais eu de passagers plus agréables. En l'occurrence, les lectures de Sir Patrick et les miennes étaient très similaires, et la conversation aux heures des repas n'était en aucun cas ennuyeuse. Lord Dalhousie avait été dans la Marine et était toujours un marin dans l'âme ; il fut également un grand élève de Shakespeare. Lady Dalhousie avait également eu une certaine expérience de la mer lorsque son mari était commandant du *Britannia*, à part tout autre. Il est superflu mais naturel de remarquer qu'elle était charmante autant qu'elle était belle, et chaque fois qu'elle pouvait favoriser l'harmonie du navire, elle n'épargnait aucune peine pour le faire. Nous avons fait un très beau passage jusqu'à moins de quatre jours du Cap, lorsque nous avons largué une pale d'hélice. Nous étions en train de dîner au moment où cela s'est passé. Je l'ai senti, et en regardant à travers le salon, j'ai attiré l'attention de mon mécanicien en chef, qui cherchait le mien. Je n'ai rien dit et j'espérais que cela était passé inaperçu, mais une de mes amies à table avait remarqué ce regard et avait naïvement demandé pourquoi le chef mécanicien avait quitté la table au milieu du dîner. Il ne sert à rien d'essayer de cacher quoi que ce soit, car nous avons dû ralentir les moteurs, mais nous avons quand même fait une bonne course jusqu'au Cap.

Quand nous sommes arrivés à Table Bay, je ne faisais confiance au travail d'aucun plongeur. Nous l'avons mis à quai, déchargé un atome de cargaison, puis l'avons mis en cale sèche, la cargaison et tout, remplacé la lame, réexpédié la petite cargaison que nous avions déchargée, charbonnée et reparti en trente-deux heures environ, ce qui n'était pas mal. travail tout bien considéré, car, même si j'aimais Cape Town et ses habitants, il y avait là-bas certains intérêts très heureux d'accueillir un « étranger quotidien » en détresse. Nous avons dû établir ce qu'on appelle une « moyenne particulière » sur ce sujet en Nouvelle-Zélande, et peu de choses irritent autant les destinataires, mais je n'aurais eu aucune excuse si j'avais encouru un risque inutile qui aurait pu être évité par des mesures raisonnables. dépense. Le reste du passage jusqu'à Port Chalmers se fit sans incident ; mais la dernière nuit, quelques jeunes gens parmi les passagers de première classe avaient trop bu et ont réussi à se faire des connards et à devenir une nuisance pour les autres passagers. Le pilote de Port Chalmers nous a accueillis à marée descendante et a réussi à nous placer sur un banc de sable, où nous sommes restés jusqu'à la prochaine marée haute. Il n'y a eu aucun mal, mais de nombreuses enquêtes ont ensuite été faites à ce sujet à la douane de Londres. Notre temps de navigation pendant ce passage était de 39 jours et 9 heures.

Le nouvel ordre de progrès était maintenant inauguré et nous effectuions notre long séjour au port du côté néo-zélandais. En tout, nous avons passé six semaines là-bas, mais nous sommes rentrés chez nous à la mi-février et j'ai ensuite dû affronter la musique. Je savais que le *Doric* devait appareiller le lendemain de nous, donc j'étais réticent à perdre le temps qu'impliquait le passage du détroit, car le *Doric* et *le Kaikoura* étaient toujours très jaloux l'un de l'autre, et j'étais sûr que notre rival s'en tiendrait à nous. le grand cercle. Je savais aussi que si elle nous apercevait une fois, nous n'en entendrions jamais la fin, car le capitaine Jennings, qui était mon très grand ami, ne perdait jamais une occasion de me faire comprendre l'immense supériorité des modes *Doric* et White Star. en général. Je n'étais naturellement pas d'accord avec cela, même si Jennings lui-même était l'un des plus beaux spécimens de vieux marin qu'il soit possible de rencontrer. À mesure que nous descendions vers la Corne, les questions qu'on me posait concernant le détroit et mes intentions devenaient de plus en plus pointues. Nous avions un bon vent et j'étais réticent à en perdre l'avantage, mais comme cela devenait finalement une affaire personnelle, j'ai changé de barre pour les détroits et j'ai eu la chance de les atteindre à l'aube, de sorte que j'ai eu une très longue journée de course. devant moi. Inutile de dire que mes passagers étaient ravis, car le paysage, bien que sauvage, était très magnifique, et, à vrai dire, j'ai moi-même apprécié le voyage, maintenant que j'avais une excuse raisonnable pour perdre du temps. Il n'y avait aucune difficulté à naviguer tant qu'on pouvait voir, mais dans cette localité le temps change avec une grande soudaineté et on le surveille attentivement d'heure en heure. Nous avons croisé les restes de plus d'un gros paquebot, échoués et déserts. Certaines spéculations ont eu lieu sur le sort de leurs équipages, car à cette époque les indigènes de la Terre de Feu étaient des cannibales. Nous avons eu de la chance et avons jeté l'ancre à Sandy Point vers neuf heures du soir, juste après la tombée de la nuit. Nous sommes repartis à l'aube et avons transporté une bonne marée à travers les passages étroits. Ceci étant, nous avons longé la terre à la vitesse d'un train de chemin de fer, le courant courant peut-être neuf nœuds et l'eau une masse d'impétuosité bouillante. Lorsque nous avons dépassé Cape Virgins cet après-midi-là, je me suis assis pour jouer un whist avec une très grande sérénité. Nous atteignîmes Rio comme prévu un matin, mais le charbonnage fut très lent et nous retint jusque tard dans l'après-midi du lendemain, date à laquelle, comme je l'avais prévu, notre amie la *Dorique* avait fait son apparition, et je le savais pour toujours. Dans l'éternité, Jennings et sa foule racontaient comment ils avaient rattrapé le *Kaikoura* .

A cette occasion, à Rio (c'était avant la révolution), l'Empereur me fit savoir qu'il serait heureux de visiter le navire. Il le fit et l'inspecta très minutieusement, après le déjeuner, au grand soulagement de ses collaborateurs, qui avaient assisté toute la matinée à une cérémonie religieuse et m'avaient confié qu'ils avaient désespérément faim. Sa Majesté était extrêmement aimable et la cérémonie était très agréable. Il n'y eut aucun autre incident pendant le voyage, et quand nous arrivâmes à Plymouth tôt un matin, nous fûmes embarqués par plusieurs amis de Lord Dalhousie qui vinrent m'annoncer qu'il avait été nommé secrétaire d'État pour l'Écosse et comment lui et le La comtesse doit être à terre avec le moins de perte de temps possible. Ils avaient été extrêmement populaires à bord, et le voyage suivant, chaque officier reçut d'eux le souvenir d'un agréable voyage. Personnellement, je chéris une petite carte de Noël peinte à la main, car Lady Dalhousie aimait la peinture et avait réalisé de merveilleuses études sur les effets du soleil à Rio.

Il y a peu de choses plus énigmatiques qu'un épais brouillard sur le rivage, même dans une localité bien connue, mais en mer, il provoque parfois les incidents les plus fantastiques, dont je me propose de raconter maintenant l'un. Nous étions en route vers Plymouth en direction de Plymouth avec un pilote de la Manche (Posgate) en charge, et au départ, nous sommes tombés sur un épais brouillard. J'avoue que j'étais plutôt adonné à la navigation dans ces conditions, j'ai donc continué jusqu'à savoir que nous n'étions pas très loin de Plymouth Breakwater, lorsque l'ancre a été jetée. Néanmoins, il n'est pas agréable d'être ancré dans le chenal de la Manche, car le risque est grand que quelqu'un vous percute, et une vigoureuse vigie était assurée chaque fois que le brouillard s'éclaircissait un peu, pour capter le feu du brise-lames. . Vers neuf heures du soir, la visibilité était très faible, mais cependant suffisamment bonne pour que je puisse partir, et peu de temps après, nous avons récupéré le pilote de Plymouth, qui a alors pris les commandes. Le brouillard était alors épais, mais nous avons gardé le faisceau du feu et l'avons dépassé, le pilote étant très soucieux d'utiliser la barre bâbord plus que ce qui me semblait justifié. Finalement, j'ai dit : « Comment veux-tu y aller, Pilote ? "À propos du NE ½ E. monsieur", fut la réponse, à laquelle l'homme de Londres dit: "Mais vous êtes à l'ENE maintenant." L'homme de Plymouth a dit : « Peu importe, monsieur, port s'il vous plaît. » Sur quoi j'arrêtai les moteurs, bien que nous avancions très lentement. Peu de temps après, le chef chantait depuis le gaillard d'avant : « Un homme de guerre tout près devant nous », et immédiatement après : « Non, non, c'est le fort brise-lames ! J'ai tourné vers l'arrière à toute vitesse, malgré les remontrances des deux pilotes selon lesquelles je devrais salir les amarres et les bouées, et alors qu'il reculait, il a juste rasé le fort avec son beaupré, ce qui lui a valu une inclinaison qu'il a portée pour le reste de ses jours. J'ai demandé au chef, c'était à l'Est, si elle l'avait touché, mais il, comme un homme bon, a répondu : « Non », et en effet, c'était l'effleurement le plus léger possible. Finalement, nous avons jeté l'ancre, rien de pire pour notre expérience inédite. J'oublie maintenant ce que j'ai dit au pilote de Plymouth - c'était sans doute quelque chose de très poli - mais il n'était presque jamais possible d'emmener Cousin Jacker très sérieusement, car ils savaient eux-mêmes qu'ils étaient souvent aussi utiles qu'une sellette d'attelage pour un carrosse. La morale de cette histoire est, s'il y a une morale, que si l'on avait essayé de faire comme nous l'avons fait un beau jour, il y a de fortes chances que nous n'aurions pas pu le faire , et en effet, il y a des moments maintenant où j'ai du mal à comprendre. comment cela s'est passé. Ce fut cependant le cas, et exactement de la manière que j'ai décrite.

Je dois admettre que pendant toutes mes expériences en mer, j'ai été singulièrement à l'abri de tout accident grave. C'était ma chance. Mais il y avait parfois des désagréments . Un jour, nous fûmes gênés par une grave épidémie de scarlatine, et quelques personnes très agaçantes présentes dans le salon ne voyaient pas que je devais agir pour le bien de tous et qu'il était par conséquent nécessaire de sacrifier un peu d'espace pour assurer l'isolement et le bien-être de tous. l'hébergement à l'hôpital. Pour arranger les choses, nous avons eu un accident qui a causé beaucoup de problèmes. Dans l'un des ponts orlop était arrimée une grande quantité de fûts d'huile, éclairants pour les phares de Nouvelle-Zélande. Par hasard, l'un d'eux s'est détaché et avant qu'on s'en rende compte, tous étaient à la dérive - car le navire roulait mal - se précipitant d'un côté à l'autre, finissant par briser et inonder le pont orlop et la cale inférieure d'hydrocarbures. C'était une question de difficulté et de danger de sécuriser les tonneaux qui restaient, car il y avait une curieuse houle croisée, et malgré tous mes efforts, je ne parvins pas à la persuader de se taire. Les hommes travaillaient cependant bien, même si les fumées endommageaient gravement leurs yeux. De grandes quantités ont été mises en balles dans des seaux et jetées par-dessus bord, mais il en restait inévitablement suffisamment pour endommager une énorme quantité de cargaison dans la cale inférieure. Ce fut l'un des rares voyages désagréables que j'eus.

D'un autre côté, il y avait des passages où les gens faisaient de tout un plaisir, et un moment très joyeux, nous avions trois jeunes Anglais à peine sortis de l'université. L'un était Lord Burford , un autre s'appelait Conolly , et le troisième était Seely , aujourd'hui (1912) sous-secrétaire à la guerre, qui exerçait déjà alors une influence considérable grâce à des manières parfaites et une connaissance du monde rare chez un si jeune. Lord Burford a depuis lors succédé au duché de Saint-Albans. Il a le siège à cheval le plus gracieux que j'aie jamais vu. Conolly , qui a ensuite rejoint les Scots Greys, dort avec ses camarades, les plus courageux et les meilleurs, sous la pelouse du Transvaal. La raison pour laquelle je mentionne spécialement ces trois jeunes hommes est qu'ils avaient le don d'obtenir tout ce qu'ils voulaient, tout en faisant plaisir aux autres de le leur donner. Il est vrai que trois tandems à la fois se sont rassemblés assez largement dans les rues de Wellington et ont suscité quelques commentaires, mais les Néo-Zélandais avec lesquels les amis sont entrés en contact les ont appréciés, au point même de retarder le départ d'un train express pendant que ils firent un stock de provisions pour le voyage. Conolly a fait seul le voyage complet avec moi, et pendant la descente vers le Horn, il a pris goût à monter en altitude pour manipuler la toile par mauvais temps. Je n'aimais pas le risque qu'il courait, mais je ne pouvais pas vraiment m'y opposer, et heureusement aucun accident ne s'est produit.

Bien que j'eusse à cette époque perdu contact avec beaucoup de choses concernant le Cap, j'ai eu la chance, à des moments étranges, d'y appeler pour voir de vieux amis lorsqu'ils étaient réunis pour une réception spéciale. Un jour, il y avait des navires de guerre dans la baie et un bal avait lieu ce soir-là à la Maison du Gouvernement, auquel j'étais invité. Le charbonnage serait terminé, je le savais, à neuf heures du soir, et mon souci était de faire monter tous mes passagers sains et saufs à bord, car il arrivait au sud- est . Cela, cependant, a été géré en toute sécurité, et puis, après avoir vu la passerelle s'arrêter, je suis parti vers le rivage et j'ai passé quelques heures avec de vieux amis et j'en ai profité à ma guise. Je suis revenu au navire vers minuit et j'ai immédiatement pris la route. Je suppose que je n'avais vraiment pas le droit de prendre ces trois heures, mais c'est la seule fois où j'ai perdu une minute sur un trajet, et cette exception ne me fait pas me repentir, même maintenant.

Je pense que c'est ce passage que j'ai eu la satisfaction d'interpréter un très grand scientifique, Sir Julius Von Haast . Nous étions amis et j'avais le plus grand respect pour ses opinions et ses réalisations. Il m'a consacré beaucoup de son temps et, d'une part, m'a complètement convaincu que notre système national d'importations libres risquait d'entraîner un désastre ultime. Mais la géologie était son point fort et sa réputation dans cette science était mondiale. J'ai le regret de dire qu'il est décédé peu de temps après son arrivée en Nouvelle-Zélande.

Vers la fin de mon voyage, je fus impliqué dans les séquelles des diverses grèves des marins et dans le dangereux esprit de troubles et d'insubordination qu'elles engendraient. Le pouvoir du capitaine d'un navire marchand, qu'il soit charbonnier ou olympique , est une quantité très incertaine, dans la mesure où il n'est limité que par la nécessité du cas traité. En d'autres termes, vous pouvez agir comme vous estimez que les circonstances l'exigent, mais vous risquez d'être appelé à défendre votre action une fois à terre.

On voit ainsi que les clauses disciplinaires de la loi sur la marine marchande laissent une grande part à la discrétion de l'autorité judiciaire qui peut être saisie d'un cas particulier, et l'on comprend bien que certains magistrats considéreraient les infractions à la discipline d'un œil critique. esprit plus indulgent que les autres. Encore une fois, et je suis bien conscient de la gravité des mots que j'utilise, ce n'est pas le Board of Trade qui a volontairement réduit l'autorité du capitaine, mais c'est l'action délibérée des armateurs qui, curieusement, ont fait plus que toute autre agence pour détruire l'autorité à bord du navire. Tant qu'un maître était certain du soutien de son propriétaire, il agirait sans broncher si la nécessité s'en faisait sentir. Mais dans de nombreux cas, un maître hésitera à s'impliquer dans la justice lorsqu'il sait que ce faisant, il n'obtiendra aucun soutien de la part de ses propriétaires. Tout récemment, le capitaine d'un grand bateau à vapeur m'a dit qu'il ne ferait pas de mal d'avoir des ennuis avec son équipage, « car la Compagnie n'apprécierait pas cela », une politique, à mon avis, qui consiste simplement à créer des ennuis, pour les hommes. Les gens d'aujourd'hui se rendent pleinement compte qu'un avocat intelligent peut présenter des arguments plausibles à partir de très légères bases. D'où la nécessité criante d' *une application uniforme* de la loi sur la marine marchande, car telle qu'elle est traitée actuellement, il n'y a *pas* d'uniformité de pratique.

J'ai eu l'occasion de participer à un procès devant le tribunal de police de Wellington, où un pompier était poursuivi pour avoir agressé mon deuxième officier et lui avoir cassé certaines dents. Il s'agissait d'une affaire particulièrement grave qui méritait la peine extrême qui pouvait être infligée pour ce délit, mais le magistrat a adopté un avis totalement différent et n'a infligé que la moitié de la peine maximale. Cela m'a plutôt contrarié et j'ai peur de l'avoir montré, car j'ai dit au salaire que je devrais à l'avenir conseiller à mes officiers d'emporter quelque chose pour leur propre défense , car ils bénéficiaient de peu de protection de la police. C'était assez malheureux, car quelque temps après, je crois que c'était le voyage suivant, il y a eu une affaire de fusillade qui a fait beaucoup de commentaires et qui a failli me causer de sérieux ennuis. Les faits étaient les suivants. Deux compagnons de voiliers s'étaient fait détester par certains marins appartenant à leur propre navire et à d'autres. Ils avaient été menacés et, par conséquent, gardés ensemble pour se protéger mutuellement, l'un d'eux, alors qu'ils arrivaient à terre, un dimanche matin, mettait un revolver dans sa poche. Ils ont été accueillis par des hommes à leur recherche avec une intention hostile, et le lieutenant en possession du revolver a été renversé. Craignant un traitement pire, il a tiré sur son agresseur depuis sa poche, et l'agresseur est tombé d'une balle en plein cœur. Il est à noter que, même si cette querelle existait depuis peu de temps, il n'y avait aucun signe de surveillance ou de surveillance policière jusqu'à ce que le méfait soit complet. Les deux hommes ont été jugés ensemble pour meurtre volontaire , mais le juge a décidé qu'ils devaient être jugés séparément. En conséquence, l'auteur du coup de feu fut d'abord jugé et condamné à une longue peine de travaux forcés. C'était un samedi. Le lendemain, je me suis assis et j'ai écrit une longue lettre au *New Zealand Times* , qui a été publiée le lundi ; J'y soulignais mes propres plaintes concernant l'inefficacité de la police et je concluais par un appel en faveur d'une atténuation de la peine. Je n'ai pas mentionné l'autre homme, qui a dû subir son procès lundi. Cet homme a été acquitté, mais le procureur était furieux de mon ingérence dans l'affaire. Lui et moi étions en termes très amicaux en ce qui concerne les joueurs de whist, mais en me rencontrant au Club lundi après-midi, il m'a dit que j'avais été coupable d'outrage au tribunal et que je devrais en assumer les conséquences. Je pense cependant qu'il s'agissait simplement d'un de ces cas aléatoires où il aurait été difficile de condamner, car je n'en ai plus entendu parler. L'homme qui a été acquitté est descendu à mon navire le mardi matin et, rencontrant East dans la passerelle, il lui a dit qu'il était venu me remercier de l'avoir fait descendre, ce à quoi mon chef a répondu : « Partez immédiatement ! Le vieil homme ne veut pas te voir, je sais ! et en réalité, il avait tout à fait raison. Ainsi s'est terminé cet épisode ; mais je ne me suis pas fait beaucoup d'amis à cause de ce qui était en réalité une lutte de principe, et je nourris encore aujourd'hui une animosité contre un journal de Christchurch qui, prenant cette affaire comme une poignée, m'a attaqué faussement et amèrement en mon absence, alors que je n'en avais pas l'occasion. de répondre.

À ce moment-là, j'étais dans une certaine mesure fatigué de passer autant de temps en mer ; D'une part, je voulais suivre une formation à l' *Excellent* , et d'autre part, ma femme avait été tellement abattue par des attaques répétées de grippe qu'il était nécessaire que je m'occupe de plus près de mes affaires familiales. Je pensais donc rester chez moi pour un voyage, et par un bel après-midi d'été, je pris congé du vieux navire qui m'avait si bien servi, et tandis que j'étais près de Manor Way Station, voyant le pavillon bleu remplacé par un rouge, je j'avais l'impression de faire mes adieux à un ami très aimé. Je n'ai jamais revu le *Kaikoura* , mais j'ai été attristé d'apprendre qu'il avait connu son sort entre les mains du démolisseur. Elle méritait une meilleure fin.

C'est une chose d'être un officier de la Réserve navale aux commandes d'un beau navire en temps de paix, mais c'en est une autre d'abandonner un commandement séparé, inférieur à celui de la Marine, et de prendre sa place parmi les dix-huit cents ou alors des unités qui exercent les principales fonctions de la HM Navy. J'avais depuis longtemps vaguement conscience de ce fait, même si, au cours de toutes mes périodes de service militaire, on m'avait toujours témoigné une grande considération.

Dès qu'on s'était présenté à Whale Island, on perdait son identité dans la classe particulière dans laquelle on avait fusionné, et je remerciais mon Dieu que l'exercice militaire ait toujours été plutôt un de mes passe-temps et que je puisse me défendre respectablement avec les autres lieutenants de l'armée. la classe terminale à laquelle j'étais rattaché. En effet, j'ai découvert qu'en ce qui concerne les exercices militaires, l'enseignement sur les navires de forage avait été très approfondi. C'est seulement ici que l'on était confronté au maniement des armes les plus récentes et les plus récentes. D'ailleurs, les lieutenants du service régulier n'étaient pas mieux instruits que nous.

L'officier d'état-major supérieur était un lieutenant nommé Waymouth , maintenant capitaine d'un cuirassé, et c'est lui qui nous a fait passer nos tests d'artillerie et nous a donné des conférences sur les sujets nécessitant des explications et des diagrammes au tableau, comme l'hydraulique et des questions connexes. C'était un homme merveilleusement doué, et il possédait la faculté assez rare de pouvoir transmettre son savoir aux autres. Il avait, je pense, fait de l'artillerie son étude particulière, car il n'y avait aucune question possible concernant une arme en service dont la réponse n'était pas immédiate. En effet, autant que je puisse en juger, l'ensemble du personnel de l' *Excellent* avait atteint un niveau d'efficacité et d'excellence auquel il aurait été difficile de trouver à redire. Le premier lieutenant, Adair, aujourd'hui amiral, était un homme au caractère très personnel.

L'école de torpilles, le HMS *Vernon*, était une tout autre affaire, et ici, j'ai considérablement souffert de mon incapacité à chasser « X ». Si intéressants que fussent les cours, ils exigeaient une connaissance de l'algèbre que, bien qu'appris à l'école, j'avais entièrement oubliée. Il s'est avéré que j'ai dû abandonner le cours avant l'examen, de sorte que mes lacunes n'ont pas été découvertes. J'avais fait tous les travaux pratiques liés à l'exploitation minière, etc., mais comme le Whitehead arrivait en dernier, je n'en fis pas alors la connaissance. L'année suivante, j'ai été nommé sur le HMS *Devastation* pour les manœuvres navales , ce dont j'ai été très satisfait, et j'ai dûment procédé à le rejoindre alors qu'il gisait dans l'historique Mutton Cove. Elle était commandée par le capitaine Oxley, qui m'a réservé un accueil très cordial, et son premier lieutenant n'était autre que ma vieille connaissance de Zanzibar, P. G. Vanderbyl . Les autres lieutenants étaient tous des hommes qui ont depuis lors bien travaillé dans le service, et celui avec qui j'étais en bons termes, nommé Hall, j'ai trouvé qu'il agissait comme capitaine inspecteur de sous-marins lorsque j'étais à une revue à l'invitation de l'Amirauté. il y a juste un an ou deux. Avec cette particularité que possèdent les hommes du service, le capitaine Hall paraissait à peine un jour plus âgé.

Le service dans la *Dévastation* était une nouveauté. C'était l'un des premiers types de cuirassés et, à l'époque de sa construction, il était d'une utilité considérable, mais en tant qu'engin de mer, il n'était pas une joie. Même à ce titre, cependant, il avait ses bons côtés, dont l'un était son extrême stabilité sur une route maritime, mais d'un autre côté, la ventilation en dessous laissait beaucoup à désirer, et par mauvais temps, lorsque le Le navire a été fermé, une quantité considérable d'air en pot a été consommée par tout le monde .

Nous avons quitté Plymouth le matin après que je l'ai rejoint pour rejoindre la flotte à Portland. Nous faisions notre meilleure vitesse possible, mais c'était un navire qui n'aimait pas qu'on le conduise au-delà d'une certaine allure, car à plus de dix ou onze nœuds, sa direction était erratique au dernier degré. Un lacet de trois points de chaque côté était constant, et mes sympathies allaient au mécanicien en chef, qui regardait son sillage avec un sombre calcul d'une énorme quantité d'énergie gaspillée. Le moment venu, nous rejoignîmes à Portland la Flotte rouge sous le commandement de l'amiral Fitzroy. Comparé à nos flottes d'aujourd'hui, c'était un rassemblement hétéroclite. Les meilleurs navires dans les manœuvres étaient quatre navires de la classe *Royal Sovereign* , tous attribués à la Flotte Rouge, tandis que des croiseurs de première classe étaient mis en ligne de bataille pour constituer un nombre suffisant pour exécuter le plan d'opérations. Mais si la Flotte rouge était une de toutes sortes, la Flotte bleue était encore pire, car, à l'exception de quelques cuirassés et autres croiseurs, elle ne contenait pas deux navires homogènes. C'était, rappelons-le, en 1894. Il serait intéressant d'entendre aujourd'hui les commentaires d'un amiral si on lui confiait le commandement d'une flotte de cuirassés composée de six types différents, comme l' *Alexandra* , *le Barfleur* , *le Benbow* , *l'Inflexible.* , *Colossus* et *Édimbourg* . Le fait qu'ils aient pu obtenir des résultats satisfaisants à partir d'un mélange aussi étrange témoigne de la capacité des officiers en charge, mais c'était vraiment la période de transition de la Marine, car depuis cette date, les navires ont été construits dans un souci d'homogénéité.

Il ne servirait à rien de raconter les détails de ces manœuvres . Je me contenterai d'une ou deux remarques sur des événements qui m'ont marqué. Nous quittions Portland en temps voulu pour des manœuvres d'une semaine dans la Manche, et l'amiral Fitzroy exprima sa satisfaction de la manière dont elles furent exécutées. Nous nous dirigeons ensuite vers Falmouth pour charbonner et nous préparons pour la bataille qui aurait probablement lieu entre les flottes adverses. À ce moment-là, l'équipage et les officiers s'étaient habitués au navire et les uns aux autres. Nous avions à bord une trentaine d'hommes de la Réserve navale et ils tombèrent aux mains de ma division ; la grande erreur a été de les embarquer avec un équipement insuffisant. On leur donna alors toutes sortes d'excuses, et il était facile de voir qu'on avait donné pour instruction de les traiter avec beaucoup de légèreté. C'est ce qu'ils ne tardèrent pas à découvrir. Ce n'était pas un mauvais lot, mais je ne me satisfaisais pas de devoir les manipuler dans ces conditions, et lorsque le capitaine exprima sa satisfaction quant à leur aspect général, je dus le prendre au sérieux, mais je savais que le régiment de Falstaff devait être en ses pensées. La question de l'apparence inférieure de certains membres de l'équipage d'un navire n'est pas une mince affaire.

Nous avons quitté Falmouth un soir pour naviguer au large d'Ouessant, en attendant une déclaration de guerre. Nous connaissions le plan des manœuvres mais pas l'heure exacte du début. Il soufflait fraîchement du SO et le *Devastation* avec ses basses extrémités était comme un rocher à mi-marée. En fait, seule la superstructure était négociable, et il fallait prendre le plus grand soin pour empêcher l'eau de descendre en dessous ; même alors, il y en avait une bonne quantité sur le pont principal . Mais il avait cet avantage : quand tous les vaisseaux de la compagnie roulaient, nous étions presque immobiles ; nous n'avons certainement jamais eu de violons sur la table du carré. Le *Résolution* a mal roulé et a dû sortir de la ligne pour tenter de sécuriser un bateau qui a échoué. La vie dans les petites embarcations devait être extrêmement pénible, car leur mouvement se rapprochait en vitesse de celui d'un pendule d'horloge.

Lorsque l'heure convenue arriva, notre flotte partit pour remonter la Manche, et un jour à midi, tous les croiseurs furent envoyés en avant à toute vitesse pour tenter à la fois d'échapper à l'ennemi et de joindre la main à nos amis séparés de nous par une flotte adverse. . Ils se séparèrent de nous comme une volée d'hirondelles, et puis vint le tour de nos cuirassés de mettre toute leur vitesse, car l'amiral avait décidé de continuer, nous laissant comme navire le plus lent pour faire le meilleur chemin après lui. Je n'oublierai jamais cette course. La nuit était sombre, nous n'affichions aucune lumière et le pont avant n'était qu'une masse d'eau blanche et crémeuse. Nous avons vu beaucoup de navires, mais nous n'avons eu aucune difficulté à nous en éloigner, et je ne suis pas sûr que la vue dans la salle des machines n'ait pas été aussi intéressante qu'une autre, car il n'y avait aucune difficulté à garder la vapeur, et les machines étaient étant conduits pour tout ce qu'ils valaient, tout se faisant sans le moindre problème ni tracas. Vers neuf heures du matin, nous aperçumes notre flotte, qui restait en retrait pour nous, comme elle avait aperçu son ennemi. En peu de temps, nous étions tous à fond dans la bataille simulée de South Rock. Deux choses étaient remarquables. Au milieu de tout cela, un charbonnier à voile norvégien traversait les lignes concurrentes, qui devaient se tenir à l'écart ; et, deuxièmement, l'apparence splendide de la flotte de l'amiral Dale alors qu'elle venait à notre aide, dirigée par l' *Empress of India* et le *Repulse* . Comme c'est l'habitude en pareil cas, les deux camps ont revendiqué la victoire. Après cela, les flottes hostiles se séparèrent, nous nous dirigeâmes vers Belfast et nos adversaires vers Queenstown, mais comme il n'y avait aucune certitude que les hostilités soient terminées, nous sortîmes des filets lance-torpilles pour la nuit. Mais ils n'étaient pas recherchés. Sur le chemin du retour vers Portsmouth, nous avions du temps à notre disposition. C'était un bel après-midi d'août au milieu de la Manche ; tous les navires arrêtèrent leurs moteurs et tournèrent huit pointes sur tribord ; les navires qui avaient une fanfare l'utilisaient ; les hommes disposaient d'une flûte pour se baigner et certains bateaux étaient utilisés à des fins de visite. L'impression qui m'est restée à l'esprit était que notre « maison était au bord des profondeurs » et que la coutume séculaire la maintiendrait inviolable.

Le moment venu, nous arrivâmes à Spithead, où je quittai le navire, mettant ainsi pratiquement fin à ma carrière maritime. J'ai atterri avec une opinion très tranchée selon laquelle il y avait une part de vérité dans le vieil adage selon lequel « le gréement dormant fait de mauvais trains de roulement ». J'étais aux commandes depuis si longtemps qu'une position subalterne m'irritait, même si j'espère que ce fait n'a jamais été apparent. Je suis néanmoins convaincu que pour qu'un homme devienne un officier de réserve satisfaisant, il est nécessaire qu'il acquière son expérience le plus tôt possible, et il est satisfaisant que cela soit maintenant reconnu .

J'ai quitté la mer avec un profond regret, et si mon heure revenait, je devrais, même avec mes connaissances actuelles, l'adopter sans hésiter comme métier. Mais si les Britanniques valorisent leur héritage « la mer », ils verront que les navires britanniques sont pilotés par des hommes britanniques et s'efforceront d'y parvenir en encourageant la jeunesse du pays à adopter la mer comme vocation. C'est la vie *d'un homme* dans un navire bien trouvé et bien commandé ; il est également nécessaire que, comme je l'ai souligné à plusieurs reprises, nos bateaux à vapeur qui effectuent de longues routes maritimes soient dotés des moyens de se protéger contre les canons d'un navire marchand hostile qui a été armé dans le but spécial de s'attaquer à nos ennemis. Commerce.

LA FIN